河北省社会科学基金项目

河北大学燕赵文化高等研究院
成果文库

虚实之辨

颜元的问题意识及其哲学展开

刘丽斌 著

中国社会科学出版社

图书在版编目(CIP)数据

虚实之辨：颜元的问题意识及其哲学展开 / 刘丽斌著. —北京：中国社会科学出版社，2022.10
ISBN 978-7-5227-0654-2

Ⅰ.①虚…　Ⅱ.①刘…　Ⅲ.①颜元(1635-1704)—哲学思想—研究　Ⅳ.①B249.55

中国版本图书馆 CIP 数据核字(2022)第 140923 号

出 版 人	赵剑英
责任编辑	韩国茹
责任校对	张爱华
责任印制	张雪娇

出　　版	中国社会科学出版社
社　　址	北京鼓楼西大街甲 158 号
邮　　编	100720
网　　址	http://www.csspw.cn
发 行 部	010-84083685
门 市 部	010-84029450
经　　销	新华书店及其他书店

印刷装订	北京市十月印刷有限公司
版　　次	2022 年 10 月第 1 版
印　　次	2022 年 10 月第 1 次印刷

开　　本	710×1000　1/16
印　　张	16
插　　页	2
字　　数	269 千字
定　　价	98.00 元

凡购买中国社会科学出版社图书，如有质量问题请与本社营销中心联系调换
电话：010-84083683
版权所有　侵权必究

序

  17世纪中叶,也就是通常所说的明清之际,中国思想文化史上出现了顾炎武、黄宗羲、王夫之、方以智、李颙、傅山、颜元等一大批富有批判个性的思想家群体。他们对中国古代后期封建宗法社会君权政治及其思想文化意识形态(宋明理学)进行了总体性的批判重构,开启了封建文化内部的自我批判与时代转型。

  回省这个革故鼎新风云变幻的时代,忆起在一次纪念傅山(字青主)学术研讨会上著名思想史家萧萐父先生曾经有诗云:"船山青竹(谐音青主)郁苍苍,更有方颜顾李黄。历史乐章凭合奏,见林见木费思量。"在思想学术上,顾炎武继承东林学风,批判晚明"束书不观,游谈无根"的空疏浮夸,提出"经学即理学",反对只背语录,不观经史,主张将空谈心性式的理学改造为以经史为根底的经世实学。晚明大儒刘宗周的弟子黄宗羲,继承并超越师说,在理论视野上更加关注现实,著《明夷待访录》《明儒学案》《宋元学案》等,对君权政治进行了深刻批判,开近代民主启蒙思想之先河,同时对宋、元、明时期的思想史进行了理论总结。

  在哲学思维与思想文化批判的深度上,方以智、王夫之、颜元是这一时期的杰出代表。入清以后,方以智出家遁世,借著述《易》《老》《庄》和哲学沉思安身立命,对"质测"之学(实证科学)与"通几"之学(哲学)的关系及其融通创新进行了深入思考,提出"质测即藏通几"(《物理小识》自序)的融通创新之路。方以智指出,万历年间传入的西学"详于质测而拙于言通几",由于缺乏哲学基础,其质测也未能精备;玄学、佛学、理学之类的传统心性哲学缺乏实证精神,终成为主观玄想和空谈;中国文化的主导思想儒学"守宰理"而已矣,主要贡献在伦理学而不在哲学。今后新哲学的建构应是实证方法(质测)与理性思辨(通几)的结合。方以智新哲学观的提出,意味着中国哲学思维方式由古代直觉主义和泛伦理主义向近代理性主义的转变。

明朝覆灭，怀抱天崩地解的故国之思，王夫之与方以智一样，甘做"遗民"，隐形匿迹于湘西大山，将故国之思和亡明遗恨倾注于"六经责我开生面"的哲学大业中。他的哲学创造（气本论、辩证法、认识论、人性论、历史观）所包含的高明博大的哲理境界和刚健主动的伦理精神，堪称17世纪中国哲学的空谷绝响。船山哲学，渊博幽深，非苦心孤诣，难窥其灵府，得其道真。辩本体之真妄，极变化之神诣，究天人之奥隐，探理势之微几，合理欲以证性，弘人生之实学，是王夫之留给那个时代的"划时代"的哲学沉思，堪称17世纪中国哲学的空谷绝响与时代强音。

从思想文化史的区域性看，如果说以生成于江淮流域的顾炎武、黄宗羲、方以智和浸润着荆楚文化、湖湘文化基因的王夫之为代表的社会思潮属于广义上的"南学"，那么，活跃在三晋大地的傅山与燕赵大地的颜元及颜李学派的崛起，则可以归属于广义的"北学"。南国山水毓秀，陶冶出灵性睿智的南学情采；北方风土粗犷，磨砺了刚毅朴憨的北学气质。南北学风，互为因果，遥相呼应，谱写出明清之际思想文化史独有的风采。表面看，生活在穷乡僻壤偏僻村落、性格冷厉、交游十分有限的颜元的思想与那个时代似乎存在着几多隔膜；然而从思想史发展的内在规律之深层看，一种有影响的思想或学术风气的产生，从来都不是孤立的、突兀的、偶然的。颜元的思想与上述历史文化场景和时代精神的风云际会密不可分，或者说属于这一时代社会基础变迁所引发的思想文化裂变转型的跌宕共振。

颜元生活在明末清初这个以批判、反省、重构为历史主题的早期启蒙时代的末尾，作为这场文化批判思潮的一支异军，在这个时代"历史乐章"合奏中留下浓重的一笔。颜元辟"虚"崇"实"、斥"静"主"动"的经世"实学"精神，集中反映在其先后撰写合编而成的《四存编》中，其中含《存学》四卷，《存性》二卷，《存治》一卷，《存人》四卷。《存学》主旨是"明道不在诗书章句，学不在颖悟诵读，而期如孔门博文约礼，身实学之，身实习之"（《存学》卷一），阐明实行实习是为学之根本，其最惊世骇俗的一句名言是：必破一分程朱，始入一分孔孟。《存性》的主旨在于明理气俱是天道，性形俱是天命；性善则气亦善，气善则性乃善。从性气合一、理气融为一片的立场，批判程朱把"义理之性"与"气质之性"截然二分、气外言性的错误，以性善论驳斥程朱的气质性恶说，强调恶是后天引蔽习染所致。《存治》原名《王道论》，以托古改制的形式阐述政治理想和复井田、复封建、兴学校三大治理纲领，为早年墨守宋儒之学时所作，后来虽在细节上有所修正补充，但大纲宏旨终未改变。《存人》原名《唤迷途》，是批判佛、道二教及各种伪道门的通俗之作。站在时代潮头，颜元用自己独有的方式强烈反教条主义的程朱理学，反脱离实际的训诂辞章，反闭目静坐的涵养工夫，反喜静厌动的士子风气，反轻生厌世的佛道异端，其批判的方式尽管有些矫枉过正，但在久被程朱理学、陆王心学、科举辞章之学束缚的思想界，无疑具有振聋发聩的作用。

对于颜元哲学的思想特色及历史地位，民国时期不少学者均有所评论。钱穆先生在其《中国近三百年学术史》中的有关评论最为确当且影响广泛。钱穆评论颜元"学术大要"说："习斋，北方之学者也，早年为学，亦尝出入程、朱、陆、王，笃信力行者有年，一日翻然悔悟，乃并宋明相传六百年理学，一壁推翻，其气魄之深沉，识解之毅决，盖有非南方学者如梨洲、船山、亭林诸人所及者。"又说："以言夫近三百年学术思想之大师，习斋要为巨擘矣。岂仅于三百年！上之为宋、元、明，其言心性义理，习斋既一壁推倒；下之为有清一代，其言训诂、考据，习斋亦一壁推倒。'开两千年不能开之口，下两千年不敢下之笔'（自注：王昆绳语），遥遥斯世，'前不见古人，后不见来者，念天地之悠悠，独怆然而涕下'，可以为习斋咏矣。"钱穆先生真可谓知习斋者！

刘丽斌是我的博士研究生，研究方向是宋明理学。在读期间，他对颜元及颜李学派产生兴趣，于是选定颜元实学研究作为学位论文选题。丽斌同学，聪颖好学，刻苦努力，焚膏继晷，潜心研学，顺利完成了博士研究生的科研工作、学位论文写作及论文答辩。答辩前，外审专家对其学位论文给予了较好的评价并提出一些深化研究的建议。又经过两年多的沉淀、修订、完善、补充，在答辩稿基础上完成了《虚实之辨——颜元的问题意识及其哲学展开》这本学术专著。概括起来，本书有三个优点：一是问题意识突出，主题鲜明集中，选题内涵深厚，具有学术价值、理论意义和现实意义；二是研究基础扎实，对选题相关的研究现状、学术前沿、存在问题了解充分，引用资料精审、丰富、详实，文章布局结构完整，论证充分，语词流畅，语义清晰，注释规范，体现了作者的严谨学风和扎实的研究基础；三是具有创新性，作者在研究中既不轻信他人，也不盲目自信，而是让资料说话，能够在认真总结、广泛吸收、积极扬弃前人研究的基础上提出自己的学术见解。总体来看，该书以"虚实之辨"提领全书，从"实体""实性""实用""实行"层层入扣再现颜元哲学的精神特质、逻辑理路和历史地位，是一篇优秀的学术成果。

本书作为一个专题研究算是卦到"既济"，而放在学术长河中仍是"未济"。愿能以此书为契机，扩展纵深研究，定能获得更大的收获。日前，获悉中国社会科学出版社将出版该书，作为指导教师，本人乐观其成。刘丽斌博士约我为该书作序，前人及本书对颜元思想已有系统论述，这里已无从置喙。作此短文，略述明清之际思想文化转型风云际会之大势与颜学之关联，权作今后研究的一个愿景。是为序。

李振纲　于河北大学紫园寓所
2022 年 6 月 17 日

目 录

绪 论 1
 一 颜元哲学研究的历史脉络 1
 二 颜元的生命体验与学思历程 13
 三 颜元面对和思考的主要问题 28
 四 颜元哲学的逻辑结构 43

第一章 实 体
   ——天道气化万物生 50
 一 理气嬗变 53
 二 唯气实体 72
 三 气化万物 75
 四 气之分殊 82
 五 天命性形 86
 小 结 89

第二章 实 性
   ——气质与性皆为善 90
 一 儒家性论源流 91
 二 性为物则 101
 三 气质乃善 103
 四 情才皆善 108
 五 恶的来源 112
 六 以喻说性 121
 小 结 126

第三章 实　用
　　——全体大用成圣贤 …… 130
一　人生价值 …… 131
二　理想人格 …… 136
三　以义为利 …… 150
小　结 …… 156

第四章 实　行
　　——身心外内一致功 …… 158
一　践形尽性 …… 159
二　立志用功 …… 172
三　改过迁善 …… 173
四　习行事物 …… 177
五　身心规训 …… 191
小　结 …… 197

第五章 余　论 …… 200
一　全体大用的虚实之辨 …… 200
二　儒家道统的虚实之辨 …… 212
三　虚实之辨的立场溯源 …… 223
四　颜元哲学的总体评价 …… 227

参考文献 …… 233

后　记 …… 245

绪 论

颜元（1635—1704 年），字浑然，号习斋，原籍直隶省保定府博野县，明清之际著名的思想家、教育家、哲学家。李塨（1659—1733 年）作为颜元的弟子，继承师说并在传播、光大颜学中发挥了至关重要的作用。后人遂将颜元开创李塨弘扬的这一学派名为"颜李学派"。作为一名儒者，颜元既没有出身于书香门第、官宦之家或名门望族，也没有在耆宿大贤、硕学鸿儒门下聆听教诲，这使他站在基层知识分子的角度去审视社会和历史问题。加之颜元孤苦备尝的人生经历，成就了他独立思考的品质，而不囿于学术成说。面对朝代更替的动荡和民不聊生的惨象，当颜元醒悟其所尊崇的宋明理学在经世济民方面空虚无用，甚至是造成社会动荡的原因之一后，他毅然反身而出，矫正理学之"虚"，重建儒学之"实"，以实体、实用、实行、实事等塑造经世之才，变革现实世界。

一 颜元哲学研究的历史脉络

颜元哲学乃颜元学说的重要组成部分。颜元哲学的研究伴随着颜学的兴衰而起伏。在清康熙中晚期，颜学"发扬震动于时"[1]，"海内之士，靡然从风"[2]，影响不可谓不大。[3] 但好景不长，颜元及其弟子李塨离世后，颜学由盛而衰，逐渐式微，行将湮没不传。[4] 学界对颜元的关注渐渐淡出。直到 19

---

[1] （清）方苞：《方望溪全集》卷十三《刁赠君墓表》，世界书局 1936 年版，第 184 页。
[2] （清）冯辰、刘调赞：《李塨年谱》卷一，陈祖武点校，中华书局 1988 年版，第 162 页。
[3] 关于颜学在清康熙中晚期的影响，详细情况可参见王春阳《颜李学的形成与传播研究》第四章，齐鲁书社 2009 年版，第 311—318 页。
[4] 对于颜学由盛而衰的原因，学界多有探讨。详见梁启超《中国近三百年学术史》第十章，岳麓书社 2009 年版，第 115—150 页；钱穆：《中国近三百年学术史》第五章，商务印书馆 1997 年版，第 175—242 页；陈登原：《颜习斋哲学思想述》第十篇，东方出版中心 1989 年版，（转下页注）

世纪中后期，晚清学人戴望①仿照《宋元学案》《明儒学案》的体例编撰《颜氏学记》十卷，重新发现和倡明了沉寂百年的颜学，极有阐幽发微之功。与此同时，河北定州人王灏举一家之力刊刻《畿辅丛书》，其中搜集颜李学派著作二十种；后定州王氏又将这些颜李学派著作单独编纂出版为《颜李遗书》，此举可谓是对颜李学派文献的第一次系统整理。②《颜氏学记》和《颜李遗书》问世之后，石激浪起，晚清学人基于自身的学术或政治立场，对颜学给予了不同的评价。陈居渊以"尊颜"（推崇颜学）与"反颜"（反对颜学）之争概括当时的情形③；王学斌将晚清学人对颜学的态度分为赞同（对颜学之认可与改造）、批评（对颜学之学术检讨）和排诋（对颜学之仇视与攻击）三种。④ 这场争论，既昭示着颜学的复兴，又拉开了近代改造颜学的帷幕。因为即使"尊颜"或赞同的一方，也不是对颜学的完全继承，而是进行了有选择的扬弃和有目的的改造。在此一时期，刘师培极为推崇颜学，撰《习斋学案序》《幽蓟颜门学案序》《并青雍豫颜门学案序》《颜、李二先生传》《颜氏学派重艺学考》《中国理学大家颜习斋先生的学说》，称其"成一家言"⑤，"默契西法"⑥，发掘颜学中的西学因素，意图将其作为沟通中西学术的桥梁，但他有意夸大颜学西学色彩的做法有失偏颇。刘氏一边将颜元与顾炎武、黄宗羲、王夫之并称为"明末四大儒"⑦，肯定颜元的儒家地位，另一边又认为颜学不应仅以儒学范围之，而是更近于墨学，即其所谓的"近墨远儒"。与刘师培意见相左，章太炎在《正颜》《颜学》两文中，以为颜学异于墨学，并肯认颜元为与荀子同等的大儒。⑧ 但章氏"独恨其学在物，物物习之，而概念抽

（接上页注④）第189—208页；姜广辉：《颜李学派》第十一章，中国社会科学出版社1987年版，第199—204页；王春阳：《颜李学的形成与传播研究》第四章，齐鲁书社2009年版，第319—327页。

① 戴望（1837—1873年），字子高，浙江德清人，编著有《戴氏论语注》二十卷，《颜氏学记》十卷，《管子校正》二十四卷和《谪麟堂遗集》四卷、补遗一卷。

② 戴望编撰《颜氏学记》时对颜李学派著作进行了有选择性的删改；而王灏编纂的《颜李遗书》，对颜李学派著作几无删改，保留了原貌。

③ 参见陈居渊《略论晚清学术界的尊颜与反颜之争》，《河北学刊》1997年第1期。

④ 参见王学斌《颜李学的近代境遇》，商务印书馆2017年，第77—89页。

⑤ 刘师培：《习斋学案序》，见章太炎、刘师培等《中国近三百年学术史论》，罗志田导读，徐亮工编校，上海古籍出版社2019年版，第251页。

⑥ 刘师培：《并青雍豫颜门学案序》，见章太炎、刘师培等《中国近三百年学术史论》，第255页。

⑦ 刘光汉：《咏明末四大儒》，《国粹学报》1905年第4期。笔者按：光汉为刘师培别名。

⑧ 章太炎在《颜学》中言："自荀卿而后，颜氏则可谓大儒矣。"（章太炎：《颜学》，见章太炎、刘师培等《中国近三百年学术史论》，第83页。）

象之用少"①，遗憾其过于重视有形之物与习行之事，而忽视了抽象思维的作用，致使其学说缺乏理论建构。

民国时期，徐世昌借身为大总统之便，出于政治原因，大力推崇颜学。其编纂《大清畿辅先哲传》，视颜李学派为"畿辅自有之学派"②，将颜学升格为"北学"③之魁首。他还组织幕宾设立四存学会，编辑《四存月刊》，创办四存学校，广搜颜李遗著，出版《颜李丛书》④、《颜李师承记》、《颜李语要》、《颜李嘉言类钞》、《颜李自修要义》等，并将颜元、李塨师徒二人从祀孔庙，颜学煊赫一时。徐世昌尊崇颜李的活动，也引起了民国学界对颜学的热议。

梁启超在《论中国学术思想变迁之大势》《清代学术概论》《颜李学派与现代教育思潮》《中国近三百年学术史》等论著中评议了颜学。梁氏最重要的观点是将颜学定位为"实践实用主义"。这一观点大致展现为三个方面：一是颜元于朱陆汉宋诸派尽皆吐弃，其学说虽打着"复古"的旗号，但与现代科学精神极为接近；二是颜元哲学的根本立场是"唯习主义"的知识论，即"重行不重知"⑤，"为做事故求学问，做事即是学问，舍做事外别无学问"⑥；三是颜学与以杜威思想为代表的美国实用主义有许多相同之处。梁氏之所以突出颜学中的现代精神与西学色彩，应该与其一生力图沟通与融合中西学术的努力密切相关。受梁启超的影响，胡适也关注到颜学。胡适在《戴东原的哲学》一文中，以颜学作为清初注重实用方面而反理学的代表，并用"很彻底的实用主义"来概括它的特点；他指出颜学与宋明理学的两点根本区别：一是"理学谈虚理，而颜学讲实用"，二是"理学主静主敬，而颜学主动，主习事，主事功"⑦。胡适还在《颜习斋哲学及其与程朱陆王之异同》的讲演稿中，以理学与反理学及中国文化与印度文化的差异来诠解颜学，认为理学沾染了玄虚的印度思想，颜元注重的"实"才是"中国本位文化"

---

① 章太炎：《颜学》，见章太炎、刘师培等《中国近三百年学术史论》，第81页。
② 贺葆真：《贺葆真日记》，徐雁平整理，凤凰出版社2014年版，第334页。
③ 此处"北学"之义取魏一鳌所辑《北学编》中所指，即畿辅之学，今称燕赵之学。
④ 《颜李丛书》收录颜元、李塨著作达四十二种，较王灏所编《畿辅丛书》中收录的颜李遗著数量更多，为后世研究颜李学派提供了较为完备的基础资料。
⑤ 梁启超：《中国近三百年学术史》，第131页。
⑥ 梁启超：《清代学术概论》，朱维铮导读，上海古籍出版社1998年版，第22页。
⑦ 胡适：《戴东原的哲学》，上海古籍出版社2013年版，第5页。

的特色。① 梁、胡二先生于颜学的研究并将其定位为"实用主义",或许是对当时杜威来华讲学后国内相关学说热潮的回应。之后在20世纪三四十年代发表的有关颜学的论著大多也未偏离梁、胡的观点,蒋维乔在《中国近三百年哲学史》、谭丕模在《清代思想史纲》中也称颜学的宗旨为"实用主义"。② 李石曾在《颜李之学与法兰西学术》的演说中,以他亲身留法勤工俭学的经历宣扬颜元思想与西学中的实验哲学、唯物哲学之理相近。在他看来,法国学术的特长"为实学,为征实之学,为物学,而非超物之学也",颜学则为"东方征实之学,能与西方征实之学相接触"③。在当时中西文化激烈碰撞的过程中,以西方哲学思想比对颜元哲学成为一种学术习惯。采用中西哲学比较的方式来诠释颜元思想固然是有益的尝试,但若只是简单比附,难免会造成误读。通观梁启超、胡适等人的颜学研究,其中不乏此弊。

不同于梁、胡二人对颜学的研治方法,钱穆在与梁氏同名的著作《中国近三百年学术史》中虽欣赏颜元高论排击汉宋诸儒的气魄,称赞其为近三百年学术思想大师中的巨擘,但他更多的是注重从学术思想发展的内在脉络来细致地辨析颜学的利弊得失。他认为,颜学与宋明理学"未能划然分疆割席"④,仍有着千丝万缕的关联,颇近阳明之学⑤;并且颜学有着折入汉宋的痼弊,未能超出旧传统而卓然自拔。这便与梁、胡给颜学贴上的"反理学""现代的""实用主义"的标签,迥然异趣。冯友兰在20世纪二三十年代所著的《中国哲学史》中,表达了与钱穆类似的观点,将颜学归为一部分宋明理学的继续发展。⑥ 并且,由于冯友兰受新实在论的影响,他在《中国哲学史》一书对中国古代哲学家的选择性研究中,将颜元放在了一个比刘宗周、黄宗羲和王夫之还显著的位置上。

与梁启超同样以为"颜元打着复古旗号宣扬现代内容"的还有侯外庐。

---

① 胡适:《颜习斋哲学及其与程朱陆王之异同》,见胡适《实证》,云南人民出版社2013年版,第183—189页。
② 蒋维乔:《中国近三百年哲学史》,岳麓书社2011年版,第53—55页;谭丕模:《清代思想史纲》,上海古籍出版社2013年版,第39页。
③ 李石曾:《颜李之学与法兰西学术》,《四存月刊》1921年第9期。
④ 钱穆:《中国近三百年学术史》,商务印书馆1997年版,第213页。
⑤ 钱穆言:"而据余所见,习斋种种论调,更似颇有近阳明者。"(钱穆:《中国近三百年学术史》,第204页。)
⑥ 冯友兰言:"习斋之学,虽反道学,然实系一部分道学之继续发展也。"[冯友兰:《中国哲学史》(下册),华东师范大学出版社2000年版,第304页。]

在《近代中国思想学说史》中，他赋予颜元"近代世界底预言者"的称号，以为颜元世界观中的理想世界是"一个近代式专门分工的事物界"，而与理学家"把一切智识记忆附庸于空虚教条的虚灵界"①决然对立。他将颜元反理学而倡周孔之学的行为类比为欧洲宗教改革时代的上帝复活运动："宗教改革者披着希腊罗马的衣裳，说着古代的语言，而传达近世的人类要求；他（笔者按：指颜元）亦披着春秋以前的六经衣裳，说着古代的六艺语言，而客观上则讲他自己理想的世界。"②侯氏俨然将颜元塑造为具有"哥白尼精神"，以"旧瓶装新酒"的方式提出新世界观的"先知先觉"者。不过，侯氏并不赞同梁、胡等人以"实用主义"附会颜学的做法。因为他认为，颜元并没有详言经验主义的归纳法和理性主义的知识论，并且，颜元的知识论，不是从哲学理论或范畴本身研究的，也不是从历史分析或流变发展研究的，而只是属于科学知识的内容。③

1926年，美国学者曼斯菲尔德·弗里曼（Mansfield Freeman）可能在徐世昌、梁启超的相关论著中了解到了颜元，故而撰写了"Yen Hsi-Chai, A 17th Century Philosopher"（《颜习斋：一位17世纪的哲学家》）一文发表在 *Journal of the North-China Branch of the Royal Asiatic Society*（《皇家亚洲文会北中国支会会报》④）上。该文的观点与徐、梁的主张一脉相承。只不过从西方学者的口中说出颜学具有现代科学精神和实用主义因素，似乎更有说服力。陈登原读完该文后深有感触，披览颜元著作，撰成《颜习斋哲学思想述》一书。该书可谓民国时期颜学研究的力作，文笔锋利、旁征博引、虑周藻密，极具参考价值。陈氏将清初学术分为词章、义理、考据三个方面，以为颜学"菲薄程、宋，訾謷阳明，卑视文艺，厌鄙考核"，"转战于词章、义理、考据之间，而独标其异焉"⑤，并将颜学精髓归结为"动""实""习""用"四字。1937年，张西堂撰《颜习斋学谱》⑥，以颜学为实学、实教、实习、实

---

① 侯外庐：《近代中国思想学说史》，生活书店1947年版，第217页。
② 侯外庐：《近代中国思想学说史》，第221页。
③ 侯外庐：《近代中国思想学说史》，第215页。
④ 关于"皇家亚洲文会北中国支会"及《皇家亚洲文会北中国支会会报》的情况，可参见王毅《皇家亚洲文会北中国支会研究》，上海书店出版社2005年版。
⑤ 陈登原：《颜习斋哲学思想述》，第82、22页。
⑥ 张西堂于1937年初撰写《颜习斋学谱》。后因战乱频仍，多年无暇顾及。1957年，郭霭春的同名作《颜习斋学谱》由商务印书馆印行，可能有感于"同名"的尴尬，故而张氏书稿（转下页注）

行、实体、实用之学。该书综述了颜元的生平、学术、著述和师友，对颜元文本的分类整理颇有精到之处。书中"哲学思想"部分从宇宙论、心性论、修养论、知识论四个方面对颜元哲学作了简要阐释。

马克思主义在中国广泛传播后，不乏学者使用马克思主义立场、观点和方法来分析颜学。例如李用中在《颜元之动的哲学——习行主义》一文中说："他（笔者按：指颜元）的人生观是以'唯心'为体，以'习行'为用。然而他的社会观却是唯物的……他不是理想主义的唯心论者，他是把万有哲学的唯物论，溶化为一炉，做他动的哲学之习行主义的基础……总之，颜元是个唯习论者。"① 章秋官在《颜习斋的唯心哲学及其实干主义》中总结："他（笔者按：指颜元）的人生观，以唯心为体，以实干为用，他不是理想主义的唯心论者……（而是）慨然发为习行的实干哲学。"②

此外，民国时期与颜元哲学相关的论著还有刘月林《颜习斋的哲学》、徐庆誉《颜习斋动的哲学》、严肃《颜习斋先生习行哲学探讨》、襄予《实证哲学家颜习斋》、李世繁《颜李学派》，等等。这一时期学界对颜学的研究主要集中在文献整理与著述考证、人物传记与学术渊源、思想阐释与特点归纳等方面，历史研究的比重较大，而哲学研究的力度和深度严重不足。

新中国成立后，除特殊时期外，对颜元哲学的研究从未间断，成果颇丰。以下仅择要评述。

20 世纪 80 年代以前，中国学者基本采用唯物与唯心的二分法来研究哲学。侯外庐、杨培之、郭霭春、任继愈、肖萐父、李锦全、赵宗正、张武等均认同颜元哲学中蕴含着唯物论的观点。③ 马序发表不同的看法，认为颜元哲学是唯心主义的心物二重化世界观、方法论，其哲学思想是"理学别传"。④

（接上页注⑥）一直未曾付梓。直至 20 世纪 80 年代末 90 年代初，张西堂之子张铭洽将该手稿整理，由明文书局出版。（参见张西堂《颜习斋学谱》，张铭洽整理，台北：明文书局 1994 年版，附记。）虽然该书出版于 1994 年，但鉴于其书稿完成于 1937 年，所以将其列入民国时期的学术成果。

① 李用中：《颜元之动的哲学——习行主义》，《前途》1934 年第 6 期。
② 章秋官：《颜习斋的唯心哲学及其实干主义》，《行健》1940 年第 9 期。
③ 参见侯外庐《中国思想通史》（第五卷）人民出版社 1956 年版，第 324—382 页；杨培之：《颜习斋与李恕谷》，湖北人民出版社 1956 年版；郭霭春：《颜习斋学谱》，商务印书馆 1957 年版；任继愈：《中国哲学史》（第四册），人民出版社 1979 年版，第 79—97 页；肖萐父、李锦全：《中国哲学史》（下卷），人民出版社 1983 年版，第 255—264 页；赵宗正：《论颜元的认识论》，《哲学研究》1979 年第 8 期；张武：《论颜李学派的思想特征及其形成》，《哲学研究》1987 年第 4 期。
④ 马序：《颜元哲学思想研究》，兰州大学出版社 1991 年版。

这些学者也提出颜元哲学的关键词是"实""动""习行""功利",等等。

学界从唯物与唯心对峙的僵化解释模式中解放出来后,颜元哲学研究的著作集中问世。姜广辉在《颜李学派》一书中分析了颜元的世界观、人性论、认识论等,突出了颜学的反理学特征,评价颜元的思想体系基本上是功利论的,理论思维方法主要是经验论的。[①] 郑世兴的《颜习斋和杜威哲学及教育思想的研究比较》可谓在六十年后对梁启超和胡适观点的深入探索。其从宇宙论、宗教思想、人性论、方法论、知识论、道德论、人生论七个方面对颜元和杜威的哲学思想进行了比较研究,认为颜元和杜威都是"人文主义兼唯实主义者",不过二人"彼此不尽相同而且各有所偏",颜元"似乎是人文主义重于实利主义",杜威"似乎是实用主义重于人文主义"[②]。朱义禄的《颜元李塨评传》认为颜学是打着复古外衣的、以"三事三物"为核心的事功之学;该书对颜元浓郁的圣人崇拜观念及他对"孔颜乐处"的希求提出了独到的见解,对颜元哲学思想的阐发虽具有参考价值,但缺乏系统性。[③] 傅济锋在《习行经济——建基于"气质性善论"的习斋哲学研究》一书中提出,颜元哲学的内在理路始于"辩学",即批判宋明理学的空虚无用之学风;经由"明道",即倡导复兴周、孔"习行六艺"之正学正道;最后落实于"致用",即以"'学、教、治一致之道'贯彻于经济民生的实践,以复古'礼治'为拯救民生世道的良方"[④]。傅之作品洋洋洒洒四十万字,论述颇详,为现代以来第一篇专门研究颜元哲学的博士学位论文。但其关于颜元以"气质之性"否定"天命之性"的论述有待斟酌。高青莲另辟蹊径,从清初学者对"四书"的再诠释与儒学重建的背景入手,按照《学》《庸》《语》《孟》的次序分析了颜李学派如何以习行实践的方式解读"四书",探讨了颜李学派以恢复原始儒学的方式致力于儒学重建的进路。[⑤] 吴雅思从伦理思想史和经济学史的视

---

① 姜广辉:《颜李学派》,中国社会科学出版社1987年版。
② 郑世兴:《颜习斋和杜威哲学及教育思想的研究比较》,见陈山榜、邓子平主编《颜李学派文库》第6册,河北教育出版社2009年版,第1817页。
③ 朱义禄:《颜元 李塨评传》,南京大学出版社2006年版。
④ 傅济锋:《"辩学"——颜元哲学思想体系内在理路的开端》,《河海大学学报》(哲学社会科学版)2007年第2期;傅济锋:《习行经济——建基于"气质性善论"的习斋哲学研究》,华龄出版社2007年版。
⑤ 高青莲:《解释的转向与儒学重建——颜李学派对四书的解读》,广东人民出版社2011年版。

域，结合与同时代英国亚当·斯密的经济伦理思想的比较，探究了颜李学派伦理思想中的人性论、义利观、"习行"修养方式、"经世致用"思想的内在逻辑与理论内容。① 还有陈山榜的《颜元评传》、李贵荣的《颜习斋先生思想研究》、王春阳的《颜李学的形成与传播研究》、杨瑞松的《追寻终极的真实——颜元的生平与思想》、王学斌的《颜李学的近代境遇》等史学著作对深入理解颜元哲学思想也颇有助益。

国内有关颜元的期刊、会议或博硕士学位论文约有四百余篇，涉及方面较多，质量参差不齐。其中嵇文甫《颜习斋与孙夏峰学派》、卢育三《从"体用兼全"看颜元的哲学体系》、卢子震《颜元思想辨析》、颜炳罡《返本开新与儒学再造——论颜元的习行哲学及其历史命运》、魏义霞《"以实药其空"：颜元哲学的创建机制及其对理学的批判》、冯彪《颜元气论思想研究》、李伟波《经世向度下的原典回归——以颜元的四书解释为中心》、张循《"颜元"的诞生——清初学者颜元思想激变过程的重建与诠释》、王东杰《气质为何不恶：颜元的身体经验与思想建构》、刘元青《颜元论"恶"的来源及其意义》、邢靖懿《批判与构建——颜元实学思想研究》、李滢婷《颜元学术思想研究》、叶缅华《颜元"四存论"的思想探究》等论文中的观点、内容值得进一步思考、借鉴或商榷。

由于颜元相对轻视理性思辨且留存现世的文献较少，其哲学体系难于把握。现有研究中，杜维明、卢育三、魏义霞、傅济锋、冯彪等人的论文成果对此有所涉猎。杜维明在《颜元：从内在体验到实践的具体性》一文中针对梁启超、冯友兰、钱穆、侯外庐、弗里曼等学者对颜元的所谓"定论"（伟大的革命家、科学精神的化身、行动家、被证实的实用主义者、进步的实在论者），反对在颜元思想中找出类似现代西方观念的思路，试图恢复颜元的真实形象，即检视其面对时代论题所显现的思想模式。杜维明总结说："颜元不是一个革命家，因为他仍然忠于几乎是所有的儒家传统中的基本精神价值。他不是一位科学家，因为他从没有要调查或研究自然现象，事实上他也从未要调查或研究其他的现象，以对外在世界有纯思想上的理解。他也不是个行动家，因为他仪式化的行动不以自身为目的，而是完成一个更高自我修养目标的工具。他既不是实用主义者也不是实在论者，因为他的道德关切在取向上

---

① 吴雅思：《颜李学派伦理思想研究》，中国人民大学出版社2014年版。

是理想主义的,他的使命感在性格上是宗教的。"① 他认为,颜元主要关切的不是培养"内在经验"和寻求内在真理,而是积极地实践世上的日常事务以完善世界,即在"实践的具体性"方面全力以赴;这是在重新界定儒家思想的精神传统,重新建构儒家意图的基本要素。卢育三将"体用兼全"作为颜元哲学体系的中心环节,以"体用"关系贯通气与理、形与性、知与行、道义与功利、天与人等相偶的范畴,并提及"践形尽性"即发挥气质或身体的作用是颜元哲学中的关键一环。他说:"从体出发,通过用,又回到体;或者从人性出发,通过践形,又回到人性,这就是颜元哲学的基本逻辑。"② 卢先生对于颜元哲学中"体用""践形"的论述实属明见,可惜其未能在细节上进一步梳理和补充。魏义霞抓住了颜元哲学批判理学一以贯之的主线,即"以实药其空"。她把颜学的精髓界定为"实",故而颜元哲学在人性、实践和价值领域均化虚为实:"在人性领域,……将气质之性实化为人之形体所具有的属性和功能;将善实化,……肯定气质即善。在实践领域,强调习行是实,主张气质之性通过习行得以发挥和满足;……将知实化,强调在行中通过格物而致知。在价值领域,强调人的活动带有功利目的,将行实化;在道义与功利的统一中为道德注入功利内涵,进一步将道义实化。"③ 魏义霞虽关注到了颜学与理学在三个层次上的虚实之辨,突出了颜元哲学以实药空的宗旨,但其将习行工夫的目的定位为追求功利,这便是对颜元哲学的片面解读了。傅济锋的著作已于上文论及。冯彪在其博士学位论文《颜元气论思想研究》中,以"气质"贯通并展现了颜元哲学的整体格局,从"作为本体的气质",到"构成人性的气质",最后到"作为工具的气质"以尽"气质之能"。他认为颜元哲学的关键价值在于实现了工夫论的转向,"通过恢复孔子之内仁外礼的由内向外的开展模式,逆转了宋明理学由外向内的复性收摄式的工夫论模式"④。这五位学者的研究成果深得笔者之心,成为本书梳理颜元哲学内在理路的助缘。

---

① 杜维明:《颜元:从内在体验到实践的具体性》,见杜维明《仁与修身:儒家思想论集》,胡军、丁民雄译,生活·读书·新知三联书店2013年版,第214—249页。
② 卢育三:《从"体用兼全"看颜元的哲学体系》,《天津师大学报》(社会科学版)1988年第2期。
③ 魏义霞:《"以实药其空":颜元哲学的创建机制及其对理学的批判》,《中国哲学史》2007年第2期;魏义霞:《理学与启蒙——宋元明清道德哲学研究》,商务印书馆2009年版,第707—753页。
④ 冯彪:《颜元气论思想研究》,博士学位论文,复旦大学,2013年。

在中国哲学史著作与教材中，冯友兰《中国哲学史新编》，劳思光《新编中国哲学史》，孙叔平《中国哲学史稿》，冯契《中国古代哲学的逻辑发展》，李维武《中国哲学史纲》，罗光《中国哲学思想史》，萧萐父、李锦全《中国哲学史纲要》，刘文英《中国哲学史》，冯达文、郭齐勇《新编中国哲学史》，郭齐勇《中国哲学史》，杨国荣《中国哲学史》，程志华《中国儒学史》等诸位中国哲学界前辈学者的著述中都对颜元哲学思想予以了评介，简要介绍了其人性论、修养论、认识论及"格物致知"新解等几个方面。虽然各书对颜元哲学思想勾画的侧重点不同，但一致认可其重"实"反"虚"、强调"习行"、注重效用的特点。

在其他通论性著作中，韦政通在《中国思想史》中将颜元定位为"一个偏执而寡头的唯用论者"，认为他重视实用，却反对知识，"直接认同于原始儒家时习力行的精神"，并"以身体的动作代替心性的活动"，以"习行"来宰制心性[1]。余英时在《清代思想史的一个新解释》中给予了颜元两个称号：最极端的致用论者和最彻底的儒家反智识主义者。[2] 韦氏和余氏对颜元的认知基本相同，但颜元是否真的唯"用"是从，是否真的反对知识，对这两个问题的回答，他们的答案略显武断。方东美在《中国哲学之精神及其发展》中以其生命哲学解读了颜元思想，将颜元归为实用主义自然论类型的新儒家。[3] 杨儒宾在《异议的意义：近世东亚的反理学思潮》中认为，颜元反对以"复性"而是以"养性"来成就自然生命的充分展露，其"主张的人性是在既有的社会格局中前进、奋斗，并且具体的在身心结构中呈显文化的价值体系"[4]。这与理学的"复性说"存在着明显差异。此外，张舜徽《清儒学记》、陆宝千《清代思想史》、汤一介和李中华主编的《中国儒学史》、陈祖武《清代学术源流》、汪学群《明代遗民思想研究》、龚书铎主编的《清代理学史》、吴雁南等人的《中国经学史》、杨向奎《清儒学案新编》、苗润田《中国儒学史：明清卷》、张丽珠《清代的义理学转型》、郑宗义《明清儒学转型探析：

---

[1] 韦政通：《中国思想史》，吉林出版集团有限责任公司2009年版，第999页。
[2] 余英时：《清代思想史的一个新解释》，见余英时《中国思想传统的现代诠释》，江苏人民出版社2003年版，第157—178页。
[3] 参见方东美《中国哲学之精神及其发展》，匡钊译，中州古籍出版社2009年版，第349—359页。
[4] 杨儒宾：《异议的意义：近世东亚的反理学思潮》，上海古籍出版社2019年版，第224页。

绪 论

从刘蕺山到戴东原》、朱葵菊《中国历代思想史·清代卷》等著作,从不同角度以一章或一节对颜学进行讨论,也具有一定的参考价值。

颜元哲学也引起了海外学者的关注。日本的清水洁分析了颜元如何以复古性质的习行主义批判宋明理学①,沟口雄三考察了颜元对于"克己"的解释②,野田善弘从善书、宝卷入手研究了颜元的祸福说③。韩国的杨熙庸解析了颜元反主知主义的格物致知论。④ 德国的托马斯·泰伯里(Thomas Tabery)对颜元哲学进行了详尽而深入的专题研究,他在 Selbstkultivierung und Weltgestaltung: Die praxiologische Philosophie des Yan Yuan(《修身与天下重构:颜元的实践哲学》)一书中以颜元对宋明理学的解构为出发点,继而论述了颜元哲学中道德修养的人类学和本体论前提、道德修养的模式、文化理想,认为颜元哲学的核心是一种以身体为中心、以实践为取向的个人修身和社会重构模式。⑤ 此外,日韩还有个别研究颜元哲学的博硕士学位论文。国外学者的论著,可以让我们从不同的文化视野去进一步了解颜元哲学。

综观前人的研究成果,我们已经看到多个面向的颜元哲学,有作为"实用主义"的,有贴近"科学精神"的,有"反智识主义"的,有"功利论"的,有"理学别传"的,有"推翻理学"的,有复古传统的,有现代改革的,有唯物的,有唯心的。之所以会产生不同的诠释,是因为不同的诠释者具有不同的"前见"和"立场"⑥。前见作为认知的先验框架,是一切诠释的

---

① [日]清水洁:《颜习斋的习行主义——和宋明学排斥及复古主义的关联为主》,见陈山榜、邓子平主编《颜李学派文库》第9册,河北教育出版社2009年版,第3166—3182页。
② [日]沟口雄三:《中国前近代思想的屈折与展开》,龚颖译,生活·读书·新知三联书店2011年版,第367—383页。
③ [日]野田善弘:《颜元の祸福说——颜元の思想と善书·宝卷との关系について》,《哲学》1993年第45期。
④ [韩]杨熙庸:《关于颜元格物致知的研究》,见陈山榜、邓子平主编《颜李学派文库》第9册,河北教育出版社2009年版,第3276—3289页。
⑤ Thomas Tabery, Selbstkultivierung und Weltgestaltung: Die praxiologische Philosophie des Yan Yuan, Harrassowitz Verlag, 2009.
⑥ "前见"和"立场"有着本质差异。张江说:"前见是潜在的、非自主决定的,立场是显露的、自主选择的;前见是非自觉的、下意识的,立场是自觉的、主动站位的。前见作为一切认知的前提和基准,先天存在于阐释者的意识之中,是阐释者本人无法改变的。否定前见、忽视前见,不符合认识发生及成长的基本规律。立场作为立足点和出发点,作为态度和判断,作为理论和观点,不是随意的见解或感受,而是相对稳定持久的自觉认识。立场决定理解,立场规整思想,放弃立场同样是一种立场自觉。前见不可避免,立场很难规避。"(张江:《前见不是立场》,《学术月刊》2016年第11期。)

前提和基础，任何诠释活动和诠释者都无从避免。伽达默尔在其"视域融合"理论中肯定了前见的必要性，他说："我所描述的视域融合就是这种统一的实现形式，它使得解释者在理解作品时不把他自己的意义一起带入，就不能说出作品的本来意义。"①"解释者和文本都有各自的'视域'，所谓的理解就是这两个视域的融合。"②伽达默尔强调诠释活动不能脱离诠释者的前见，要在诠释者和文本之间展开内在的互动，是诠释者发现文本所要回答的问题、与文本对话的过程，也是诠释者的视域与文本的视域融合为一体的过程。因此，作为视域融合的结果，不同的前见可能会导致不同的诠释。但对同一文本的各种诠释并非没有高下之分。伽达默尔说："谁想理解，谁就不能一开始听任自己随心所欲的前意见，以便尽可能始终一贯地不听错文本的意见——直到不可能不听到这些意见并且摧毁任意的理解。谁想理解文本，谁就得准备让文本讲话。因此，受过诠释学训练的意识必定一开始就感受到文本的他在性。"③伽达默尔肯定文本的"他在性"，就是承认文本中存在着"事实"，并非可由诠释者主观、随意地理解。那么，任何诠释都有与文本中的"事实"一致或不一致的问题，或者说任何诠释都有与文本中的"事实"接近程度的区别。这一接近程度便是判断诠释对错与否、高低水平的标准。在理解作品时，诠释者把自己置入文本，在不断的理解中调整修正前见，产生视域的融合，实现诠释与文本的一致性。立场的介入又从另一个方面影响了诠释。立场不同于前见的潜在性和非自觉性。立场作为立足点和出发点、作为态度和判断、作为理论和观点，是相对稳定持久的自觉认识，具有自主性和选择性。而执着于立场，则是强制文本使其服从于诠释者的主观需求，罔顾文本的他在性，那么，诠释的有效性和确当性必将受到质疑。晚清和民国时期，一些学者出于政治立场推崇并诠释颜学，其观点可能就是对颜元文本中"事实"的偏离与改造。

另外，前人在颜元哲学的研究内容上，或注重颜元对宋明理学特别是程

---

① [德]汉斯-格奥尔格·伽达默尔：《诠释学Ⅱ真理与方法——补充和索引》（修订译本），洪汉鼎译，商务印书馆2017年版，第601页。
② [德]汉斯-格奥尔格·伽达默尔：《诠释学Ⅱ真理与方法——补充和索引》（修订译本），第137页。
③ [德]汉斯-格奥尔格·伽达默尔：《诠释学Ⅱ真理与方法——补充和索引》（修订译本），第75页。

朱理学的批判，或梳理颜学与宋明理学千丝万缕的关联，进而界定颜学与理学的关系；或注重颜元的实学思想、实用主义，以作为力挽社会危机之资源，使颜学成为沟通中西学术的桥梁；或注重颜元与中外其他哲学家的比较研究，从而更全面准确地了解颜元哲学的价值与缺憾；或针对颜元哲学的某个问题展开深入细致的研究，以理清纠葛、拨乱反正；或试图呈现颜元哲学的实质性体系，从整体视角洞见颜学真谛。这些方面大多得到了比较充分的讨论。但随着当代哲学界新问题、新理论、新观点的涌现，对颜元哲学的诠释仍有多重可能性。而且，学界对颜元哲学体系的梳理以及对颜元哲学人性论、工夫论、身心观、理想人格的思考，以及其与原始儒学、宋明理学的比较分析及承继关系之研究尚有不足，这些薄弱环节有待进一步解决和完善，仍有学术创新空间。

二 颜元的生命体验与学思历程

哲学家都生活于一定的时代。特定时代作为哲学家思考和行动的背景与条件，从不同方面影响和制约着他的思想。颜元生于明崇祯八年（1635年），卒于清康熙四十三年（1704年），正处于明末清初之际。明清易代之变，致使社会动荡，烽鼓不息，兵连祸结。时况正如黄宗羲所言，乃"天崩地解"[①]。时势熏炙，哲人辈出，如王夫之、黄宗羲、孙奇逢、方以智、李颙、陈确、陆世仪、吕留良等。但由于每个人的人生经历不同，即使处在同一时代的哲学家，他们的哲学思想也会有种种差异。[②] 颜元哲学作为明清之际众多思想形态之一，它是颜元在批判继承以往学术资源的基础上，为解决其所关心的时代问题而进行的理论思考。因此，若要明晰颜元所关心的时代问题及其解决问题的思路与方法，那么，了解时势下颜元的生命体验和学思历程是

[①] （清）黄宗羲：《留别海昌同学序》，见（清）黄宗羲《黄宗羲全集》第二十册《南雷诗文集中》，浙江古籍出版社2012年版，第561页。

[②] 任何哲学家只能在特定的语境中思考哲学问题。宋志明将哲学家所处时代的背景称为大语境，将哲学家的个人阅历称为小语境。语境是哲学思想的源头。研究哲学家的思想，必须把他放在他所处的语境中考察。（参见宋志明《中国古代哲学研究方法新探》，中国人民大学出版社2015年版，第176—200页。）

十分必要的。① 由于学界对颜元的生平已有较多详细介绍②，笔者仅阐述对其问题意识与学术性格有重要影响的人生经历及其思想嬗变的过程。

明清易代并非一蹴而就，前前后后历时百年。明神宗万历之时，明朝颓势已成，之后江河日下，愈发腐朽，犹如在风波正急的江湖中行驶的"漏舟"，随时有沉船的可能。朝廷政治腐败，皇帝昏庸，阉寺擅权，贪风炽热。神宗在位后三十年，晏处深宫，不理朝政，搜刮民财，奢靡无度。熹宗一朝，魏忠贤窃弄国柄，诬陷忠良，荼毒生民，政治黑暗，无以复加。与此同时，朝廷内外党派林立，彼此倾轧，争斗不已。各级官吏贪污成风，贿赂公行。思宗朱由检虽励精图治，但风雨飘摇的明王朝已病入膏肓、积重难返，再精明强干的帝王也回天乏力。由于明末土地兼并严重、自然灾害频发、私租官赋重重，人民生计荡然无存，流离失所。崇祯末年，自江淮到京畿的数千里原野，已是"蓬蒿满路，鸡犬无声"③。无以生存的农民群众爆发起义，最终迫使朱由检自缢于煤山之上。然而李自成的大顺政权，入据北京时日不多，便被自东北崛起、挥师西进的清军与明辽东总兵吴三桂合力战败。清王朝入主中原后，连年用兵，战火不断。清兵入关之初，每攻取一地，烧杀掠夺，以致满目荒榛，人丁稀少，饿殍载道。而清廷颁布"圈地令"，使满洲人以暴力强占京畿附近及山东、河南等地区的大量土地；再颁"剃发令"，将满人剃发习俗强制推行于中原和江南地区。民族高压政策不断，民族矛盾一度上升，乱象更甚。自明万历十一年（1583年）清太祖努尔哈赤以"七大恨"告天兴兵，迄清康熙二十二年（1683年）攻克台湾，经历了百年的战乱，明清更迭才得以完成，社会始由乱转治。

颜元出生于明清鼎革之际，生活在"京畿之门"保定，密迩燕京，幼年

---

① 陈登原曾说："余综观习斋之生平，与其遭遇之际会，知身世所以鼓冶习斋之学者半，而时势所以激刺习斋之学者亦半。"（陈登原：《颜习斋哲学思想述》，东方出版中心1989年版，第63页。）宋志明在《中国古代哲学研究方法新探》中提出了研究中国哲学史应当贯彻的三条方法论原则：语境中求因；文本中寻理；问题中明变。（宋志明：《中国古代哲学研究方法新探》，中国人民大学出版社2015年版，第176—234页。）陈登原所言可说是"语境中求因"的具体化。

② 参见陈登原《颜习斋哲学思想述》，第29—44页；杨培之：《颜习斋与李恕谷》，湖北人民出版社1956年版，第1—8页；马序：《颜元哲学思想研究》，第1—30页；陈山榜：《颜元评传》，人民教育出版社2004年版，第15—77页；朱义禄：《颜元 李塨评传》，第29—36页；傅济锋：《习行经济——建基于"气质性善论"的习斋哲学研究》，第2—18页；王春阳：《颜李学的形成与传播研究》，第31—62页；等等。

③ 转引自陈祖武《清代学术源流》，北京师范大学出版社2012年版，第6页。

时置身于兵燹之祸和自然灾害之间，耳闻目睹社会之动荡。颜元四岁（1638年，明崇祯十一年）时，清军侵入明朝腹地，掳掠人口、牲畜和财物，史称"戊寅之变"。《颜习斋先生年谱》载：戊寅年，"冬，畿内警，兵至蠡。"① 清光绪年续修的《蠡县志》书："（崇祯）十一年十一月戊辰，蠡遭兵变，焚杀甚惨。"② 颜元少不更事，身在蠡县，亲历兵祸。当时的情景极可能对其幼小的心灵造成强烈的冲击。而且，在这次兵变中，颜元的父亲朱昶③随着清军前去关东，从此杳无音信。④ 朱昶究竟是"不乐朱家虐待"⑤自愿随清军出走，还是被清军劫掠而去⑥，现已无从考证。也可能正是因为朱昶主动投奔清兵，才使颜元及其养祖父母、母亲得以存活。父亲刚刚远走他方，颜元的弟弟又不幸夭折。⑦ 颜元六岁（1640年，明崇祯十三年）时，蠡县和全国许多地方一样，发生了严重的旱灾⑧，以致出现"人相食"⑨的惨剧。七岁（1641年，明崇祯十四年）时，颜元与张氏定亲，而张氏幼时因动乱曾被抛弃在野外，后由他人收养⑩。十岁（1644年，明崇祯十七年，清顺治元年）时，明朝灭亡，清兵入关，亲历朝代更迭之乱象。当时蠡县县令立即逃亡，导致蠡县大乱，交相劫掠⑪；后满人圈地，恣意横行⑫。十二岁（1646年，清顺治三年）

---

① （清）李塨、王源：《颜习斋先生年谱》，见（清）颜元《颜元集》，王星贤、张芥塵、郭征点校，中华书局1987年版，第708页。
② 《蠡县志》卷八《灾祥》，清光绪二年，第148页上。
③ 颜元的父亲本是直隶博野县人，由于家贫，被送到蠡县朱九祚家为养子，因此，其姓氏为朱。颜元出生后亦用朱姓，并在19岁入庠之后，正式取名为朱邦良。直至其养祖父朱九祚去世，颜元才正式归宗，复姓颜氏，名为元。
④ 《颜习斋先生年谱》："冬，畿内警，兵至蠡，先生父不安于朱，遂随去关东，时年二十有二。自此音耗绝。"（《颜元集》，第708页。）
⑤ 钱穆：《中国近三百年学术史》，第175页。
⑥ （清）王源：《颜习斋先生传》，见《颜元集》，第701页。
⑦ 《习斋记余》卷十《父颜长翁事迹》："父东时，元方四岁，弟二元随殇。"（《颜元集》，第585页。）
⑧ "（崇祯）十三年六月大旱，小暑前一日得雨，秋复旱。"（《蠡县志》卷八《灾祥》，清光绪二年，第148页上。）
⑨ （清）李塨、王源：《颜习斋先生年谱》，见《颜元集》，第708页。
⑩ 《颜习斋先生年谱》："朱翁为先生订张氏女为室。女长先生一岁，博野王家庄李芬润女，因乱弃野，蠡人张宏文收为女。"（《颜元集》，第708页。）
⑪ 《习斋记余》卷十《巡捕朱公行实》："甲申，君崩吏走，村落大乱，交相劫掠。"（《颜元集》，第583页。）
⑫ 《习斋记余》卷十《巡捕朱公行实》："顺治初，刘里被圈，旗奴韩某恣横，率意耕田，失产者日众。"（《颜元集》，第584页。）

时，继父亲、弟弟之后，母亲也舍弃颜元，改嫁他人。颜元只有跟着养祖父朱九祚、养祖母朱媪一起生活，而那时颜元还不知道朱九祚和朱媪并非其父亲朱昶的亲生父母。十三岁（1647年，清顺治四年）时，明朝遗民蒋尔恂意图反清复明，率众侵入蠡县县城，杀死知县。朱九祚携家带口逃往博野避难。蒋尔恂败逃后，颜元一家才返归故里。① 童年时期如此种种由动乱引发的经历，使颜元父离母散，甚至让其徘徊在生死之间。这些境遇猛烈冲击着颜元的内心，对生活安定幸福的极度渴望激发着他的救世热忱与经世情怀。

颜元八岁（1642年，明崇祯十五年）的时候开始跟随吴持明接受启蒙教育。《颜习斋先生年谱》中记载，吴持明"能骑、射、剑、戟，慨明季国事日靡，潜心百战神机，参以己意，条类攻战守事宜二帙，时不能用，以医隐。又长术数，多奇中"②。吴持明并不是"两耳不闻窗外事，一心只读圣贤书"且手无缚鸡之力的书生，而是关心国事、文武兼备之才。因此，颜元所受蒙学应不只限于识字读书。这也为他日后批判"重文轻武"埋下了伏笔。十二岁时，颜元不得不离开吴持明。后在第二年从学于贾金玉。此时的颜元，正处于青少年自我意识发展与身体发育的关键时期，父母与师友的引导对其至关重要。但是，一方面，颜元的父母不在身边，管教无从谈起；另一反面，贾金玉有失师责，并没有给予颜元有效的指导，反而使颜元在人生目标上一片茫然，甚至误入歧途。十四岁（1648年，清顺治五年）时，颜元接触到道家内丹修炼之术《寇氏丹法》，一时迷陷其中，修习运气术。妄想成仙的他，清心寡欲，即使娶妻，也不近女色。修炼两年后，颜元可能感觉毫无作用，明晓仙道缥缈，非人道正途。回归夫妻生活的他，反而沉溺于床笫之间，染于色欲。至于友，颜元于十六岁（1650年，清顺治七年）时又与行为不端之人结交，从而习染轻薄，放荡不羁。彼时的颜元，既无父母管教，也无名师指引，还无良友陪伴，错入他途犹不知返。这段时期的荒唐行为，一方面成为颜元以后重视"迁善"的缘由之一，另一方面也为其思考"何为成人"的问题提供了契机。不过，颜元的父母虽未尽责，但其养祖父朱九祚对这位养孙可谓用心栽培。朱九祚除了让颜元从学吴持明、贾金玉外，十一岁（1645

---

① 《颜习斋先生年谱》："蠡生员蒋尔恂，明户部主事蒋范化子也，以众入城，杀知县孔养秀，称大明中兴元年。朱翁挟先生避之博野，尔恂东略河间，众败遁去，乃还里。"（《颜元集》，第709页。）
② （清）李塨、王源：《颜习斋先生年谱》，见《颜元集》，第708页。

年，清顺治二年）时，还安排其开始学习八股文，意图让颜元通过科举考试获取功名。不止于此，朱九祚在颜元十六岁时，还企图通过贿赂的方式让其入县学为生员，但被颜元以绝食的方式强硬拒绝了。那一年，颜元入学考试失败，并未获得生员资格。其虽依旧沉湎于饮酒歌舞，但也知读书学习。直至十九岁（1653 年，清顺治十年）时，他改从另一位秀才即贾金玉的哥哥贾珍学习，受其教诲，才洗尽浮薄之染。然而，命运总是给予颜元更多的苦难。他又不幸陷入了一场短暂的牢狱之祸。朱九祚曾任县衙巡捕，可能是因为职务犯罪被人告发，遂畏罪潜逃。官府找不到朱九祚，于是捉拿颜元进行审讯并替其养祖父受过。患难不能乱其心，颜元在狱中仍真心向学，文章大有长进。[①] 所幸案件很快审结，颜元出狱，并通过了县试，正式入庠。可能颜元有感于养祖父的非君子行径牵连自己陷入囹圄，他回家后便将前室改名为"养浩堂"，大概是取意"养浩然之气，做正人君子"。而且，与狱中平静淡定的表现不同，出狱后的颜元"因思父，悲不自胜"[②]。这一前后心境的差异，也许反映出了颜元的心理活动，他对于无辜的自己被养祖父牵连入狱并非如表面那样坦然，而是感到无比的委屈，这种委屈感唤醒了其内心深藏多年的失去父母无依无靠的孤寂感。这场讼狱的影响不止于此。或许是朱九祚被罚没了不少的金钱，官司才得以平息，故而朱家家道中落，甚至难以负担在县城居住的费用。在颜元的建议下，朱家迁回乡下刘村生活。由于朱九祚夫妇年事已高，颜元不得不担当起养家糊口的重担，"耕田灌园，劳苦淬砺"[③]，辛苦耕作，饭食也只是难以下咽的"蜀秫"。那时朱家并不是只有朱翁夫妇和颜元夫妇四口人，还有朱九祚的侧室及其在颜元十一岁的时候所生的儿子朱晃，家庭负担之重可见一斑。为了增加收入更好地奉养老人，他还学习中医为人治疾，开办私塾招收学生。这种陡然贫富转换的人生变故，使这位曾经不事劳作的富家子弟不得不为生计而操劳，让其充分体会到了劳苦大众生活之艰辛。从习染轻薄到退居乡野的这段经历，给颜元最深刻的感触是开启了他对人生目标的初步思考，也就是要成为什么样的人。他曾回忆说：

---

① 《颜习斋先生年谱》："从贾端惠先生学，习染顿洗，而朱翁以讼逋，先生被系讯，作文倍佳。"（《颜元集》，第 710 页。）
② （清）李塨、王源：《颜习斋先生年谱》，见《颜元集》，第 711 页。
③ （清）李塨、王源：《颜习斋先生年谱》，见《颜元集》，第 711 页。

17

虚实之辨

> 予世之罪戾人也。少长城市，轻薄不检，十九岁从端惠贾先生游，始改酣废行。未几，遭飞祸，困窘中思立品，退而居野鄙，甘贫服粗，劳身以事亲，以为不坠贪污窘窖即人矣。①

颜元彼时认为"不坠贪污窘窖即人矣"，仅仅将恪守道德规范作为人生目标，即一个真正的人是没有道德污点的人。相对于儒学"德才兼备""仁智相须"的基本传统和后来颜元对理想人格的理解，他这时的初步思考还非常浅薄。

回到乡下后，颜元结识了朱湛、彭士奇、赵太若、彭炳等人。受他们的影响，颜元的学习兴趣转移到了《资治通鉴》等史学典籍上。在读史的过程中，颜元看到了历史上朝代的兴衰成败，观史知今，对比明清鼎革的社会现状，寻找明朝灭亡的根本原因，其经世的冲动蓬勃而发。于是他无心科举，意图专事经史及先儒语录。史籍的影响和阅历的增加，使他对理想人格的理解有所转变。颜元回忆道："廿一岁始阅《通鉴》，以为博古今、晓兴废邪正即人矣。"② 相对于之前对"德"的向往，颜元有了重"智"的倾向，将博通古今、以史为鉴作为人生追求。后来他又醉心于兵书，朝夕把玩。③ 二十四岁（1658年，清顺治十五年）那年，在博览史书之后，颜元将自己对经世之学的思考落实到了《王道论》（后更名为《存治编》）一文中，提出了其政治理想与治国措施。他关注于国家百姓的休戚，着眼于历史现实的权变，意图以三代之法改变社会现状，重光王道。《王道论》所载"井田""治赋""学校""封建""济时"等诸法，无不是传统儒家学者所企慕的上古三代圣王之治道。并且在其中"靖异端"一篇中，颜元意图以激烈的手段肃清佛老，从而维护儒家正统地位。可见，颜元在当时已经确定了其作为儒家学者的思想根柢。

颜元并非出身书香门第，也无学术名师指引，且财帛几无、地处乡村，所能获得的书籍极其有限④，二十四岁前他还不知道世上有所谓"道学"之

---

① （清）颜元：《习斋记余》卷一《未坠集序》，见《颜元集》，第397页。
② （清）颜元：《习斋记余》卷一《未坠集序》，见《颜元集》，第397页。
③ 《颜习斋先生年谱》："见七家兵书，悦之，遂学兵法，究战守机宜，尝彻夜不寐，技击亦学焉。"（《颜元集》，第712页。）
④ 颜元在《答五公山人王介祺》中提到"地僻无书"（见《颜元集》，第429页），在《上刁文孝先生》中说到"愧为贫制，无由得书"（见《颜元集》，第431页）。

说，更何况程朱、陆王两派。于是，当他从其学生彭好古的父亲彭通那里得到《陆王要语》一册后，才知世上有道学一脉，认为陆九渊、王阳明是承袭了孔孟道统之人，学陆、王便是学做儒家圣人，自此喜好陆王心学，并对其学宗深有体会。曾有时人见到颜元所作的诗文《大盒歌》《小盒歌》①等，赞叹其为"真陆、王"②。颜元此时沉浸在"求诸本心，万物具足"的心学禅悦之中。

两年后，二十六岁（1660年，清顺治十七年）时，颜元得见《性理大全》③，读周、程、张、朱语录后，发现程朱理学比陆王心学更为纯粹切实，又谓圣学在兹，学周、程、张、朱便是学做儒家圣人，于是幡然改志，转而肆力于程朱理学。④ 他身体力行程朱理学的工夫进路，期于主敬存诚，躬行朱子《家礼》，静坐体验气象，拜读程朱文论。当时颜元对程朱理学笃信至深，若有别人疑论周、程、张、朱诸位先生的，他觉得就好像责骂自己的父母一样，遂而愤怒地与其争辩，悍然卫道。此外，颜元受到刁包《斯文正统》一

---

① 《颜习斋先生年谱》中记载了《大盒歌》和《小盒歌》："《大盒歌》略曰：'盒诚大兮诚大盒，大盒中兮生意多，此中酿成盘古味，此中翻为叔季波。兴亡多少藏盒内，高山拍掌士几何，此处就有开匣剑，出脱匣外我婆娑。'《小盒歌》略曰：'盒诚小兮盒诚小，小盒生意亦不少，个中锦绣万年衣，就里佳肴千古饱。如何捧定无失却，如何持盈御朽索，忽而千里向谁觅，返而求之惟孔老。识得孔叟便是吾，更何乾坤不熙皞，呜呼！失不知哭，得乃知笑。'"[（清）李塨、王源：《颜习斋先生年谱》，见《颜元集》，第713页。] 姜广辉认为这两首诗深切陆王心学的宗旨："陆象山认为，'吾心便是宇宙，宇宙即是吾心。'颜元以'大盒'喻'宇宙'，'小盒'喻'吾心'，宣传陆王心学的主张。所谓'个中锦绣万年衣，就里佳肴千古饱'就是说'求诸本心，万物具足'；所谓'此处就有开匣剑，出脱匣外我婆娑'就是说'发明本心'、'不为物累'；所谓'识得孔叟便是吾，更何乾坤不熙皞'，就是说'六经注我'和'易简工夫'。"（姜广辉：《颜李学派》，第22页。）
② （清）颜元：《习斋记余》卷六《王学质疑跋》，见《颜元集》，第496页。
③ 《性理大全》是明代胡广等奉明成祖之命编撰的宋代理学家著作与言论的汇编。所采用的宋儒之说共120家。前二十五卷收入宋儒著作九种，包括周敦颐的《太极图说》《通书》、张载的《西铭》《正蒙》、邵雍的《皇极经世书》、朱熹的《易学启蒙》《家礼》、蔡元定的《律吕新书》、蔡忱的《洪范皇极内篇》，第二十六卷以后分十三个专题汇编各家言论，分为理气、鬼神、性理、道统、圣贤、诸儒、学、诸子、历代、君道、治道、诗、文十三目。《四库全书总目提要》中评价其"大抵庞杂冗蔓，皆割裂襞积以成文，非能于道学渊源真有鉴别"。
④ 王春阳认为颜元抛弃陆王心学转而尊奉程朱理学有两个原因：一是学者刁包的影响；二是程朱理学符合颜元建构理论的需要、做人榜样的需要和成圣方法的需要。（王春阳：《颜李学的形成与传播研究》，第51—55页。）杨瑞松指出了颜元服膺程朱理学的另一层可能原因。颜元一直面对着年轻一辈（颜元）与老年一辈（朱九祚）价值体系冲突的困境，即成就儒家圣贤的理想与科举金榜题名的期许之间的两不相容。而《性理大全》中宋儒的有关议论支持了颜元反对科举、追慕圣贤的想法，于是，他遵循着程朱理学的工夫进路，意图使自己成为一名真正的儒者。（杨瑞松：《追寻终极的真实——颜元的生平与思想》，新北：花木兰文化出版社2011年版，第13—25页。）

书的影响①，在家中设立"道统龛"，正位供奉从伏羲至周公、孔子，配位有颜子、曾子、子思子、孟子、周敦颐、程颢、程颐、张载、邵雍和朱熹，并且"朔望拜礼，出入告面，事如父师"，对周、程、张、朱恭谨有礼，崇拜至极。正如杨瑞松所言："此时的颜元，可以说是一位虔诚的程朱学信徒。或者，依颜元自己的想法，是尧、舜、孔、孟、周、张、程、朱之道的追随者。"②

不过，在追慕程、朱的同时，颜元的心中并非没有与程朱理学相异的思想观念潜滋暗长。他年少的经历促使其产生经世济民的远大抱负，二十四岁前以经史、治道为务。在其所作《王道论》的"学校"篇中，他已明确反对单单以"文字"为学为教。③ 在二十九岁（1663年，清康熙二年）那年的一封回信中，他指出，儒家的真学问须是身上行出的兵、农、礼、乐、水、火、工、虞之类经世济民的事务，而非读书、作文、议论与科举。④ 三十一岁（1665年，清康熙四年）时，他对王法乾说："六艺惟乐无传，御非急用，礼、乐、书、数宜学；若但穷经明理，恐成无用学究。"⑤ 颜元此时业已表明，皓首穷经、静坐明理不如六艺之学实用。同年十二月，张罗喆对颜元说："性皆善，而有偏全厚薄不同，故曰'相近'。义理即寓于气质，不可从宋儒分为二。"⑥ 吕申也对颜元说："《四书》朱《注》有支离者。"⑦ 虽然颜元当时未认同张、吕二人之言，但这些话在他心中埋下了质疑程朱理学的种子，只等待时机的到来。三十二岁（1666年，清康熙五年）时，颜元阅读了戚继光在东南沿海平倭战争期间练兵和治军经验的总结《纪效新书》，经世实学始终在其心中萦绕。《颜习斋先生年谱》记载，在三十三岁（1667年，清康熙六年）

---

① 杨瑞松推测刁包《斯文正统》中的"正统"即儒家道统，其人物传承谱系是尧、舜、禹、汤、文、武、周、孔、颜、曾、思、孟、周、程、张、朱。（杨瑞松：《追寻终极的真实——颜元的生平与思想》，第22页。）

② 杨瑞松：《追寻终极的真实——颜元的生平与思想》，第25页。

③ （清）颜元：《存治编》，见《颜元集》，第109页。

④ （清）颜元：《习斋记余》卷四《答齐笃公秀才赠号书》，见《颜元集》，第465—466页。

⑤ （清）李塨、王源：《颜习斋先生年谱》，见《颜元集》，第722页。

⑥ （清）李塨、王源：《颜习斋先生年谱》，见《颜元集》，第723页。在《存性编》最后一部分的《附录同人语》中有表达同样意思的两句话："上谷石卿张氏曰：'性即是气质底性，尧、舜底气质便有尧、舜底性，呆呆底气质便有呆呆底性，而究不可谓性恶。'又曰：'人性无二，不可从宋儒分天地之性、气质之性。'"[（清）颜元：《存性编》，见《颜元集》，第34页。]

⑦ （清）李塨、王源：《颜习斋先生年谱》，见《颜元集》，第723页。

那年年末，颜元曾"辩性善、理气一致"，察觉"宋儒之论，不及孟子"①。虽然记录中未详言"辩性善、理气一致"的内容，但可推测颜元已经接受了两年前张罗喆所述的"不可谓性恶""人性无二""义理即寓于气质"这些观点，也就是后来他在《存性编》中反复强调的"理气皆善""别无二性"。从"宋儒之论，不及孟子"一句可见，颜元已然对程、朱是否承继了孔、孟的道统有所怀疑。事实上，颜元二十六岁以来服膺程朱理学唯恐不谨的这段时期，也没有放弃对经世之学的追寻。他的心中始终并存着程朱理学与经世实学两种学术理念，一种是学他人所见，一种是明自己所见。这两种学术理念虽同归于儒学，存在着一定的交集，但也有针锋相对的一面。颜元想倡明经世实学，发表己见，但"孔、孟没后二千年无人道此理"，唯恐"偏私自是，诽谤先儒"；想舍己见就他见，随波逐流屈从于近世宋儒之学，而对比于三代圣贤之学又觉其非是。故而，颜元感到"二念交郁，罔所取正"，两种学术理念在内心激烈交锋，无法抉择的茫然与焦虑郁积其心中。当他从刁包那里听闻陆世仪"复明孔子六艺之学"时，心中郁结骤然消散，"欢然如久旱之闻雷，甚渴之闻溪，恨不即沐甘霖而饮甘泉也"②。颜元之所以如此欣喜，是因为其经世实学可与陆世仪之学相互印证。这就证明了颜元之己见并非偏私自是的独见，更加增强了其学术自信心。

三十四岁（1668年，清康熙七年）时，颜元的养祖母病逝。因为颜元还不知道自己不是朱家血脉，而且父亲出走未归，所以他拟代父尽孝。据其自述，他严格依照朱子《家礼》中所记录的礼仪规范服丧。尽管已经感到这其中有违逆自然性情的地方，但是丝毫不敢怀疑朱熹对周公所制礼仪有所改动。他坚持遵《家礼》而行，结果"身受其害"，哀毁过甚，几乎病饿致死。继而参照《礼记》校对《家礼》，才知朱熹删修失当。③ 这时朱氏家族一老翁怜

---

① （清）李塨、王源：《颜习斋先生年谱》，见《颜元集》，第725页。
② （清）颜元：《存学编》卷一《上太仓陆桴亭先生书》，见《颜元集》，第49页。据张循考证，《上太仓陆桴亭先生书》中所述颜元拜访刁包得闻陆世仪之学这件事情发生的时间，应该在辛丑（1661年，颜元二十七岁）至丙午（1666年，颜元三十二岁）之间。[张循：《"颜元"的诞生——清初学者颜元思想激变过程的重建与诠释》，《中山大学学报》（社会科学版）2019年第5期。]
③ 张循对颜元在《居忧愚见》中对《家礼》"删修失当"或"违于性情"的控诉进行了考证之后，认为颜元《居忧愚见》中关于《家礼》遗"食之无算"句的控诉完全是对《家礼》和宋儒的厚诬。张循：" 他在写作《居忧愚见》之际，不自觉地对头脑中的记忆进行了选择或重组，而他选择记忆的一个总的方向，就是将自己居丧以来的'身受其害'全都算到宋儒的头上。所以本来是自己读书不通（乃至不读书）造成的问题，仅仅两三个月之后就言之凿凿地变成了宋儒的错误，（转下页注）

悯他，才告知其父只是朱九祚夫妇的养子。颜元闻后大惊，跑到已经改嫁的母亲那里对身世进行了确认。在"过哀病殆"之际，他突然得知自己并非朱家血脉，不宜再承受丧祭重任。这件事情对颜元的心理必然造成了极其深刻的影响，否则他也不会在日后的回忆中反复提及此事。首先，身世之变为颜元解决人伦困境提供了出路。朱九祚在颜元十一岁时得一亲生子朱晃，由于血脉亲疏，自此朱翁自然疏远颜元。《颜习斋先生年谱》二十九岁条目载："朱翁及侧室杨、子晃，与先生日有间言。"① 颜元与朱媪不得不"别居东舍"，还将"南王滑村民田让晃"。朱媪去世后，朱晃为了独占家产，唆使朱九祚驱逐、凌虐甚至谋杀颜元②，骇人听闻。陈登原形象地描述颜元"处孤臣孽子之境，遭失爱见谗之苦"③。在身世明朗之后，颜元一方面对朱九祚和朱晃的行为有所理解，另一方面对朱家也无所留恋。他继续奉养朱翁，并把朱氏家产都让给了朱晃，还替其偿还了百余缗钱的债务。颜元"遭人伦之穷，历贫困之艰而不颓"④，真可谓有虞舜之风⑤。其次，身世之变成为其学思转变的关键契机。颜元在后来自述学思历程的时候，大都会提及这次居丧事件⑥，将身世之变与学思之变相关联。前面已述，颜元在朱媪去世之前已经对

（接上页注③）并且还铭记在心，终身不忘。这个现象透露出了一个非常重要的信息：至迟在戊申学变数月以前，习斋内心里对宋儒的不满已经累积到一个不可小视的程度了；他'身受其害'的记忆就是在这种不满之下被重新选择和组装出来的。所以，习斋并不是因为发现了《家礼》的失当才开启了他对宋儒的质疑，恰恰相反，他是在已有的不满宋儒的心态之下才发明了《家礼》的失当。"［张循：《"颜元"的诞生——清初学者颜元思想激变过程的重建与诠释》，《中山大学学报》（社会科学版）2019年第5期。］笔者同意颜元在发现《家礼》失当之前已经开始质疑宋儒，但并不能确定他就是在不满宋儒的心态下有意或无意发明了《家礼》的失当。在史料不全的情况下，张循的结论只能作为一种推测而参考。

① （清）李塨、王源：《颜习斋先生年谱》，见《颜元集》，第715页。
② 《颜习斋先生年谱》："时晃唆朱翁逐先生，先生乃请买居随东村，翁许之。""七月，朱翁子晃唆翁百计陵虐先生。一日，谋杀之，先生逾垣逃，忧甚。旋自宽，益小心就养。"（《颜元集》，第726、733页。）
③ 陈登原：《颜习斋哲学思想述》，第37页。
④ （清）李塨、王源：《颜习斋先生年谱》，见《颜元集》，第738页。
⑤ 颜元被朱晃与朱九祚驱逐、凌虐甚至谋杀的经历，可谓与舜遭遇了同样的人伦困境。《史记·五帝本纪》载："舜父瞽叟盲，而舜母死，瞽叟更娶妻而生象，象傲。瞽叟爱后妻子，常欲杀舜，舜避逃；及有小过，则受罪。"［（汉）司马迁：《史记》卷一《五帝本纪第一》，中华书局1959年版，第32页。］
⑥ 在《存性编》卷二《性图》，《存学编》卷三《性理评》，《习斋记余》卷一《未坠集序》、卷六《王学质疑跋》中，颜元在回忆学思历程的时候都提及了居丧事件。分别见《颜元集》，第20、73—74、397、496—497页。

程朱理学有所质疑，但仍坚持以其入圣之法作为修行工夫。不过"二念交郁"之下，心中的天平却渐渐向经世实学倾斜。身世之变是这一学术转变过程中"压死骆驼的最后一根稻草"，成为颜元的思想得以解放的契机。① 在"忽知予不宜承重，哀稍杀"② 之后，颜元继续思考和学习，明悟了"周公之六德、六行、六艺""孔子之四教"才是儒家正学，静坐读书是宋明理学掺杂了禅学、俗学所形成的支离学问。翌年（1669 年，清康熙八年），颜元将萦绕心中与程朱理学相异的学术思考落实到了文字上，著《存性编》与《存学编》。《存性编》意图阐明孟子性善论之原旨，驳斥宋明理学以气质之性为恶之非。《存学编》力辩儒家正学并不只是读书和静坐，只读书那是浮学，只静坐那是禅学，《大学》的"明德""亲民"之学应是以"六德、六行、六艺""礼、乐、兵、农"等为内容，"心意身世，一致加功"③。"存性""存学"中"存"字之意，也是希望通过这两本著作能将儒家正学留存于世，不被宋明理学所混淆。至此，颜元的学术抉择与思想转变基本完成，以尧、舜、周、孔为儒家圣人，以原始儒学为儒家正学。

由上可见，颜元对宋明理学态度的转变并不是短期内判若云泥的，而是经历了一个长期的内心斗争过程，最后在身世之变的刺激下完成的。他批判宋明理学的原因是多方面的。除了戊申年间"居丧校礼"这一表面上的直接原因和师友影响的间接原因外，与宋明理学不能满足颜元强烈的经世愿望有着更为密切的关系。他曾在笔墨中流露出自己的经世情怀：

> 仆少年狂妄，辄欲希古圣贤之所为，闻为古圣贤者辄造庐拜访，师之，友之，求切劘我，提相我。一时所得诸长者，率究心于主敬存诚，静坐著书，为程、朱、陆、王把持门户。求其留心经世济民之业，而身可行之、手可办之者，吾乡之北，惟督亢五公山人，吾乡之南惟中博计公杨先生，吾乡之东，惟蠡吾张子文升，则侪行矣。④

---

① 关于身世之变对颜元思想层面影响的详细分析，可参见王东杰《血脉与学脉：从颜元的人伦困境看他的学术思想——一个心理史学的尝试》，《华东师范大学学报》（哲学社会科学版）2018 年第 5 期；杨瑞松：《追寻终极的真实——颜元的生平与思想》，第 25—28 页。
② （清）颜元：《存学编》卷三《性理评》，见《颜元集》，第 74 页。
③ （清）李塨、王源：《颜习斋先生年谱》，见《颜元集》，第 730 页。
④ （清）颜元：《习斋记余》卷三《送安平杨静甫作幕序》，见《颜元集》，第 406 页。

颜元本欲求三代圣贤之学，可遍访周边之学者，不尊程朱，便尊陆王，留心经世济民之业者寥寥无几。在这种情景之下，颜元为学刚开始选择宋明理学是无可厚非的。经过一段时间的亲身学习体验，他发现宋明理学可使人知道"尊慕孔、孟，善谈名理，不作恶，不奉释、老名号"①，但是对于社会的混乱、民生的悲惨、异端的猖炽、礼乐的崩坏却没有改善的效果。于是，在多重契机的综合作用下，颜元走出理学藩篱，从原始儒学中去寻求经世之学的资源。之后，颜元开始学习数学、射箭、歌舞、琴艺等，研究农政要务，摘录《大明会典》，经世之学渐次展开。颜元虽然确定了自己的学术道路，但是认为宋明理学仍为儒学的一种形式，并未对其激烈批判。

三十九岁（1673年，清康熙十二年）时，颜元终于认祖归宗，复为颜氏。然颜元乃天生多难之人。他十五岁娶妻，二十五岁才得一子。然而不幸的是，唯一的骨肉在五年后病亡，他不禁悲痛欲绝。虽然之后他又纳妾两房，但也终生未再得亲生子嗣。② 四十五岁（1679年，清康熙十八年）时，由于左眼上部生疮且久治不愈，颜元的左眼便自此失明。

五十岁（1684年，清康熙二十三年）时，他以"不获不归"的决心去关东寻父，历经一年，备尝艰辛，险些身死，终于在沈阳得到有关父亲的消息。不过朱昶早已亡故。于是颜元奉主还乡。

五十七岁（1691年，清康熙三十年）时，颜元离开博野，南游中州，历时二百多天，结交豪杰，论学辩道，寻觅人才，观察民生。令颜元感慨的是，他见到的情景是"人人禅子，家家虚文"③，所拜会的学者大多秉承程朱理学④。这种社会文化现象，乃是清初朝廷政策实施的结果。

清顺治九年（1652年）九月，清世祖亲临太学释奠典礼，祭拜孔子，并勉励师生笃守"圣人之道"，"上赖之以致治，下习之以事君"⑤，为以后清帝尊孔开了先例。翌年（1653年），又颁谕礼部，把"崇儒重道"确立为实行

---

① （清）颜元：《存学编》卷一《总论诸儒讲学》，见《颜元集》，第41页。
② 关于颜元"延嗣之苦与人伦创伤"的讨论，可参见王东杰《血脉与学脉：从颜元的人伦困境看他的学术思想——一个心理史学的尝试》，《华东师范大学学报》（哲学社会科学版）2018年第5期。
③ （清）李塨、王源：《颜习斋先生年谱》，见《颜元集》，第774页。
④ 《习斋记余》卷三《寄桐乡钱生晓城》："乃盘桓中州八阅月，二千余里，所见如张起庵师弟、孙征君、周铁邱、云骨子诸翁之门人，所闻如耿逸庵、李中孚、俞春山，大抵皆宋人之学。"（《颜元集》，第439页。）
⑤ 《清实录》第三册《世祖实录》卷六十九，中华书局1985年版，第540页。

"文治"的基本政策。十二年（1655年），再谕礼部："帝王敷治，文教是先，臣子致君，经术为本。……今天下渐定，朕将兴文教，崇经术，以开太平。尔部即传谕直省学臣，训督士子，凡经学、道德、经济、典故诸书，务须研求淹贯，博古通今。明体则为真儒，达用则为良吏。"① 虽当时南方战火未熄，但"崇儒重道"的开国气象已粗具规模。康熙九年（1670年），清圣祖爱新觉罗·玄烨颁谕礼部，提出以"教化"为核心的"圣谕十六条"："敦孝弟以重人伦，笃宗族以昭雍睦，和乡党以息争讼，重农桑以足衣食，尚节俭以惜财用，隆学校以端士习，黜异端以崇正学，讲法律以儆愚顽，明礼让以厚风俗，务本业以定民志，训子弟以禁非为，息诬告以全良善，诫窝逃以免株连，完钱粮以省催科，联保甲以弭盗贼，解仇忿以重身命。"② "圣谕十六条"乃包括道德、法制、教育、学术、经济等方面在内的治国纲领，体现了儒家"尚德缓刑，化民成俗"的治世精神。其中"隆学校以端士习，黜异端以崇正学"，正是以儒学整顿士习。后来，清廷将"圣谕十六条"颁示天下，影响深远。颜元有次遇到一名信奉佛教的酒工，劝诫他应脱离佛教，并告知他当为之事。颜元认为这当为之事便是"圣谕十六条"。③ 康熙十七年（1678年），玄烨特旨开设"博学鸿儒"科，延揽民间的耆宿鸿儒。颜元适逢其会，却并未入罟其中。④ 玄烨后又远赴曲阜祭祀孔子，完善经筵日讲制度，支持官方编纂颁发儒学典籍，将"崇儒重道"的既定国策稳步付诸实施。由孔子开创的儒学，历经漫长岁月，表现为不同流派的学术思想体系。玄烨经过较长时间的鉴别、比较，最终采纳了熊赐履、李光地等理学名臣的意见，尊崇朱熹和倡导程朱理学，并抬高朱熹在配享孔庙中的地位，日益注重擢拔理学官员。程朱理学在明亡后的清初又重新回到官方统治思想的地位。故而，颜元在南游中州时，看到理学流弊之顽固。人们"心内惺觉，口中讲说，纸上议论"⑤，却

---

① 《清实录》第三册《世祖实录》卷九十，第712页。
② 《清实录》第四册《圣祖实录（一）》卷三十四，中华书局1985年版，第461页。
③ 《颜习斋先生辟异录》卷上《辟崇邪异》："酒工戴姓者，异端人也，每斥平人为五荤头。先生与言人邪教之非，并大清律之禁。又告之以当为之善，如圣谕六条。"（《颜元集》，第607页。）原文为"圣谕六条"，疑脱字。
④ 《颜习斋先生年谱》："九月，会李天生于清苑，论学。天生名因笃，陕西富平人，能诗文，时以博学鸿儒举，至京考授翰林院检讨而归。"（《颜元集》，第748页。）由此可见，颜元是知道当时的博学鸿儒科的。
⑤ （清）李塨、王源：《颜习斋先生年谱》，见《颜元集》，第771页。

虚实之辨

不身做实事、身为实行。理学大行于世的社会背景正是清初"崇儒重道"的国家政策。不过，颜元以为，理学流弊顽固，儒家圣道愈发晦暗，故以为程朱与孔孟判然两途。他以不做"乡愿"的精神，举起反对程朱理学的大旗，高倡周、孔"三事""三物"之学，"必破一分程朱，始入一分孔孟"①。颜元对程朱理学的态度由以前的将就转变为猛烈、严厉、无情的批判。当时清廷出于维护自身权益的需要，还辅以文化高压政策，对清初高涨的经世思潮予以沉重打击。所以颜元在"朱学大行之世"勇于批驳程朱、倡明周孔，"知其不免季友之罪也"②，乃是冒着丢掉身家性命之危。

六十二岁（1696年，清康熙三十五年）时，应郝公函再三请求，颜元主教肥乡漳南书院。他秉持着培养经世人才的目的，对书院的建设规划和课程设计颇费心思。这是其学术思想与教育理念的一次具体实践。无奈天不佑之，不久，漳水泛滥，书院被淹，不能继续开展教学活动，颜元只好返归故里。七十岁（1704年，清康熙四十三年）时，颜元因病逝世。他留给门人的遗言是："天下事尚可为，汝等当积学待用。"③ 仍然念念不忘经世之学。

颜元一生命运多舛，幼年失父，少年离母，中年丧子；上无兄姊，下无弟妹，子嗣未立；祖母大故，失爱朱翁，遭晃逸害；屡兴变难，穷于人伦，苦于家庭。他在朝代更迭、干戈扰攘、天灾袭来的环境中成长，曾身陷囹圄，经贫富剧变，辛苦劳作，忧于生计，患难贫贱，加之于身。所以颜元的弟子李塨曾感慨："先生自幼而壮，孤苦备尝，只身几无栖泊。"④ 此种困厄之境，非但没有消磨掉颜元坚强的意志，反而成就了他独立、坚韧、严毅、刻苦的个性品格。

此外，对于颜元学医、行医的经历，学界不甚重视。颜元二十二岁开始学习中医，二十四岁渐渐为人治病，之后行医与务农、教书、占卜成为颜元谋生的主要四项手段。无论关东寻父，还是南游中州，"张医卜肆"⑤ 均是他赚取游资的方法。他在二十七岁设立道统龛时，还将"先医虞、龚"⑥ 配位

---

① （清）李塨、王源：《颜习斋先生年谱》，见《颜元集》，第774页。
② （清）颜元：《习斋记余》卷九《驳朱子分年试经史子集议》，见《颜元集》，第566页。
③ （清）李塨、王源：《颜习斋先生年谱》，见《颜元集》，第794页。
④ （清）李塨：《存治编序》，见《颜元集》，第101页。
⑤ （清）李塨、王源：《颜习斋先生年谱》，见《颜元集》，第769页。
⑥ （清）李塨、王源：《颜习斋先生年谱》，见《颜元集》，第714页。"先医虞、龚"是指炎帝神农氏和黄帝轩辕氏，古代传说其曾发明医药，故旧时祀为先医。

其中，时常行礼以拜。可见中医深入颜元生活之中。中国古代哲学和中医均是中华优秀传统文化的结晶，二者同源而生，在发展的过程中又互相影响。颜元行医与其哲学思想形成也存在着隐微的关系。虽然在存世文献中有关颜元论述中医的记录较少，但细心推敲，还是可以发现颜元哲学的气论与工夫论受中医思想影响的印迹。后文再对此予以详述。

遍观颜元的生命历程，他曲折的思想嬗变过程就在其中。颜元学思历程的转变，若详细区分，可划分为六个时期：

1. 十一岁至二十一岁（放弃科举之前），习练过道家运气术，学习了科举时文，可谓"彷徨探索"时期；

2. 二十一岁（阅读《资治通鉴》以后）至二十四岁（见《陆王要语》之前），阅读史书，钻研兵法，志在以三代治道经世济民，可谓"以史经世"时期；

3. 二十四岁（见《陆王要语》之后）至二十六岁（观《性理大全》之前），迷恋陆王心学，可谓"体验心学"时期；

4. 二十六岁（观《性理大全》之后）至三十四岁（"居丧校礼"之前），笃信程朱理学，可谓"实践理学"时期；

5. 三十四岁（"居丧校礼"之后）至五十七岁（南游中州之前），走出理学藩篱，在尧、舜、周、孔原始儒学中寻觅儒家圣道正学，自成一脉，可谓"寻道周孔"时期。

6. 五十七岁（南游中州始后）至七十岁去世，认定程朱理学以伪乱真，必去一分程朱之伪，始见一分孔孟之真，鲜明地批判程朱理学，可谓"批判理学"时期。

若按照所秉持学术进行大略区分，颜元学思历程可划分为四个时期：

1. 十一岁至二十一岁（放弃科举之前），可谓"科举时文"时期；

2. 二十一岁（阅读《资治通鉴》以后）至二十四岁（见《陆王要语》之前），可谓"经世史学"时期；

3. 二十四岁（见《陆王要语》之后）至三十四岁（"居丧校礼"之前），可谓"宋明理学"时期；

4. 三十四岁（"居丧校礼"之后）至七十岁去世，可谓"经世实学"时期。

为清晰明示，兹以表格形式列出（见表绪-1）。

表绪–1　　　　　　　　　颜元学思历程的详略分期

颜元年龄	详细分期	大略分期	
11—21 岁	彷徨探索	科举时文	
21—24 岁	以史经世	经世史学	
24—26 岁	体验心学	陆王心学	宋明理学
26—34 岁	实践理学	程朱理学	
34—57 岁	寻道周孔	经世实学	
57—70 岁	批判理学		

当然，这种形式的分期必然是以思想转变的关键节点作为区隔不同时期的分界线，以某段时期的主要思想作为分期内容的。而实际上，颜元的思想转变并不是瞬间完成的，在明显的转变表象显露之前都存在着潜移默化的过程，正所谓"化而裁之谓之变"。在同一时期，也不是一种思想独霸心中，而是多种思想交织在一起，但有主有次。例如，颜元在服膺程朱理学时期，经世实学其实一直盘亘在他的心中。两种学术思想一为主、一为次，一为明、一为暗，并不断交锋。那种"二念交郁，罔所取正"的感受只有颜元自己体验得最为真切。所以，学思历程的分期只是为了凸显颜元思想的嬗变过程，了解其不同时期的主要思想，并不表示笔者对颜元思想的割裂。

颜元学思历程转折多次。其笃信程朱理学八年之久，又将就程朱理学二十三年，陷得愈深，愈明了其弊端之所在。当其愤然走出理学之后，批判程朱理学较之旁人也更为精准和犀利。历经众多选择之后，其最终建构的学说更能有效地解决其所面临和思考的问题。

三　颜元面对和思考的主要问题

哲学家都具有自觉的问题意识。所谓问题意识，是指人们通过思考惯于发现问题或提出问题、勤于把握问题或分析问题、善于回应问题或解决问题的能力。哲学家的思想体系实质上是其问题意识的展开。也就是说，哲学家的理论是对其所关注的问题的系统回答。所以，理解一个哲学家就要理解他所发现或提出的问题以及他如何利用哲学思考回应或解决问题。何兆武先生在评论英国哲学家、历史学家柯林武德的史学理论时，曾转述了柯林武德的观点："一种哲学理论就是哲学家对自己所提出某种问题的解答；凡是不理解所提出的问题究竟是什么的人，也就不可能希望他理解这种哲学理论究竟是什么。"① 并且，"一个命题之为真为假、有意义或无意义，完全取决于它所要回答的是什么问题。脱离了一个命题所要回答的特定问题，则命题本身并无所谓真假或有意义无意义。故此，重要之点就在于我们必须明确找出它所要回答的问题，而决不可以根本茫然于它所要回答的究竟是什么问题"②。因此，研究颜元哲学首先在于把握颜元所要解答的主要问题。只有从这些问题入手，顺着颜元的问题意识展开的路径探寻，才能够弄清颜元哲学内在的思想结构以及相关概念、范畴和论题的理论内涵。

另外，哲学家所要解答的问题，既来自其具体的时代境遇，又与他真实的生命感受息息相关，还内含着人类生存普遍性的矛盾。我们把握颜元所关心的问题，就要根据这三个方面进行甄别。

（一）佛道出世之教的空无

佛教自汉代传入中国，历经千余年绵延发展，早已在中国这片土地上根深蒂固。道家思想更是融入中国人的生活与观念之中。道教虽起源于道家思想，但作为宗教的一种，有其独立发展的轨迹。明中叶以后，道教虽逐渐衰落，但很多民间秘密宗教，同道教仍有一定的关系，属于变相的道教。清世祖和清圣祖对佛教的态度，是既有限制和束缚，也有支持与保护。据康熙六年（1667年）礼部统计，敕建的大小佛道寺庙有12,482所，私建的大小寺庙67,140所，总计为79,622所；僧人有110,292人，尼姑有8,615人，道士有21,286人，共计为140,193人。③ 而康熙七年（1668年）统计的人丁户口为19,366,227人。④ 可见当时出家之人不在少数。

颜元也曾接触过僧道之人，特别是僧人。他青少年时期学过道教的内丹修炼之法，后来也多次劝解僧人还俗。颜元曾说："佛氏教人务死，仙氏教人

---

① 何兆武：《译序——评柯林武德的史学理论》，见［英］柯林武德《历史的观念》，何兆武、张文杰译，商务印书馆1997年版，"译序"第3页。
② 何兆武：《译序——评柯林武德的史学理论》，见［英］柯林武德《历史的观念》，何兆武、张文杰译，"译序"第6页。
③ 参见（清）昆冈等修，刘启端等纂：《钦定大清会典事例》卷五百零一，见《续修四库全书》编纂委员会编《续修四库全书·八〇六·史部·政书类》，上海古籍出版社2002年版，第13—14页。
④ 参见《清实录》第四册《圣祖实录（一）》卷二十七，中华书局1985年版，第383页。"人丁"指十六岁至六十岁的成年男子，总人口数推测应为6000万左右。

贪生，吾儒教人：生尽生道，死尽死道。"① 佛教学说以"缘起"理论为基石。所谓"缘起"，即一切诸法、世间的万事万物，都是因缘而起、因缘而生；因此，一切诸法、万事万物并无自性，只是一种假相，亦即"空"。如果人们执着于自身和世间万物，就会感受到生、老、病、死和求不得种种痛苦。既然如此，人们切不可视人生为真实以自寻烦恼，而应该依照佛法修行来脱离现世的苦海、归宿到涅槃彼岸。道教以"道"为最高信仰，相信人们经过一定的修炼可以长生不死，得"道"成仙；且道教修炼主"静"第一，最重视一个"静"字。张载曾批判佛教和道教的生死观，说："彼语寂灭者往而不反，徇生执有者物而不化。"② 佛教追求解脱，肉体寂灭后登临彼岸，为"往而不反"；道教留恋长生，修炼成仙后肉身不死，为"物而不化"。颜元对佛道二教生死观的认知与张载如出一辙，他认为，如果佛、道猖炽，佛教"取天地万物而尽空之，一归于寂灭"，道教"取天地万物而尽无之，一归于升脱"③。无论"寂灭"还是"升脱"，佛道二教都是"以生死恐动人"④。而儒家的经世思想要求人们关注当下，入世施展自己的才能，在现世实现自己的人生价值，不去考虑死后的事情。这就是孔子所说的"未知生，焉知死"（《论语·先进》）。颜元将佛教、道教的真谛分别概括为"空"和"静"，指出佛教的成佛、道教的成仙都是"镜花水月"。佛说"真空"，却"不能使天无日月，不能使地无山川，不能使人无耳目"；道说"真静"，却"不能使日月不照临，不能使山川不流峙，不能使耳目不视听"⑤。参禅悟道就是使人在幻觉中自娱。倘使人人都去出家，人人都得佛教"空寂之洞照"或道教"静极之仙果"，那么不仅会引发社会发展停滞的问题，而且可能使人伦崩塌、子嗣不生，致使人道绝灭。在颜元看来，入佛道二教之人脱离了人伦，断绝了儒家生生之道，这是对整个人类世界秩序的源点与结构的破坏。佛之"空"，道之"静"，如果不加遏制，会使现世陷入一种"空""无"的状态。而这样

---

① （清）钟錂：《颜习斋先生辟异录》卷下《辟邪说异》，见《颜元集》，第612页。
② （宋）张载：《正蒙·太和篇第一》，见（宋）张载：《张载集》，章锡琛点校，中华书局1978年版，第7页。
③ （清）颜元：《存学编》卷一《上太仓陆桴亭先生书》，见《颜元集》，第48页。
④ 《河南程氏遗书》卷一《二先生语一·端伯传师说》："佛学只以生死恐动人。可怪二千年来，无一人觉此，是被他恐动也。"见（宋）程颢、程颐：《二程集》，王孝鱼点校，中华书局1981年版，第3页。道教教人修炼成仙，也是以死亡来"恐动"人，以超脱死亡来吸引人。
⑤ （清）颜元：《存人编》卷一《唤迷途·第二唤》，见《颜元集》，第125页。

的结果与颜元所追求的"经世济民",所希望通过变革世界来改善人类生存的愿景是背道而驰的。面对佛道出世之教,颜元所思考的问题就是如何"以实药其空,以动济其静"①。

(二) 宋明理学弊端的凸显

儒家思想常常被用"内圣外王"一词来概括。"内圣外王"一词出自《庄子·天下篇》。这一术语虽然不是儒家提出来的,但儒家思想确实是以"内圣外王之道"为核心的。《周易·文言》中的"进德修业",《尚书·大禹谟》中的"正德利用厚生",《中庸》中的"成己成物",《大学》中的"三纲领八条目",都表达了"内圣外王"这一思想的内涵。所谓"内圣",即内修圣人之德,为个体人格的完善。所谓"外王",即外施王者之政,为个体自我价值的外在实现。所以,荀子说:"圣也者,尽伦者也;王也者,尽制者也。"(《荀子·解蔽》)"尽伦"为道德之极;"尽制"为事功之极。在儒学的开创者孔子那里,"内圣"与"外王"两个侧面还浑然统一在一个体系之内,无有偏向。他一方面以"仁"释"礼"②,强调人的道德自觉;一方面将"修己"与"安人"、"修己"与"安百姓"③相贯通,强调德治主义的政治路线。孔子自身也是"内圣外王"的自觉践行者,一方面,他奋斗不息,择善求实,立身行道,困厄不避,乐观自信;另一方面,他希望摄政施才,治国济民。为此,他周游列国,颠沛流离,以求施展自己的抱负,实现自己的政治理想。虽然在政治上郁郁不得志,但他还投身教育事业,希望通过教育来育才救世,并获得了巨大的成功。他严于律己,为人师表,深得弟子们的敬仰,被他的弟子誉为"圣人"。在他的身上确实闪耀出"内圣"与"外王"的光辉。

孔子之后,儒家的"内圣"与"外王"两个侧面渐次发生偏离。孟、荀两派的学说虽然也存在着各自体系内"内圣"与"外王"的统一,但相比孔子已经有所侧重。孟子发展了孔子的"仁学",将个体道德领域之"仁"拓展到社会政治领域,提出"仁政"说,将成德之教和治国之道有机地结合起

---

① (清)颜元:《存人编》卷一《唤迷途·第二唤》,见《颜元集》,第125页。
② 《论语·颜渊》:"克己复礼为仁。一日克己复礼,天下归仁焉。为仁由己,而由人乎哉?"
③ 《论语·宪问》:"子路问君子。子曰:'修己以敬。'曰:'如斯而已乎?'曰:'修己以安人。'曰:'如斯而已乎?'曰:'修己以安百姓。修己以安百姓,尧舜其犹病诸?'"

来。孟子设计的经世路线是由内而外，由己而家，由家而国，由国而天下。荀子则重视孔子的"礼学"，强调"礼"规范社会秩序的功能，以建立一个合乎礼法、秩序井然的社会为前提，来成就个人的道德。荀子设计的经世路线恰恰与孟子相反，乃是由天下而个人，由外而内。先秦以后，儒学沿着孟、荀所指引的"内圣"与"外王"两个方向，愈走愈远，似乎很难再回到孔子儒学中"内圣外王"统一的路上。

秦、汉这样的大一统专制帝国建立以后，对于儒生来说，"外王"实际上已经衍化为出仕的问题，即努力进入国家政体之中"得君行道"。虽然个体的道德修养对建立外在事功也很重要，但更重要的还是国家的行政标准。所以，自汉唐直至北宋初年，儒家占主导地位的是"外王"之学，"内圣"之学显得苍白无力。

北宋时期，理学产生并逐渐发展，在南宋末年以后占据了官方统治意识的地位。理学家们发展了孟子的"内圣"之学，将其进一步与"外王"之学分离开来，使"内圣"可以脱离"外王"而具有独立自足的意义。无论程朱理学，还是陆王心学，都强调道德重于事功。张载说："德未成而先以功业为事，是代大匠斫希不伤手也。"① 程颐曰："苟非至诚，虽建功立业，亦出于事为浮气，其能久乎？"② 朱熹言："古圣贤之言治，必以仁义为先，而不以功利为急。"③ 王阳明说："圣贤非无功业气节，但其循着天理，则便是道，不可以事功气节名矣。"④ 在他们看来，先有道德后有事功，事功必须以道德为基础，没有道德的事功是他们所不齿的。从"内圣外王"的角度来看，他们的思想都表现为：先修"内圣"后治"外王"，有"内圣"自有"外王"，不能有"外王"而无"内圣"。由于理学家都过分地强调"内圣"而轻忽"外王"，以至于流变为"内圣"才是必需的，有无"外王"则无关紧要。如朱熹说："向内便是入圣贤之域，向外便是趋愚不肖之途。"⑤ 陆九渊言："精

---

① （宋）张载：《经学理窟·学大原上》，见《张载集》，第279页。
② （宋）杨时、张栻：《河南程氏粹言》卷一《论道篇》，见《二程集》，第1172页。
③ （宋）朱熹：《晦庵先生朱文公文集》卷七十五《送张仲隆序》，见（宋）朱熹《朱子全书》第24册，上海古籍出版社、安徽教育出版社2002年版，第3623页。
④ （明）王守仁：《王阳明全集》卷三《语录三·传习录下》，吴光等编校，上海古籍出版社2011年版，第109页。
⑤ （宋）黎靖德编：《朱子语类》卷一百一十九《训门人七》，见《朱子全书》第18册，第3758页。

神全要在内，不要在外，若在外，一生无是处。"① 由于他们在学术上轻视实务，重视谈理，程朱后学与陆王后学大多是谈心论性高明至极，一涉政务便空疏之极。宋明理学则容易蜕变成洁身自好、自我陶醉、自我超脱、自我封闭的隐者哲学。所以重视"外王"的事功学者斥之为"空疏无用之学"。宋明理学对"外王"方面的弱化和轻视，非但不能起到经世济民的作用，反而败坏一代学风，甚或导致"宗社丘墟"的亡国惨痛。

明朝开国伊始，太祖朱元璋就确立了以程朱理学为治国的指导思想。在科举考试中，明确规定以"四书""五经"命题，以宋儒传注为依据，在行文上还必须用八股体，即每篇文章都有破题、承题、起讲、入手、起股、中股、后股和束股八个部分组成，不能增减，甚至连文章字数的多寡，也都有严格规定。永乐年间，明成祖朱棣又命胡广等人编纂《四书大全》《五经大全》和《性理大全》，并亲自作序，颁行天下，进一步巩固了程朱理学的官方正统地位。是时，一切以程朱之是非为是非，言不和程朱，他人鸣鼓而攻。饶州有一不识时务的儒生朱季友越级上书，专诋周、程、张、朱之说，明成祖阅后大怒，骂其为"儒之贼"，令衙门"声罪杖遣"，悉数焚毁其著书。② 此种措施，表面上看是对程朱理学的荣光，实际上却极大地束缚了人们的思想，反而使程朱理学走上了僵化、腐朽的道路。

明代中期，程朱理学逐渐沦落为人们猎取功名利禄的工具，而不是"正人伦、理纲常、明道德、定人心"的天理教条。科举取士造就了一批将一生精神消磨在无用八股之中，却不屑留心兵、刑、钱、谷等实用之学的假道学、伪君子。王廷相在明正德十二年（1517 年）升四川按察司提学佥事，发布《督学四川条约》，其中写道："夫何近岁以来，为之士者，专尚弥文，罔崇实学！求之伦理，昧于躬行；稽诸圣谟，疏于体验；古人之儒术，一切尽废；文士之藻翰，远迄大同。……历代以来，人主教养人材，盖图以治理天下云尔。故学者读书，当以经国济世为务。其习作文义，不过为入仕之媒也。今之父兄师友，以训教期待子弟者，遂以习作文词，进取科第为要事。其教之

---

① （宋）陆九渊：《陆九渊集》卷三十五《语录下》，钟哲点校，中华书局1980年版，第468页。
② （明）华允诚：《高攀龙传》，见（清）陈鼎《东林列传（一）》，台北：明文书局1991年版，第136页。

体验扩充,以达经济之术者,百无一二焉。呜呼!良可哀矣!"① 由此可见当时之士风:读书人惟功名利禄是图,读书习文完全成了获取功名的手段;他们终身从事于无用之虚文,不屑于学习经国济世之术;真诚笃信程朱理学,刻苦修身者却寥寥无几。所以黄宗羲指出:"举业盛而圣学亡。举业之士,亦知其非圣学也,第以仕宦之途寄迹焉尔。"② 程朱理学成为科举制度的僵化工具后,无疑丧失了自身的活力,逐步走向了衰颓。

一种思想理论的诞生脱离不开特定的时代背景和其予以回应的问题,以及思想家独特的个性思维。因此,世易时移,后学在对这一思想理论进行理解和再诠释时,不可避免地会造成断章取义、以己度人等各种形式的"误读",甚至在某一方面偏离原教旨愈来愈远。而且,程朱理学本身也存在着后学难以圆融的内在矛盾。朱熹将"理"高悬于形上世界。人们想要透彻本体,体认"天理",必须经过一段"格物致知"的工夫,今日格一物,明日格一物,积累到一定程度,便会豁然贯通,"吾心之全体大用无不明"③。也就是说,要格形下之物以求形上之理,从具体的一事一物中去探寻人生终极的意义。虽然朱熹认为"浑然太极之全体,无不各具于一物之中"④,形下之物包含着形上之理,"格物"到一定程度能贯通形上形下。但是,穷究隐微高悬的"天理"是一种价值性的活动,"格物致知"是一种知识性的活动,二者之间有着难以逾越的鸿沟。价值的实现离不开主体的实践,知识的丰富能够促进价值的实现,但"格物致知"的求知活动不能替代价值的追寻。因此,读书再多,对于明"理"也可能是徒劳无功的。人们穷年累月地去"格物致知",只能成为记诵词章之学,在学问思辨上用功,对身心修养的功效反而不显。况且朱熹强调"知先行后",使人们误以为"必先知了然后能行","待知得真了方去做行的工夫"⑤,由此产生了"以知代行""离行言知"的务虚不务实的恶劣学风。

王阳明突破程朱理学的藩篱,将"天理"移入人心之中,将普遍伦理原

---

① (明)王廷相:《浚川公移集》卷三《督学四川条约》,见(明)王廷相《王廷相集》,王孝鱼点校,中华书局1989年版,第1167—1168页。
② (清)黄宗羲:《恽仲升文集序》,见(清)黄宗羲《黄宗羲全集》第十九册《南雷诗文集上》,第3页。
③ (宋)朱熹:《大学章句》,见《朱子全书》第6册,第20页。
④ (宋)朱熹:《〈太极图说〉解》,见《朱子全书》第13册,第73页。
⑤ (明)王守仁:《王阳明全集》卷一《语录一·传习录上》,第5页。

则与个体心理原则有机统一起来，以道德理性统领知识理性，提出"知行合一""致良知"等具有深刻理论意义和实践价值的新思想，克服了其所以为的程朱理学"析心与理为二""析知与行为二"的支离割裂的弊端，使儒学获得了新的生机与活力。阳明心学对于整治当时日趋颓靡的风习士气，唤醒那些终日"弊精竭力，从册子上钻研，名物上考索，形迹上比拟"①的士子，发挥了程朱理学所不具备的功能。王阳明的"良知"之教，说"良知"是自家的准则②，将成圣的根据置于人心之中，原本是为了以"良知"收摄和充实人心，然而人心的多义性和生命直觉的个体性，使人们对"良知"的生命体验往往打上个人的烙印。③这就成为王门后学分化和王学异变的内在原因。

阳明去世后，王门弟子根据自己的理解和体验解释心学，形成种种不同的"良知"异见。龙溪一脉走向玄虚证悟，泰州一脉走向自然主义。他们皆以"良知"当下现成为根本话头，随意谈玄论虚，侈言当下承担便可顿入圣域，而不重实修实证的工夫实践，遂演成晚明士子束书不观、游谈无根、开口便是"圣人"的空疏浮狂之风。④以顾宪成、高攀龙为首的东林学者针对王学末流的弊端，欲以朱学纠正阳明后学，可以说是清初学者由王返朱的先导。刘宗周倡导慎独诚意证人之学，意图将已经狂放的人心重新囚缚于意根诚体之中，但是时代使然，蕺山之学却未能广延流播。

明末之时，无论程朱理学还是阳明心学都弊端凸显，或让士子读书穷理，或让人们谈玄论虚，哓哓空谈终是误国误民。陈登原在评论明代士人空谈义理时说："盖明季之诸儒，仅知哓哓于义理之辩，不识治体，不谈钱谷，不谙军旅，不通世故，一一综言之，虚而不笃实，谈而莫或为，凡此诸弊，当习斋所目惯耳熟者焉。"⑤姑且不论颜元是否对明末士人的习尚目惯耳熟，毕竟甲申之变时颜元年仅十岁，而且他当时的老师吴持明乃多艺之人，并非溺于讲读的书生。但明末士人的空谈误国，乃是事实。⑥赵翼在《廿二史札记》

---

① （明）王守仁：《王阳明全集》卷一《语录一·传习录上》，第32页。
② 王阳明说："尔那一点良知，是尔自家底准则。"[（明）王守仁：《王阳明全集》卷三《语录三·传习录下》，第105页。]
③ 李振纲：《证人之境：刘宗周哲学的宗旨》，人民出版社2000年版，第14页。
④ 李振纲：《证人之境：刘宗周哲学的宗旨》，第16页。
⑤ 陈登原：《颜习斋哲学思想述》，第46页。
⑥ 陈登原在《颜习斋哲学思想述》中引用了一些明朝之士虚浮迂腐的例子，可供进一步参考。参见陈登原《颜习斋哲学思想述》，第44—46页。

中说："书生徒讲文理，不揣时势，未有不误人家国者。……可见诸臣不度时势，徒逞意见，误人家国而不顾也。"① 这些文章华藻的书生，口中侃侃而谈，呶呶不休，却不能做实事。一问钱谷，答不知；再问兵甲，答不知；三问会典律例，答非儒家正学。以至于踌躇满志的崇祯帝无可用之臣，不得已派遣宦官出守边镇。当时的礼部右侍郎王应熊还上书曰："陛下焦劳求治，何一不倚信群臣，乃群臣不肯任劳任怨，致陛下万不获已，权遣近侍监理。书之青史，谓有圣明不世出之主，而群工不克仰承，直当愧死。且自神宗以来，士习人心不知职掌何事，有举会典律例告之者，反讶为申、韩刑名。近日诸臣之病，非临事不担当之故，乃平时未讲求之过也；亦非因循于夙习之故，实愆忘于旧章之过也。"② 明末诸臣，在其位却不知岗位职责、不懂职务技能，遇事便无从下手，又何能不误国？东林党人，也无实才实学，仅知激扬清议，流于门户。在后金环伺、民变激烈、灾害频仍之际，仍斤斤计较于口舌之争。黄宗羲痛心地形容当时的情况，乃是"天崩地解，落然无与吾事，犹且说同道异"③。吕留良也说："启、祯间门户之祸，最烈，其时小人之党，无论已。即所称君子者，亦皆树私人而忘朝廷，争标榜而无实行。"④ 当时好为空论、不笃实行已是常态，士人所仅有的，也就剩下空洞的义理了吧。1641 年，李自成攻破洛阳城，擒拿了南京兵部尚书吕维祺。维祺不跪，且厉声道："我为兵部尚书，恨无兵马杀汝狗彘，今日惟有一死耳。不辱圣贤，不愧天地，生为正人，死必为正神。吾何畏汝耶？"之后向北面拜揖崇祯帝，哭着说："君恩未报，臣力已竭。"⑤ 引颈就戮。吕维祺战死沙场尚可痛惜，但其自戕殉国，我们只能既哀其不幸，又怒其不争。国破家亡之时，无策可施，只能自己感慨："平生磨砺竟成空，国破家亡值眼中；一介书生难杀贼，愿为厉鬼效微忠！"⑥ 据《明史》记载，刑部尚书范景文投井而死，户部尚书倪元璐、左都御史李邦华、刑部右侍郎孟兆祥、左副都御史施邦耀等自缢而死。⑦ 颜元一针

---

① （清）赵翼：《廿二史札记校正》，王树民校正，中华书局 1984 年版，第 806—807 页。
② （清）张廷玉等：《明史》卷二百五十三《王应熊列传》，中华书局 1974 年版，第 6529 页。
③ （清）黄宗羲：《留别海昌同学序》，见（清）黄宗羲《黄宗羲全集》第二十册《南雷诗文集中》，第 561 页。
④ 转引自陈登原《颜习斋哲学思想述》，第 49 页。
⑤ （清）陈鼎：《东林列传（一）》卷六《吕维祺传》，第 328 页。
⑥ （明）高宇泰：《雪交亭正气录》卷一，新北：大通书局 1987 年版，第 27 页。
⑦ 参见（清）张廷玉等《明史》卷二百六十五，第 6833—6854 页。

见血地指出，他们"无事袖手谈心性，临危一死报君王，即为上品矣"①。当颜元读《甲申殉难录》，看到"愧无半策匡时难，惟余一死报君恩"一句时，不禁凄然泪下。他以为，理学以"空言"与佛、老角力，"徒以口舌致党祸"，"全以章句误乾坤"②，后世流毒甚于秦始皇焚书坑儒。李塨在与方苞的书信中，也不禁感叹："目明之末也，朝庙无一可倚之人，天下无复办事之官，坐大司马堂，批点《左传》，敌兵临城，赋诗进讲，以致天下鱼烂河决。呜呼，谁实为此？无怪颜先生垂涕泣而道也。"③明朝灭亡原因之一，必有这书生无用之空谈。颜元有鉴于此，从而反思产生此种境况之原因，进而探寻明亡的最根本原因。

明亡之后，学人在对明亡根本原因的痛切反思中，在对明朝政策措施的批评中，最终将政治的得失归结于学术之纯驳，归结于孔子学说的真谛是否被掩盖。这是当时学人中最常见的思维理路。于是，清初的学人们纷纷把批判的锋芒指向宋明理学。朱之瑜"痛愤明室道学之祸，丧败国家，委铜驼于荆棘，沦神器于犬羊"④，认为明朝灭亡多由理学末流空虚所致。吕留良指出："道之不明也，几五百年矣。正嘉以来，邪说横流，生心害政，至于陆沉，此生民祸乱之原，非仅争儒林之门户也。"⑤他认为朱学和王学的门户之争并不能解决明末的社会问题。顾炎武痛砭明末以来理学空谈误国之病："刘石乱华，本于清谈之流祸，人人知之，孰知今日之清谈有甚于前代者。昔之清谈谈老庄，今之清谈谈孔孟，未得其精而已遗其粗，未究其本而先辞其末。……以明心见性之空言，代修己治人之实学。股肱惰而万事荒，爪牙亡而四国乱，神州荡覆，宗社丘墟。"⑥颜元曾沉浸于陆王心学，也笃信过程朱理学，然而无论是朱学还是王学，都对明朝衰亡负有不可推卸的责任：

> 吾尝见宗王子者指朱子为门外汉，吾不与之深谈；其意中尊王而诋

---

① （清）颜元：《存学编》卷一《学辨一》，见《颜元集》，第51页。
② （清）颜元：《存学编》卷一《由道》，见《颜元集》，第40页。
③ （清）冯辰、刘调赞：《李塨年谱》卷四，陈祖武点校，中华书局1988年版，第124页。
④ （明）朱之瑜：《朱舜水集》卷五《答某书》，朱谦之整理，中华书局1981年版，第111页。
⑤ （清）吕留良：《吕晚村先生文集》卷一《复高汇旃书》，见《续修四库全书·一四一一·集部·别集类》，上海古籍出版社2002年版，第71页。
⑥ （清）顾炎武：《日知录集释》卷七《夫子之言性与天道》，（清）黄汝成集释，上海古籍出版社2006年版，第402页。

朱，未必不如是也。噫！果息王学而朱学独行，不杀人耶！果息朱学而独行王学，不杀人耶！今天下百里无一士，千里无一贤，朝无政事，野无善俗，生民沦丧，谁执其咎耶！吾每一思斯世斯民，辄为泪下！①

既然朱学和王学都不能起到救治世道人心、挽救社会存亡的作用，颜元便从整个儒学发展脉络中去寻找可资救世的良方，越过汉宋之学，回到原始儒学。

（三）儒家经世之学的追寻

针对宋明理学引起的"空谈""务虚"之风，明清学人则反虚务实，转向经世致用。"经世"一词从字面的意义上理解就是"治世"和"理世"，或者"治理天下"的意思。用《左传》和《周礼》中的话来说，就是"经国家"②，"经邦国"③。"经世"一词，虽首见于《庄子·齐物论》"春秋经世，先王之志"，但后来却成为儒家学说的重要观念。儒家的经世思想，至少包含着三层意蕴：（1）积极进取的入世精神，直面社会人生，反对逃世避世；（2）经邦治国、建功立业，以将现世改变为一理想社会，即以"治国平天下"的"外王"事业为人生价值的实现路径和表现手段；（3）治理社会的具体学问、方法和手段等。"经世之学"一般包括"治道"与"治法"两个层面。所谓"治道"即经世的指导思想和基本原则，所谓"治法"即在"治道"指导下的各种具体的治理社会之术法。由于"经世之学"是一种实实在在的学问，具有实体性、实践性、实用性的特征，绝非空谈虚论所能取代，因此，"经世之学"又往往被称为"实学"或"实体达用之学"④。

春秋之时，"王道既微，诸侯力政"⑤，儒家先圣孔子为厘定社会秩序，实现政治主张，积极入世，时时关注社会的治乱变迁。他曾数度出仕，在受挫于鲁国之后，又带着弟子栖栖惶惶奔走于列国之间，"求仕"以"行道"。

---

① （清）颜元：《习斋记余》卷六《阅张氏王学质疑评》，见《颜元集》，第494页。
② 《左传·隐公十一年》："君子谓：'郑庄公于是乎有礼。礼，经国家，定社稷，序民人，利后嗣者也。'"（李宗侗：《春秋左传今注今译》，台北：商务印书馆1982年版，第51页。）
③ 《周礼·天官冢宰第一·大宰》："一曰治典，以经邦国，以治官府，以纪万民。"（林尹：《周礼今注今译》，台北：商务印书馆1979年版，第9页。）
④ 参见冯天瑜、黄长义《晚清经世实学》，上海社会科学院出版社2002年版，第3页。
⑤ （汉）班固：《汉书》卷三十《艺文志第十》，中华书局1962年版，第1746页。

他声言："苟有用我者，期月而已可也，三年有成。"(《论语·子路》)经世心切，却被"斥乎齐，逐乎宋、卫，困于陈、蔡之间"①，不行于时。然而，孔子的经世信念并没有因为政治上的不得志和他人的不理解而有所动摇。于是不得已之下，孔子乃删述"六经"。"六经"之中，"《诗》以道志，《书》以道事，《礼》以道行，《乐》以道和，《易》以道阴阳，《春秋》以道名分"(《庄子·天下》)。一言以蔽之，"六经"皆经世致用之学。孔子删述"六经"，不是为了造就徒托空言的书生。他明确告诫弟子："诵《诗》三百，授之以政，不达；使于四方，不能专对；虽多，亦奚以为？"(《论语·子路》)清人章学诚指出："六经皆先王之政典也。……若夫六经，皆先王得位行道，经纬世宙之迹，而非托于空言，故以夫子之圣，犹且述而不作。"②"事有实据而理无定形，故夫子之述六经，皆取先王典章，未尝离事而著理。"③鲜明地道出了"六经"记载的乃是经世之学。孔子述说"六经"，都是依实事而论理，并非随意空言。孔子这种以匡时救民为己任的积极经世态度，对后世影响深远。战国时代，孟子豪气十足地宣称："如欲平治天下，当今之世，舍我其谁也？"(《孟子·公孙丑下》)他效法孔子，力图将儒家的基本原则化为具体的政治主张，游历各国，往返于诸侯之间，以求实现其仁政理想。

先秦以后的历史长河中，儒家经世致用的价值取向虽有淡化之时，变形之象，却始终绵延不绝，于起伏跌宕之中一以贯之。一般而言，当社会生活平稳，文化专制强大有力之时，经世思想往往作为一种"潜质"深藏在士人古色古香的学术外壳内，隐而不彰；但进入社会危机四伏的关口，国家民族面对纷至沓来的内部或外部挑战与威胁，士人以其心灵深处强烈的社会责任感，不断地寻求社会更为合理的归宿，期望新的突破，经世致用的思想就会活跃起来。时局的变动愈剧烈，经世的自觉要求也愈剧烈。④

早在明万历末年，学界便兴起了一股经世思潮。而且明末西学的传入，也为学者示范了一种务实的新学风。方以智的《通雅》《物理小识》、宋应星的《天工开物》、徐光启的《农政全书》《徐氏庖言》《选练条格》等医学、农学、手工业技术、商业、军事方面的学术著作相继问世；陈子龙、徐孚远、

---

① （汉）司马迁：《史记》卷四十七《孔子世家第十七》，第1909页。
② （清）章学诚：《文史通义》卷一《易教上》，上海古籍出版社2015年版，第1、3页。
③ （清）章学诚：《文史通义》卷一《经解中》，第28页。
④ 参见冯天瑜、黄长义《晚清经世实学》，第8页。

宋徵璧等选编的卷帙浩繁的《明经世文编》，更对清初的经世实学起到了先行者的作用。

这股经世思潮，至清初而空前高涨。一时之间，学人受时代之刺激，纷纷而起，发出"天下兴亡，匹夫有责"的呐喊，在武装抗清最终归于失败之后，转而著书立说，以"明学术，正人心"，倡导切实致用之学。朱之瑜认为"学问之道，贵在实行"，"圣贤之学，俱在践履"①。陆世仪志在经世，学问广博，天文地理、礼乐农桑、河渠贡赋、战阵刑法，无所不通，提出"不止六艺，如天文、地理、河渠、兵法之类，皆切于用世，不可不讲"②。李颙认为儒学是"明体适用之学"③，"原以经世为宗"，强调"道不虚谈，学贵实效"④。黄宗羲说："儒者之学，经纬天地。"⑤ 主张学问与事功的统一。他的《明夷待访录》乃是在深入考察现实社会利弊得失和总结历史教训的基础上，论述了政治、经济、文教、军事等治国理政的现实问题。顾炎武提出"文须有益于天下"的主张，把经世致用精神融入治学、作文之中，指出："文之不可绝于天地间者，曰明道也，纪政事也，察民隐也，乐道人之善也。若此者，有益于天下，有益于将来，多一篇，多一篇之益矣。"⑥ 本着这种精神，顾炎武于经史百家、音韵训诂、国家典制、礼仪风俗、兵农财赋、天文舆地诸学，无不深究。《日知录》《天下郡国利病书》便是体现其经世致用精神的代表作。

清初学界基于明末士人空谈误国的惨痛教训，无不期望由虚返实，以经世致用为鹄的。但诚如陈登原所述："清初诸儒，均以空虚为讳，而以切实为归；第所谓实者，有实想、实读、实行之别，考证学者之实学，一变而为实读、实著。宋学者之实学，始终限于实讲、实想。"⑦ 同为讳"虚"，同为主"实"，同可名为"实学"，但也有程度之霄壤之别，内容之全然不同。颜元

---

① （明）朱之瑜：《朱舜水集》卷十《答安东守约问八条》，第369页。
② （清）陆世仪：《思辨录辑要》卷一《大学类》，见王云五《丛书集成初编》之《陆桴亭思辨录辑要（一）》，上海：商务印书馆1935年版，第13页。
③ （清）李颙：《二曲集》卷十四《周至答问》，陈俊民点校，中华书局1996年版，第120页。
④ （清）李颙：《二曲集》卷七《体用全学》，第54页。
⑤ （清）黄宗羲：《赠编修弁玉吴君墓志铭》，见（清）黄宗羲《黄宗羲全集》第二十册《南雷诗文集中》，第450页。
⑥ （清）顾炎武：《日知录集释》卷十九《文须有益于天下》，第1079页。
⑦ 陈登原：《颜习斋哲学思想述》，第59页。

的经世实学便对读讲著述不甚重视，只是重身之"习行"。

颜元生活于天崩地解的明清之际，社会动荡不安，民不聊生。他"心血屏营，则无一刻不流注民物"①，经世意愿强烈迸发。在颜元的文本之中，与"经世"有关的词汇，如"经世重典""经世大务""经世济民""利济生民""利济苍生""扶危济难之功"等触目皆是。而且他深谙孔子的经世愿望：

> 试观吾夫子生知安行之圣，自儿童嬉戏时即习俎豆、升降，稍长即多能鄙事，既成师望，与诸弟子揖让进退，鼓瑟，习歌，羽籥、干戚、弓矢、会计，一切涵养心性、经济生民者，盖无所不为也。及其周游列国，席不暇暖而辄迁，其作费力事如此，然布衣也。②

> 孔子强壮时，学成教就，陶铸人材，可以定一代之治平矣；不得用，乃周流，又不得用，乃删述，皆大不得已而为之者也。③

故而，经世的欲望一直贯通于颜元的幼年至成年。他所追寻的救世之学，必须是能够对社会稳定和发展起到实际、实用效果的经世实学。在当时众多形式的学术之中，颜元面临的主要问题，是如何抉择出更符合其愿望和需求的学问。

颜元的学术兴趣曾经从陆王心学转至程朱理学，是因为他觉得程朱理学相对更为切实。然而经历了八年的沉浸以后，他深刻了解了程朱理学被禅学所染，空虚无用，不能济世。颜元在经历众多尝试与抉择之后，苦苦追寻用以救世的儒家经世之学，最终选择了披着上古儒家圣人唐尧、虞舜的"三事""六府"，周公、孔子的"三物""四教"之学的外衣，而自成一家的倡导实文、实行、实体、实用的经世实学。他希望自己及弟子们通过习行"三事""三物"之学，能够为社会的治理与发展贡献力量："以六德、六行、六艺及兵农、钱谷、水火、工虞之类教其门人，成就数十百通儒。朝廷大政，天下所不能办，吾门人皆办之；险重繁难，天下所不敢任，吾门人皆任之。"④ 颜元之所以重视"三事""三物"之学，是因为它能够对个人和社会产生出实

---

① （清）李塨：《存治编序》，见《颜元集》，第101页。
② （清）颜元：《存学编》卷二《性理评》，见《颜元集》，第68页。
③ （清）李塨、王源：《颜习斋先生年谱》，见《颜元集》，第769页。
④ （清）颜元：《存学编》卷一《由道》，见《颜元集》，第40页。

际、实用的福祉。用之于个人，可以强身健骨、陶冶性情、增进道德；用之于社会，可以民安物阜、国家强盛、天下太平。在他看来，只有"内圣"与"外王"并彰的儒家正学大行于世，社会才能进步。而清廷却将程朱理学定为官学，放眼天下，虚学明光，实学晦暗。颜元内心强烈的济世责任感和使命感使其不仅要宣扬他所认定的儒家正学，而且要明辨程朱理学与儒家正学的虚实动静之别。

（四）体用与虚实间的思考

儒学的致思取向一贯是在现实世界中构建理想社会。而现世的改变是人主动实践、努力奋斗的结果。人的实践不是依靠"精骛八极、心游万仞"可以完成的，精神的构想必须通过物质得以实现，心的意愿只有通过身体得以满足。因此，相对来说，精神是虚，物质是实；心是虚，身是实。颜元以经世为鹄的，必然注重实，以实践、实用、实行来改变社会面貌。人灵动的心智只是气质形体的机能，而不是可以独立存在的东西。于是，他更重视身体层面的作为，而相对轻视思维层面的活动。而从体用方面来说，体用一致的原则贯穿于颜元哲学。有体必有用，有用必有体；无无体之用，无无用之体。"无用之体，不惟无真用，并非真体也。"[①] 体用与虚实相结合，"实体"[②] 即真体，真体则有用，而"虚体"即假体，假体则无用。按照这条原则，我们来审视一下宋明理学。

隋唐时期，佛老之学盛行。许多儒家学者被佛老哲学的玄妙形上理论所吸引。为了应对这种儒学危机，宋儒将儒家的道德条目上升到天理的高度，吸收佛老的理论，建构了一套道德本体形上理论体系。朱熹集理学之大成，将理提升到本体的高度。理是抽象的形上实体，却不具备任何物质性的"实"。为了论证理的至上性，朱熹有"理生气"的说法。虽然朱熹曾强调从逻辑上看，从本体出发，有理然后有气；从生成上看，从构成出发，则理随气而具。但"理生气"的说法无疑让人想到无能生有，虚能生实。而且他对先验且超验的性体的挺立，使儒学超越性的一面被不断加强，而现实性的一面却被不断削弱。性体相对形躯来说，其作为"虚体"，也不会直接作用于外

[①] （清）颜元：《存学编》卷二《性理评》，见《颜元集》，第70页。
[②] 此处的"实体"只是与"虚体"相对使用而已，并非指一般哲学范畴中的实体。故而，本书中与"虚体"相对的"实体"都加引号予以区别。

界，必须通过气质之身作为介质才能产生实用价值。王阳明从性体走向心体。心体固然与性体不同，除了囊括普遍之理以外，个体之心（情感、意志、直觉等方面）也在其中。虽然阳明有"知行合一"之教诲，强调通过后天的实际践履以达到对先天本体的自觉意识，但阳明后学却流荡为玄虚证悟和自然主义。毕竟心体也是"虚体"，其在发用的过程中弃实就虚也在情理之内。颜元深知，由超验的"虚体"出发，工夫的效验大多沉浸在内心的体验上，极难落实到改变现实生活的实践中。那么，在成己与成物的人生历程中，放弃性体、心体等"虚体"，如何寻觅或构建"实体"，并将"实体"展开于理气论、心性论和工夫论等方面，让工夫的效力显露在经世之上，让儒学成为建构理想社会的"实用"之学，这便是颜元不得不思考的重要问题，即面向经世的儒学重建。

四　颜元哲学的逻辑结构

冯友兰先生曾说过："中国哲学家多无精心结撰，首尾贯串之哲学书，故论者多谓中国哲学家多无系统。然所谓系统有二：即形式上的系统，与实质上的系统，中国哲学家的哲学虽无形式上的系统，但如谓其无实质上的系统，则即等于谓中国哲学不成东西，中国无哲学。……故大哲学家之哲学，皆如枝叶扶疏之树，其中首尾贯彻，一切皆是一片。故一哲学家之哲学，如可称为哲学，则必须有实质的系统。所谓大哲学家之哲学系统，即指其实质的系统也。中国哲学之形式上的系统，虽不及西洋哲学家，而实质上的系统则固有也。"[①] 中国哲学家在表达哲学思想的时候，不像西方哲学家那样注重形式上的逻辑性和体系化，而是通常用格言、日记、书信、诗歌、对经典的注释和零散的文字表达自己对于相关哲学问题的态度和观点。作为没有形式上之系统的中国古代哲学家的哲学，其在实质层面上应该具有一个系统的、内在的逻辑结构。这一逻辑结构是对这一哲学家思想体系的整体把握，是对其哲学内在理路的逻辑展现。任何一个哲学家的思想都有其自身的内在理路，即哲学家为回应或解答所面临的重要问题，在思维层面上探究答案的思考路径。

[①] 冯友兰：《泛论中国哲学》，见冯友兰《三松堂全集》第11卷，河南人民出版社2000年版，第130页。

因此，作为内在理路展现的逻辑结构，并非这一古代哲学家思辨构造的产物，而是其问题意识的自然展开。"只要抓住哲学家所面对的问题（论学背景），顺着此问题寻找哲学家的回应方式及藉以回应的主要范畴，然后再以此核心范畴为轴线，前后推绎其概念、命题的相互关系，就可以大体上再现其哲学的内在逻辑结构。"[1] 只有对哲学家问题意识及其所言诸范畴、命题的内涵和关系的准确把握，才能明晰其哲学的内在理路或再现其逻辑架构。

对于颜元哲学的阐释而言，上述方法无疑也是成立的。那么，在此先对颜元问题意识的展开作一概说。鉴于时势熏炙，一是佛道二教猖炽，二是理学无法挽救明清之际的社会动荡，甚至是造成宗社丘墟和民不聊生的原因之一，作为一名儒者的颜元，其所关心的核心问题是以经世为指向的儒学重建。特别是颜元在走出理学藩篱之后，余生以矫正理学之"虚"、重建儒学之"实"为鹄的。其建构的经世实学以经国济世为宗旨，以实文、实行、实体、实用为特质。为学的内容决定了人的成长方向，反过来，理想人格的设定制约着为学内容的构建。颜元所希冀的人才，不是只会谈天说地、作文舞墨的醇儒，也不只是道德高尚、境界高明罢了，而是必须具备经世济民的能力。也就是说，颜元的理想人格，除了精神世界的安顿和道德品质的证成之外，还要有变革世界的实践。为成就内圣外王兼备的经世之才，为学的工夫就不能只限于心的修炼，重点还是要落实于身的习行。中国古代哲学历来讲究天道与人道的贯通，使人道的应然之善获得终极性的宇宙论或本体论支撑，又使天道的本然之真具有人文价值的内涵。因为颜元哲学与宋明理学工夫论进路的不同，所以颜元要重新思考理想人格与成人工夫的心性论依据和宇宙或本体论基础。这便又涉及了人性善恶、理气关系等宋明理学一直在讨论的问题。

由于颜元生活在理学作为主流学术话语体系的时代，其儒学重建的方式脱离不开理学的语境，所以，颜元哲学仍就理气、心性、工夫等方面的问题重新进行了探讨与解答。甚而，颜元哲学还保留了理学中"体用"的重要思考方式，并将哲学讨论中使用的主要范畴均纳入到体用论的架构之内，如表绪-2所示。

---

[1] 李振纲：《证人之境：刘宗周哲学的宗旨》，第39页。

表绪-2　　　　　　　　颜元哲学中主要范畴的体用关系

体	用
气	理
理	数
形	性
性	情
性	才
气质	气质之性
身（身体）	心（意识）
身体	习行
天地之肖子	天地之孝子

体用论在中国哲学中运用甚广，是儒、释、道三家共同使用的思想范畴，因而在哲学史中多见，如"有体有用之学""体用不离不即""有体必有用""未发是体，已发是用""性是体，情是用"等。宋明理学中使用"体用"范畴也非常普遍。如朱子哲学中论"体用"，兼及理气、心性、动静、先后等，使用方法极为灵活。在颜元哲学中，"体用"范畴之间的规定，包括"用"是"体"的作用、属性、功能、表现、结果、发用、流行等。除了"体用"范畴之外，颜元还认为儒学本就是"全体大用"之学，所以他将体用论贯穿到其哲学整体的逻辑结构中。

颜元哲学中的体是"实体"，用是实用。如何"全实体""大实用"是其哲学展开的主线。颜元哲学从宇宙论上树立气之实体，以理为气之属性，为在人性论中证明气质与性皆善提供了根据。人性作用的完全展现即是人生价值的实现。在工夫论中强调"习行"，以人之"全体"发挥经世之"大用"，从而成就理想人格。详细地说，颜元哲学的内在义理是这样展开的：

相对于佛老之学，儒学的特质在于实践性。宋明理学借鉴、吸收了佛老思想，建构了一套思辨的理论。虽然理学并非将体认"天理"作为行动的终极目的，也不是只开展单纯的思辨活动，而是意图在自我道德完善的基础上实现社会政治实践。但由于理学的工夫更多地被安置在心之上，而不是落实在实事实物上，致使理学的实践性被削弱。明清之际，面对朝代更替的动荡和民不聊生的惨象，深陷理学思想的儒者在内心上所作的工夫，并不能恰如地转化成解决实际事务的能力。相对而言，上古三代的儒家圣人以及孔孟都是现世的实践者。儒家圣人的价值在于对他人、环境、社会和世界的实际贡献。因此，如何进行面向经世济民实践的儒学重建是颜元关注的主要问题。

当颜元经过十年的理学沉浸并反身而出之后，他的问题意识迫使他去考察并修正理学的实践价值弱化的哲学基础。针对理学以"理"为形上本体，在逻辑上二分形上和形下世界的致思取向，颜元取消了"理"的实体规定，将"理"从高高在上的形上世界拉回到现实世界，作为气的属性、条理、规律。颜元哲学突出了气的价值，以气为唯一的实体。他通过二气四德（阴阳二气及元亨利贞之气）化生万物的生成论来给予万物先天的规定。气落实到具体的人与物上，凝结成形体，气之理随之赋予人与物以性。气质与性皆是天之所命，无有不善。

相对于物而言，人禀受天道四德之气俱全，乃为万物之秀、万物之灵，所以这副灵秀的身体能够发挥出相比人之外的他物更大的价值。从天道到人道，人被塑造了一副灵秀的身体，这就是全体。从人道到天道，这副身体必须将作用开显至极，在社会实践中为世界创造价值，这便是大用。按照全体大用的思路，人生价值的实现或者说理想人格的塑造表现为对天赋潜能的展开和对先天质性（气质与性）的顺导，即内在的质性之善外化为对社会对世界的价值意义上的广义之善。也就是说，人要产生完善自身与完善世界的力量才有价值。

只有物质性的气质之身体与现实事物相互作用以后，实际价值才能被创造出来，世界才能有所改变。没有身体作为人生存、思考以至开展自我与外界联系的起点和媒介，人的精神力量在现世就掀不起丝毫波澜。那么，颜元关注的主要问题进一步细化为：如何将个人修行的工夫转化为变革世界的力量。世界包罗万千，人的实践也各式各样。颜元从儒家经典中寻找实行工夫的理论来源。他将修行工夫的对象概括为"三事"或"三物"，以此囊括一切促进世界完善的有益因素。成就理想人格的过程，便是实践这些"事"或"物"。而且，颜元对实践的复杂性也有清晰的认识。完美的实践过程并不是一蹴而就的，而是经过反复的练习甚至是多年的锻炼后，才能够精通某一种实践技艺。这便是将修行工夫概括为"习行"事物的原因。人经由"习行事物"而成为完善自身与完善世界的一分子，实现了经世之目的。

上述颜元哲学的内在理路，概括来说，从天道到人道，人相肖天地，乃天地之子，这便赋予了人成就理想人格的可能性；从人道到天道，人孝顺天地，守护并回报天地，实现了人成己成物的人生价值。

为了更清晰地展示颜元哲学的内在理路和逻辑展开，即其逻辑结构，笔者兹以一图示之（见图绪-1）。

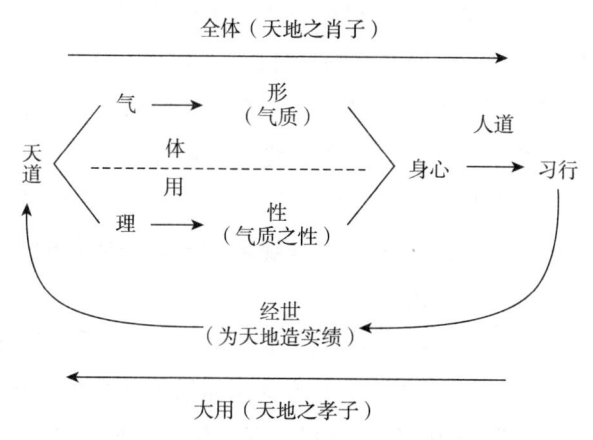

```
              全体（天地之肖子）
      ┌─────────────────────────────────┐
      │     气  →   形                    │
      │           （气质）      人道       │
      │        体 ─ ─ ─ ─   身心  →  习行  │
    天道        用                         
      │     理  →   性                    │
      │           （气质之性）             │
      │              经世                 │
      │           （为天地造实绩）         │
      └─────────────────────────────────┘
              大用（天地之孝子）
```

图绪-1 颜元哲学的逻辑结构图

不过，上述内在理路的展开或逻辑结构的再现，并不能看作对颜元哲学的历史还原。毕竟，我们对中国古代哲学的诠释，其实是一个逻辑重建的过程，也就是将古代哲学家形式方面不那么清晰的哲学思想，梳理成逻辑清晰的形式。在逻辑重建的过程中，诠释必然置入了我们的前见和立场，也就是伽达默尔所言的"视域融合"。笔者一是反复推敲颜元遗著，二是参阅颜元哲学已有的研究成果，三是借鉴中外哲学现有的理论、范式和方法，通过文本与颜元及当代学者开展对话，从而形成自己对于颜元哲学的诠解，以就正于方家。

依照上述研究思路，本书一至四章对颜元哲学内在理路的展开进行详细阐发，并对颜元哲学中的相关范畴、命题加以诠解。

第一章，天道生生立实体，二气四德化万物。颜元取消了程朱理学中理的实体规定，否定了朱熹对理的形而上学规定，将理从高高在上的形上世界拉回到现实世界，作为气的属性、条理、规律。气作为宇宙的本原，乃是唯一的实体。颜元通过二气四德化生万物的生成论来给予万物先天的规定。天道分阴阳，阴阳流行而为四德，四德分合交感而生万物。不管阴阳还是四德，都是气的一种。气落实到具体的人与物上，凝结成形体，气之理随之赋予人与物以性。

第二章，天命性形皆为善，恶由引蔽误习染。人与物的气质和性都是天道所赋予的。性只是一个气质之性，更无二性。气质与性都是天之所命，无论气质偏驳还是四德偏胜，气质与性都无有不善。情是性的发用表现，才是使性发用为情而见于事的能力。根据体用一致的原则，气质的性、情、才皆为善。那么，恶并不是人生而具有的属性。祸始引蔽，误用其情，成于习染，才是恶产生的原因，即外物的引诱使人心蠢动，障蔽了人之性，误用其情而有恶行，恶行积习渐久，恶染之愈深，终成习惯而为恶人。恶是人与外物环境综合作用的结果，因此，人若能高扬主体性自觉主动抵御"引蔽"，则不会有误情而恶的事情发生。人性本善只是规定了人成圣成贤的可能性，至于后天行恶还是行善，更多的是由人自主决定。

第三章，全体大用尽其性，人人皆可为圣贤。人禀受天道四德之气俱全，乃为万物之秀、万物之灵。这副灵秀的身体如果不能发挥作用，那便成了无用之体。人之"全体"需发挥"大用"，即《中庸》所说的"尽其性"。按照颜元的思路，人生价值的实现或理想人格的塑造表现为对天赋潜能的展开和对先天质性的顺导。具体来说，人只要能依其质性、志愿、才力的情况，就其身份地位，尽职尽责，保全其善质善性，实现自己在社会上的价值，便可成就理想人格。圣贤（理想人格）不是高高在上，而是生活在现世之中。人人本就有成为圣贤的潜质，那么，理想人格的现实化与多元化，使圣贤不是可望而不可即，而是可以努力达成的。颜元希冀的理想人格更多的是要人在社会实践中发挥自己的作用，也就是创造社会价值。这便体现了其经世实学的内在要求。

第四章，习行事物以成人，实行工夫且经世。世界包罗万千，人的实践也各式各样。为达成全体大用尽其性的成人目标，颜元从儒家经典中寻找实行工夫的理论来源。他将《尚书》中的"三事""六府"、《周礼》中的"三物"和《论语》中的"四教"按照己意贯通为一，并扩展了其囊括的内容。一切对实现个人人生价值和促进社会和谐发展有益的事务都无出其外。成就理想人格的过程，便是实践这些"（三）事"或"（三）物"，身心内外一致加功。而且，颜元对实践的复杂性也有清晰的认识。完美的实践过程并不是一蹴而就的，而是经过反复的练习甚至是多年的锻炼后，才能够精通某一种实践技艺，养成习惯或是习性，自身能力获得提升。这便是将修行工夫概括为"习行"的原因。人经由习行"事""物"而成为完善自身与完善世界的一分子,实现了经世之目的。颜元还强调,习行"事""物"的过程便是《大学》格、致、诚、正、修、齐、治、平"八条目"的渐次展开,也是经世宗旨的落实。

第五章为余论。一是从"全体大用"和"儒家道统"两个角度来梳理朱子哲学和颜元哲学的虚实之辨。二是对颜元哲学的价值与不足略作总结。

此外,由于颜元多以批判理学的形式表达自己的观点、展示自己的思想,所以,对颜元哲学的研究离不开其与宋明理学的比较。并且,为了在细节上更加突出本书题目中的"虚实之辨",故而,在各章节中,笔者对宋明理学特别是程朱理学中与颜元哲学相异的重要观点也不吝啬笔墨。

第一章 实　体

——天道气化万物生

作为与英文 substance 对应的实体，西方哲学家对其概念的界定并非完全一致。亚里士多德在《范畴篇》中将实体作为描述事物存在方式的十范畴之首。其赋予实体范畴三种含义，一是实体的存在不依赖于其他东西，也就是个别的具体事物；二是实体是对事物"是什么"或"是其所是"的规定，也就是"形式"；三是"理性—神"（永恒不动的、无生无灭的万物运动的最后动因）是最高实体。① 后来，希腊文的 ousia（实体）被转译成拉丁文 substantia，又演变成英文 substance。这种转译使实体的意义在中世纪哲学以及近代哲学中发生了演变，与亚里士多德的规定相去甚远。笛卡尔在《哲学原理》和《第一哲学沉思集》中对实体进行了界说，认为存在着三种类型的实体：物理意义上的物体、心灵和上帝。上帝是严格意义上的实体，是"不被创造的、独立的思想实体"②，"是能自己存在而其存在并不需要别的事物的一种事物"③。上帝创造了另外两个实体。斯宾诺莎认识到，当笛卡尔把心灵和物体作为两种不同的实体后，却不能解释它们之间是怎样相互作用的。于是斯宾诺莎认为，宇宙间唯一绝对无限的实体就是上帝，也是产生自然的自然，人的心灵和身体只是实体的样态（modus）而已。尽管笛卡尔和斯宾诺莎所谓的上帝并不是基督教的人格神，但也是超验的至高无上的存在。一般来说，西方哲学中实体既可以指具体实在，也可以指能够独立存在的、作为一切属性的基础和一切事物的本体（ousia）的东西，即具有客观性、真理性、对象性、不变性、超越性的东西。

---

① 张志伟：《西方哲学十五讲》，北京大学出版社 2004 年版，第 106—112 页。
② ［法］笛卡尔：《哲学原理》，关文运译，商务印书馆 1958 年版，第 21 页。
③ ［法］笛卡尔：《哲学原理》，第 20 页。

第一章 实 体

在中国哲学史中，虽然也使用了实体一词，但并非像西方哲学那样产生于关于"to on"（Being）的研究，而有其自身的发展演变过程。宋明理学中广泛使用的实体概念的内涵，与中世纪及近代西方哲学的实体概念有接近之处。相对于西方哲学关注实体的属性、样式，中国哲学更关注实体的发用、流行。陈来先生对此已有专文论述。[①] 其文总结说："宋明时代的实体论认为实体是宇宙的本原，而万物亦皆备此实体于己身。此实体即是本体。"那么，实体可指本体或本原。本原指生化天地万物的根源，是宇宙和生命的起源。对本原这一概念，学界一般没有歧义。而对于本体的理解，却因为往往忽略西方哲学和中国哲学语境中两个不同内涵的本体之间"格义会通"的紧张问题，容易出现含混不清、似是而非的情况。[②]

西方哲学中的本体指一切存在之所以存在的形上根据和终极之因，是相对于现象而言必须预设的非经验性条件，如"理念"（eidos）、"上帝"、"绝对精神"，等等。因为中西哲学思维存在差异，所以将源自古希腊哲学的本体应用于中国哲学的分析时，经常会出现本体论（ontology）和宇宙论（cosmology）混而为一、难以分析的情况。哲学上追寻本原的宇宙论乃是探究宇宙万物生成变化之要素、根源或第一因等问题的学问，这必然涉及事物生成变化的过程，必须落在一个时空序列上来理解。但西方哲学的本体论（ontology）则是探讨存在物之所以存在所必须预设的超验条件，或现象背后的本质的学问。它是从本体与现象二分（形上与形下两个世界二分）的角度进行思考的模式。从柏拉图到黑格尔，其本体论（ontology）的思考模式都是分别两个世界，一个是可感知的世界，一个是超感知的世界，并以后者为真实的世界。[③]这样的本体并不涉及具体事物的发生过程，不会受到时空条件的限制，是独立于经验世界的永恒的自存者。因此，这种超越时空、不生不灭的本体在逻辑上不可能同时也是在同一时空中化生万物的宇宙本原或组成万物的根本元素。[④] 中国哲学没有西方哲学那样分别且割裂两个世界的思维。中国哲学中的本体虽然有时表达了同西方哲学的本体类似的意涵，如作为万物存在的根本

[①] 陈来：《中国哲学中的"实体"与"道体"》，《北京大学学报》（哲学社会科学版）2015年第3期。

[②] 参见郑开《中国哲学语境中的本体论与形而上学》，《哲学研究》2018年第1期。

[③] 陈来：《仁学本体论》，生活·读书·新知三联书店2014年版，第12页。

[④] 参见冯耀明《张载是气一元论者还是理气二元论者》，《思想与文化》2016年第2期。

凭借和内在依据，但其来有自。中国古代的本体一词理论上可针对任何事物而言，表示本来样子、固有样式的意思；或从体用论角度使用本体一词，以本体指代体用关系中存在与作用、基础与活动、原理与应用、本体与工夫等中的前一方面。然而，中国的本体概念自清末以来发生了根本变化，其含义糅合了中国古代思想和西方哲学中的本体之义，不再泛指任何存在，而是指向了形上根据或终极实在，类似于方朝晖所区分的宗教意义上的本体。[①] 应特别指出的是，当代中国哲学中广泛使用的本体概念是从中国哲学思维中体用一源、道器相即、主客合一的角度，即本体与现象既不等同又不分离的传统中进行思考的结果。中国哲学的本体并非超时空的独立存在者，而是与本体的发用、流行、展开处于同一时空之中。中国近现代哲学家熊十力先生言本体有四义："一，本体是万理之原，万德之端，万化之始。二，本体即无对即有对，即有对即无对。三，本体是无始无终。四，本体显为无穷无尽的大用，应说是变易的。"[②] 熊先生以"体用不二、即体即用"来表达本体与大用的关系。由此可见，其所谓本体不是西方哲学中超越万有之上或潜隐于现象背后的独立实在，不是与现象并存且在现象之外的另一世界。李泽厚先生曾表明，其所谓的"人类历史学本体"不是西方哲学的理式、观念、绝对精神、意识形态等一切实在万物的最终本质、本性或"最终实在"（the Being of beings），而是人与自然（外在自然与内在自然）的历史总体行程，是每个活生生的人（个体）的日常生活本身。[③] "本体即在现象中，并由此现象而建立。没有超越的上帝或先验的理性，有的只是这个'人类总体'，它是现象，又是本体。"[④] 陈来先生基于熊十力的体用论和李泽厚的情本体论，提出"万物关联

[①] 方朝晖区分了三种不同的本体概念，即体用义本体、宗教义本体和哲学义本体。其中哲学义本体指西方哲学中的本体。宗教义本体指一神教的上帝、印度教的梵、佛教的涅槃等，其特征包括：（1）它从根本上讲是一种武断的设定，而不是合乎逻辑的推理产物；虽然各大宗教对自己的最高本体也有并时常倡导大量、深入的理性分析和讨论，但从根本上讲宗教上的最高本体是一种信仰。（2）它高度依赖于个人修行实践即信仰实践来证明，人们需要脱离理论抽象思辨，在活生生的人生践履中认识它。（3）以个人直觉或顿悟为主要特点的神秘体验是证明或发现它存在的主要方式。（4）它代表整个宇宙或个人生命的终极实在（ultimate reality），是个人生命追求的最高目标或生命的终极归宿。（方朝晖：《论"本体"的三种含义及其现代混淆》，《哲学研究》2020年第9期。）

[②] 熊十力：《体用论》，上海书店出版社2009年版，第11页。

[③] 参见李泽厚《历史本体论·己卯五说》，生活·读书·新知三联书店2008年版，第19—20页。

[④] 李泽厚：《历史本体论·己卯五说》，第259页。

共生的整体即是本体"①。由此可见，当代中国哲学的本体概念有其区别于西方哲学本体概念的独特意味，本体与现象、本体与大用相即不离。故而中国哲学中本体和本原的混漫是中国独特思维的表现，并非在西方思维观照之下的错误思考模式。而且，中国哲学的本体论与成人理论或人生哲学密切相关，是心性论和工夫论得以展开的基础，是成人之所以可能的根据。②

根据上述辨析，本章所使用的实体概念，主要是指代中国哲学中的本体或本原。

中国儒学史上在实体方面的争论即"理气之辩"。"理气之辩"是古代学者围绕天道问题的解答而展开的。从11世纪北宋时期开始，延续到17世纪清朝初期，其间历经了六百多年的漫长历程。理学内部不同哲人之间、理学与反理学阵营之间就理气关系予以讨论，理和气的实体规定也随之发生变化。颜元对理气论的探讨便处于这一历程的末期。

一 理气嬗变

理气论是研究宋元明清哲学特别是这一时期理学的重要论题。但宋代以前，理与气作为哲学概念是单独使用的，还没有形成理气论。而从宋明理学的发展来看，北宋"五子"也没有全面系统地论述理气关系。直到理学的集大成者朱熹，才真正完成了理气论的建构。朱熹的理气论，是通过理气关系的辨析，论述宇宙万物得以生成和存在的原因、样态、法则等，并使天与人相互贯通的理论体系。朱子学兴起之后，理气论也同时盛行。不单理学一脉，甚至反理学的哲人也都以朱熹的理气论为基础进而有所阐发。

---

① 陈来：《仁学本体论》，第62页。
② 张岱年先生曾举出中国古代本体论的三个特点，对于辨明中西哲学本体论的不同具有重要提示："中国古代本体论的特点是一个复杂的问题，一时难以遍举。现在只举出三点：第一，古代多数哲学家不以'实幻'谈'体用'；第二，中国古代的自然哲学表现了宇宙生成论与宇宙本体论的统一；第三，中国古代的本体论与伦理学是密切结合的。"（张岱年：《中国古代本体论的发展规律》，见《张岱年全集》第五卷，河北人民出版社1996年版，第636页。）郑开先生对此转引："张岱年说，中国古代哲学中的本体论具有以下三个特点：第一，哲人不以实幻谈体用，不同于西方哲学主张的'本体实而不现，现象现而不实'；第二，特别注重宇宙论和本体论的统一（这一点在现代哲学家熊十力那里也有明确体现）；第三，本体论与伦理学密不可分。"（郑开：《中国哲学语境中的本体论与形而上学》，《哲学研究》2018年第1期）。

（一）宋代以前的理与气

理和气作为单独的概念自先秦就已开始使用。相对来说，气比理先蜕变为通用、普遍的哲学范畴。而且，将气作为万物生成基础的思想，在战国时期就已经有明确表述了。稷下黄老道家在其代表作《管子》四篇中提出了"精气说"。《管子·内业》云："精也者，气之精者也。"所谓"精"，乃气之精华。《内业》开篇就说："凡物之精，此则为生，下生五谷，上为列星。流于天地之间，谓之鬼神；藏于胸中，谓之圣人。是故此气，杲乎如登于天，杳乎如入于渊，淖乎如在于海，卒乎如在于己。是故此气也，不可止以力，而可安以德；不可呼以声，而可迎以音。敬守勿失，是谓成德。德成而智出，万物毕得。"精气弥漫天地之间，万物赖其得以生成。它是构成万物的本原，也是生命和智慧的根源。[①]《易传》也认为"精气"是构成天地万物的最细微最原初的基本元素。《易传·系辞上》言："精气为物，游魂为变，是故知鬼神之情状。"而且《易传》还以相反相成、相互感应、相互转化的"阴阳之道"作为精气化生天地万物的内在动力与根本规律。《庄子·知北游》中黄帝在回答知的问题时曾以气之聚散来说明人的生死，其曰："人之生，气之聚也；聚则为生，散则为死。故万物一也，是其所美者为神奇，其所恶者为臭腐；臭腐复化为神奇，神奇复化为臭腐。故曰：'通天下一气耳。'"从气的角度看，活着的人和死去的人、人所赞美的神奇之物和人所厌恶的臭腐之物，都是一样的。人和万物都不过是一气而已。在《庄子·至乐》中，庄子在向惠施解释妻子死后其鼓盆而歌的原因时，以"杂乎芒芴之间，变而有气，气变而有形，形变而有生"来形容人之生的过程，人之死即相反的过程。此处虽未见"聚散"之词，但也表达了人之生死即气之聚散的思想。泽田多喜男在考察了《荀子》和《吕氏春秋》中气的思想后，认为战国末期流行的有关气的思想是："万物皆由'气'形成，尤其人的生死，被认为就是'气之聚散'；自然界之气，主要表现为'阴阳'或'天地之气'，由于天地之气和阴阳之气的交流消长，就引起了四季的推移和气象上其他的各种各样的变化；人之气，主要表现为'血气'、'精气'、'精'等等，血气被认为比起与精神的关系来，与身体的关系更为密切；与此相对应，精气，精，被认为是处于

[①] 陈鼓应：《管子四篇诠释》，中华书局2015年版，第82页。

第一章 实 体

知性和身体中间之物,是生命活动以及知性活动的基础、源泉;还有,精被认为具有超越一般的知性传达手段而可能进行传达的神秘的感应能力,等等。"[1] 可见,在战国末期,气已经由一般概念被抽象为构成天地万物、人类及其精神基础的共同元素,从而具有了普遍性、一般性,开始成为重要的哲学范畴。

之后,秦汉时期,董仲舒、扬雄等人及《淮南子》《白虎通义》等著作都对气论有所发展,其中以王充的气论最为突出。王充的气论,是中国哲学史上第一个以气作为唯一本原的哲学体系。王充以"元气"为宇宙本原,没有任何存在先于元气,也没有任何存在支配元气。天地、万物、人类都禀受元气而生。元气按其不同的特性,又可分为精气、阴阳之气、五行之气、五常之气等。元气化生万物乃是"自然无为"的,并非一种具有创生权能的超验存在者有目的、有意志的赋予行为。因此,天道和人事之间不可能以气作为媒介而产生出董仲舒所谓的天人感应。

不过,王充关于天人之间不相应的观点,在中国古代毕竟是另类。汉初陆贾在《新语》中说:"恶政生恶气,恶气生灾异。……治道失于下,则天文变于上。"[2]《黄帝内经》中反复强调天人相应,如"人与天地相参也,与日月相应也"(《灵枢·岁露》),"此人之所以参天地而应阴阳也"(《灵枢·经水》),"与天地如一"(《素问·脉要精微论》),"与天地相应,与四时相副,人参天地"(《灵枢·刺节真邪》)。唐代陈子昂在《谏政理书》中说:"臣闻之于师曰:'元气者,天地之始,万物之祖,王政之大端也。'天地之道,莫大乎阴阳;万物之灵,莫大乎黔首;王政之贵,莫大乎安人。故人安则阴阳和,阴阳和则天地平,天地平则元气正矣。是以古先帝代,见人之通于天也,天之应乎人也,天人相感,阴阳相和,灾害之所以不生,嘉祥之所以遂作。"[3] 类似说法不胜枚举。从汉代到北宋,天地万物由气构成、在一气之内天人相关的气论,在士人阶层已经成为一种常识。无论是天谴事应的古代政治论,还是天人交养的中医养生论,天人都是以一气贯通的。正是这种以一气贯通天人的认知,成为之后理气论建构的基本框架。

---

[1] [日] 小野泽精一、福永光司、山井涌:《气的思想:中国自然观与人的观念的发展》,李庆译,上海人民出版社 2014 年版,第 90 页。
[2] 王利器:《新语校注》,中华书局 1986 年版,第 155 页。
[3] (唐) 陈子昂:《谏政理书》,见 (清) 董诰《全唐文》,中华书局 1983 年版,第 2152 页。

虚实之辨

从魏晋南北朝到隋唐五代，儒、释、道三教关于气的思想既相互交融，又显示出各自的特色。但气并不是这段时期的主要哲学概念。正如蜂屋邦夫所言，这一阶段是既继承了在秦汉时期大致完成的气概念的各个侧面，又徐徐地向不久作为宋代理气哲学而被体系化的概念深化作准备的时代。①

再来看一下"理"在哲学范畴中的跃升。理字最初的涵义为玉石的纹理，也指顺其自然纹理而加以剖析雕琢，即治玉，后又引申为各种事物所具有的条理和按照条理对事物进行加工整治等意思。战国时期，《孟子》中的理字，有表示判断是非善恶的道德标准的，有表示条理的。《庄子》中虽有"天理""天之理""万物之理""人理""生理"等用法，但理只是天地万事万物自身固有的内在条理或规律，并非像"道"一样作为宇宙万物的本原、本体。理只是内在于事物中的"道"的外化和表现而已。《荀子》和《韩非子》中的情况也与《庄子》类似，虽有"天理""道理""道之理""物之理""文理""大理"等用法，但理并不能与"道"齐观。依沟口雄三的表述，即相对于作为普遍法则的超越性、实体性的"道"，理则是就事物具有的秩序而确立的一个观念。虽然这时的理只是"道"的下位范畴，但理作为"道"的观念的补充，开始确立了在"道"的概念中所看不到的事物的一般"本质和属性"这一意义。②

秦汉时期，《淮南子·原道训》言："道者，一立而万物生矣。是故一之理，施四海；一之解，际天地。其全也，纯兮若朴；其散也，混兮若浊。"③"一之理"即道之理。"一之理"未施于四海、散于万物之前，表示普遍的、一般的条理或规律；"一之理"施于四海、散于万物之后，则表示特殊的、个别的条理或规律。每一具体事物之理，都是"一之理"的散殊。"一之理"与"万物之理"的关系，触及了日后宋明理学"理一分殊"的问题。《战国策·孟尝君逐于齐而复反》有云："事之必至者，死也；理之固然者，富贵则就之，贫贱则去之。此事之必至，理之固然者。"④《汉书·文帝纪第四》记

---

① ［日］小野泽精一、福永光司、山井涌：《气的思想：中国自然观与人的观念的发展》，第233页。
② ［日］沟口雄三：《中国的思维世界》，刁榴、牟坚译，生活·读书·新知三联书店2014年版，第232—234页。
③ （汉）刘安：《淮南子译注》，陈广忠译注，上海古籍出版社2017年版，第25页。
④ （汉）刘向：《战国策》，上海古籍出版社1978年版，第406页。

第一章 实 体

载汉文帝遗诏曰："朕闻之，盖天下万物之萌生，靡不有死。死者天地之理，物之自然，奚可甚哀！"① 沟口雄三据《战国策》和《汉书》中这两段话及其他段落中"自然之理"的用法推测，从战国末期到汉代，理由指称某种事物的法则或条理的附属意义成分，已转变为含有事物的自然性或必然性意义的概念，从而形成了与"道"并列的独立的概念领域。②

西晋郭象有"自然之理""天理自然"的说法，还将"命理""物理""至理""常理"等皆归为"自然"。其以"自然"言理，一是指事物的自然本性，二是指"自然"中蕴含的必然性。郭象还直接说过："不得已者，理之必然者也。"③ 其明确地以"自然"和"必然"释理，表达了理作为事物内在根据的意图。④ 这一对理的认识是理在哲学范畴中跃升的重要标志。其对当时及之后隋唐的佛学、宋明理学，均有深刻的影响。东晋高僧支道林以"空无"解理，晋宋间高僧竺道生以理为成佛的原因；隋唐时期，天台宗以"真空"释理，三论宗认为"真如"与理异名而同实，华严宗以"心真如门""本""体"为理，法相宗以理为性体，等等。究其实质，从魏晋到隋唐的佛教之理都指向佛性，即将理作为本体。这对宋明理学以理为实体有着前导的作用。

在此要特别一提唐代华严宗五祖宗密的《原人论》。宗密在《原人论》中提出并解决的问题就是，人与万物的本原和根据究竟为何。他在批判了儒、道中的大道生成论、自然生成论、元气生成论和天命论以及佛教中的人天教、小乘教、大乘法相教、大乘破相教的相关理论后，会通三教，以一乘显性教的"本觉真心"（亦名"佛性"或"如来藏"）为人和万物的终极本原以及宇宙、社会、人生的真正本质。在宗密看来，儒、道两家都无法正确回答终极本原和绝对本质的问题。儒家学者对宗密的批评不可能置之不理，必然针对佛教以佛性为核心的世界观，重新建立儒家的宇宙论和本体论。并且，《原人

---

① （汉）班固：《汉书》卷四《文帝纪第四》，第131—132页。
② ［日］沟口雄三：《中国的思维世界》，第235页。
③ （晋）郭象注，（唐）成玄英疏：《庄子注疏》，曹础基、黄兰发点校，中华书局2011年版，第81页。
④ 沟口雄三根据荒牧典俊、菅野博史、伊藤隆寿的相关研究成果，对六朝时期的理观作一勾画，认为理是既内在于物（人）之中，又是超越的。参见［日］沟口雄三《中国的思维世界》，第245—255页。

论》中的观点和方法亦对宋明理学有所影响。①

(二) 宋明理学的理气论

迨至北宋，理学开山周敦颐在《太极图说》中描述了一种宇宙生成论。对于《太极图说》首句"无极而太极"，历代学者争议颇多。② 无论将"无极"作为名词还是形容词，将"无极"解释为"无"还是"无形"或"无限"，"无极而太极"首先是对何为宇宙本原的回答，是对宇宙演化过程的根源状态的描述。继而，从太极到阴阳二气，由阳变阴合而生五行，由二气五行而成男女，并化生万物。周敦颐《太极图说》中对宇宙生成图景的描绘，虽未糅合理气，但对朱熹的宇宙观影响甚大。

张载虽然在其著作中对理与气都有所着墨，但并未将二者作为一对范畴深入讨论。气在张载的学说中并不是本体，而是宇宙生成的本原，是构成万物的质料。张载说："太虚无形，气之本体，其聚其散，变化之客形尔。……太虚不能无气，气不能不聚而为万物，万物不能不散而为太虚。循是出入，是皆不得已而然也。"③ 此句中的"本体"只是本来样子的意思。太虚并非一无所有的虚空，乃气的本然状态，无形而实存，可谓无形之气；无形的太虚聚为有形之气；气凝聚为各个殊异的万物；万物消亡之后，形体溃散而复返其原，归于无形的太虚。此一由无形聚为有形，又由有形散为无形的变化，具有"不得已""不能不"的必然性。张载"太虚即气"的宇宙论，其根本

---

① 冯友兰先生在其所著《中国哲学史》中曾说："宗密此论，以为儒道所见，亦是真理之一部分。已为宋明道学立先声矣。此论中又有许多见解，可以影响宋明道学者。其对于世界发生之见解，有大影响于宋明道学，上文已言。此段所引'禀气受质'一段，宋明道学讲气质，亦恐受此影响。尤可注意者，即宋明道学中程朱陆王二派对立之学说，此论中已有数点，为开先路。如云：'然所禀之气，展转推本，即混一之元气也。所起之心，展转穷源，即真一之灵心也。'心气对立；程朱一派，以理气对立，即在此方面发展。又云：'究竟言之，心外的无别法，元气亦从心之所变。'一切唯心；陆王一派，以'宇宙即是吾心'，即在此方面发展。由而言之，则宗密学说之影响，可谓甚大。就其此论观之，则宗密不啻上为以前佛学，作一结算；下为以后道学，立一先声。"[冯友兰：《中国哲学史》(下册)，华东师范大学出版社2000年版，第196页。] 董群从"激发理学本体论的建立和完善""激发理学认识论的深化""知的影响"三个方面阐述了《原人论》对宋明理学的影响。[参见(唐)宗密：《华严原人论校释》，石峻、董群校释，中华书局2019年版，"序言"第41—45页。] 胡建明在《宗密思想综合研究》中更是详细探析了宗密心性思想对宋明理学的影响。(参见胡建明《宗密思想综合研究》，中国人民大学出版社2013年版，第324—408页。)

② 关于"无极而太极"的讨论，详见杨柱才《道学宗主——周敦颐哲学思想研究》，人民出版社2004年版，第219—249页；梁绍辉：《周敦颐评传》，南京大学出版社1994年版，第128—160页。

③ (宋) 张载：《正蒙·太和篇第一》，见《张载集》，第7页。

指向是在对治道家的"有生于无"和佛教的"缘起性空"之论：

> 若谓虚能生气，则虚无穷，气有限，体用殊绝，入老氏"有生于无"自然之论，不识所谓有无混一之常；若谓万象为太虚中所见之物，则物与虚不相资，形自形，性自性，形性、天人不相待而有，陷于浮屠以山河大地为见病之说。①

若依道家以虚为无、气为有，则虚无穷，而现实世界中的气和万物毕竟有限，从而产生虚之无穷与气之有限的"体用殊绝"的问题。若依佛家以太虚为佛性、万物为幻象，则真实的佛性与虚幻的形体被割裂开来，形与性、天与人之间无法贯通。而依张载"太虚即气"之论，虚与气之间连绵不断、无限循环，并且气的不同形态（太虚、有形之气、万物）都是真实无妄的。

太虚与气虽有无形和有形之别，但都是"可象""可状"者，都在现象界的范围之内。超越"可象""可状"者则谓"神"：

> 散殊而可象为气，清通而不可象为神。②
> 万物形色，神之糟粕。③
> 凡天地法象，皆神化之糟粕尔。④

相对于作为"糟粕"的万物形色和天地法象，"神"的存在无疑更为重要，逻辑地位更高，乃是贯通万物万象却又无形无象的本体。张载认为"神"还可有多种不同的称谓："语其推行故曰'道'，语其不测故曰'神'，语其生生故曰'易'，其实一物，指事异名尔。"⑤ 而且"道"与"理"是同等意义的范畴：

---

① （宋）张载：《正蒙·太和篇第一》，见《张载集》，第8页。
② （宋）张载：《正蒙·太和篇第一》，见《张载集》，第7页。
③ （宋）张载：《正蒙·太和篇第一》，见《张载集》，第10页。
④ （宋）张载：《正蒙·太和篇第一》，见《张载集》，第9页。
⑤ （宋）张载：《正蒙·乾称篇第十七》，见《张载集》，第65—66页。

虚实之辨

理义即是天道也。①

循天下之理之谓道，得天下之理之谓德。②

可见张载用"神""道""理"等词来指涉本体的不同面向。那么，"理"就不仅仅是体现气"聚散、攻取百涂"的运动规律，还是气之所以存在的根据。但张载并未明确将"理"突出出来。总体来说，张载所讲的宇宙不是一个真正无限的宇宙，而是一个总量固定不变的气在不同状态之间无限循环，且"神"（"道""理"）贯通其中的宇宙。其中气只有形态的改变，而不会凭空产生或消失殆尽。

相对于张载，二程则旗帜鲜明地凸显了"理"的至高地位，标志着理学中"理"范畴的真正确立。二程直言："天者理也。"③ 还说："盖上天之载，无声无臭，其体则谓之易，其理则谓之道。"④ 天或道都是理。二程还常将天与理并称，如"万物皆只是一个天理"⑤。并且万物都源自理："所以谓万物一体者，皆有此理，只为从那里来。"⑥ 理是万物之所以存在的根源，这一根源具有客观性和普遍性：

天理云者，这一个道理，更有甚穷已？不为尧存，不为桀亡。人得之者，故大行不加，穷居不损。这上头来，更怎生说得存亡加减？是佗元无少欠，百理具备。⑦

天理本身圆满自足，遍在而恒存，不会因人为的因素而有所加损增减。这些体现了二程将天理作为本体的意图。

程颐通过解释《易传·系辞上》中"一阴一阳之谓道"这句话，阐明了

---

① （宋）张载：《横渠易说·说卦》，见《张载集》，第234页。
② （宋）张载：《横渠易说·系辞上》，见《张载集》，第191页。
③ （宋）程颢、程颐：《河南程氏遗书》卷十一《师训》，见《二程集》，第132页。
④ （宋）程颢、程颐：《河南程氏遗书》卷一《端伯传师说》，见《二程集》，第4页。
⑤ （宋）程颢、程颐：《河南程氏遗书》卷二上《元丰己未吕与叔东见二先生语》，见《二程集》，第30页。
⑥ （宋）程颢、程颐：《河南程氏遗书》卷二上《元丰己未吕与叔东见二先生语》，见《二程集》，第33页。
⑦ （宋）程颢、程颐：《河南程氏遗书》卷二上《元丰己未吕与叔东见二先生语》，见《二程集》，第31页。

第一章 实 体

理与气的关系就是形而上与形而下的关系：

"一阴一阳之谓道"，道非阴阳也，所以一阴一阳道也，如一阖一辟谓之变。①

离了阴阳更无道，所以阴阳者是道也。阴阳，气也。气是形而下者，道是形而上者。②

阴阳即是气，所以阴阳者是道、是理。气是由所以然之理决定的。虽然万物从本源上说是气化的产物，如二程说："万物之始，皆气化。"③ 气生育万物，阴阳之气的升降、交感、消息等呈现了生化万物的过程，而这些只是理的作用的表现。程颐在对《周易》的诠释中提出了"体用一源，显微无间"的思想。这一体用思想也涵盖了其学说中的理气关系问题。理与气的关系即体与用的关系。理为体，气为用，理之中蕴含着气的作用，理中有气，所以二者是"一源"；理者隐微，气者显著，通过气的表现可以认识到至微之理，气中有理，所以二者"无间"。

在宇宙观上，程颐不同意张载有限宇宙的看法。如果作为用的气为有限，那就意味着作为体的道（理）也是有限的，天地造化就受到了限制。他说："天地之化，自然生生不穷，更何复资于既毙之形，既返之气，以为造化？……天之气，亦自然生生不穷。"④ "资于既毙之形，既返之气"即是形容张载虚气循环的万物创生图景。而在程颐看来，具体的气不断产生和不断消尽："凡物之散，其气遂尽，无复归本原之理。天地间如洪炉，虽生物销铄亦尽，况既散之气，岂有复在？天地造化又焉用此既散之气？其造化者，自是生气。"⑤ 新事物是由新生之气聚合而成，旧事物的衰亡意味着组成这一事物的气也逐渐灭尽无余。气之所以能生生不穷，其根本原因就在于作为本体的道（理）"自然生生不息"，"自然生万物"⑥。

---

① （宋）程颢、程颐：《河南程氏遗书》卷三《谢显道记忆平日语》，见《二程集》，第67页。
② （宋）程颢、程颐：《河南程氏遗书》卷十五《入关语录》，见《二程集》，第162页。
③ （宋）程颢、程颐：《河南程氏遗书》卷五《二先生语五》，见《二程集》，第79页。
④ （宋）程颢、程颐：《河南程氏遗书》卷十五《入关语录》，见《二程集》，第148页。
⑤ （宋）程颢、程颐：《河南程氏遗书》卷十五《入关语录》，见《二程集》，第163页。
⑥ （宋）程颢、程颐：《河南程氏遗书》卷十五《入关语录》，见《二程集》，第149页。

虚实之辨

程颢曾说:"故有道有理,天人一也,更不分别。"① 这表明他所体认的天理是天人合一的基础,是贯通自然与社会的普遍原理,既指自然的必然法则,又指人类社会的当然原则。在他看来,天人合一、万物一体的基础不再是气,而是理。儒家传统的天人合一思想在这种"天人一理"说中找到了新的形式。②

南宋朱熹在继承周敦颐、张载、二程相关理论的基础上,进一步发展和完善了理气论。朱熹与二程一样,也认为理与气的关系乃形而上与形而下的关系。朱熹说:"天地之间,有理有气。理也者,形而上之道也,生物之本也;气也者,形而下之器也,生物之具也。是以人物之生,必禀此理然后有性,必禀此气然后有形。其性其形虽不外乎一身,然其道器之间分际甚明,不可乱也。"③ 理与气两个范畴的关系并不平等。理是万物之所以生成的本因,处于形而上的层次;气是万物得以成形的材质,处于形而下的层次。理与气虽同在,但理和气是形上与形下的逻辑关系,前者是后者之所以存在的根据,理是本、是主,气是末、是从。用朱熹的话说就是:"气之所聚,理即在焉,然理终为主。"④ "有是理便有是气,但理是本。"⑤ "天,即理也,其尊无对。"⑥ 朱熹在《太极图解》和《太极图说解》中以太极为理⑦、阴阳为气,又从体用角度理解理气关系。《太极图解》说:"此所谓无极而太极也,所以动而阳、静而阴之本体也。然非有以离乎阴阳也,即阴阳而指其本体,不杂乎阴阳而为言尔。"⑧ 理(太极)是体,是气(阴阳)之所以存在与动静的根

---

① (宋)程颢、程颐:《河南程氏遗书》卷二上《元丰己未吕与叔东见二先生语》,见《二程集》,第20页。
② 参见陈来《宋明理学》,生活·读书·新知三联书店2011年版,第86—89页。
③ (宋)朱熹:《晦庵先生朱文公文集》卷五十八《答黄道夫》,见《朱子全书》第23册,第2755页。
④ (宋)朱熹:《晦庵先生朱文公文集》卷四十九《答王子合》,见《朱子全书》第22册,第2255页。
⑤ (宋)黎靖德编:《朱子语类》卷一《太极天地上》,见《朱子全书》第14册,第114页。
⑥ (宋)朱熹:《论语集注》卷二《八佾第三》,见《朱子全书》第6册,第88页。
⑦ 沟口雄三归纳了六点朱熹将太极规定为理的思想史意义,并认为这宣告了一种综合的新世界观的诞生。这些综合的因素包括:继承了"气的哲学"中的宇宙论(生成论、构成论、运动论)的理论框架,又吸收了六朝以来无一有的本体论和体用论,以及理、事(物、气)的相即论,同时又基于唐中期以降日益显著的把自然现象视为由自然法则所支配的自然观,以及把宇宙自然视为唯物性的气的运动体,新的世界观是这诸种因素依据"理"观念中天人合一的理观而综合组成。([日]沟口雄三:《中国的思维世界》,第270—272页。)
⑧ (宋)朱熹:《太极图解》,见《朱子全书》第13册,第70页。

据；气（阴阳）及其动静是用，是理（太极）的外在表现。故而，在朱熹这里，理确实体现出比气更为优越的地位。因此，从形上与形下的逻辑分析来看，朱熹认为理先气后：

> 问："有是理便有是气，似不可分先后？"曰："要之，也先有理。只不可说是今日有是理，明日却有是气；也须有先后。"①
> 问："先有理，抑先有气？"曰："理未尝离乎气。然理形而上者，气形而下者。自形而上下言，岂无先后！"②

朱熹不认为在宇宙产生以前，存在一个只有理没有气的阶段，但形上之理主导与决定着形下之气的存在。因而，不是从时间先后上说，而是从逻辑关系上说，也就是从何者为本体的意义上说，"必欲推其所从来"，"推上去时"③，则须说理在先气在后。朱熹曾有"气虽是理之所生"④的说法，似乎表达了"理生气"的意思。这一说法并不能理解为理直接产生气，因为理是"无造作"的。从形上与形下的角度看，理是气之所以存在的原因，在这个意义上，"理生气"这一命题可以解释为：因为有理，所以才有气。从体用角度看，有体必有用，理是体，气是用，在这个意义上，"理生气"这一命题可以解释为：理必有气，作为体的理必然展现到用的层面，即表现为"此气流行不息"⑤。

朱熹所谓的理，主要指"所当然而不容已"与"所以然而不可易"⑥，也可谓"所当然之则"与"所以然之故"。关于"所当然之则"和"所以然之故"，朱熹有这样的比喻：事亲当孝，事兄当悌，这就是"所当然之则"，为何事亲必须要孝，为何事兄必须要悌呢，这就是"所以然之故"⑦。"所以然之故"，可直译为"所以是那样的原因"，就是一事物之所以成为那样事物的

---

① （宋）黎靖德编：《朱子语类》卷一《太极天地上》，见《朱子全书》第14册，第116页。
② （宋）黎靖德编：《朱子语类》卷一《太极天地上》，见《朱子全书》第14册，第115页。
③ （宋）黎靖德编：《朱子语类》卷一《太极天地上》，见《朱子全书》第14册，第115页。
④ （宋）黎靖德编：《朱子语类》卷四《人物之性气质之性》，见《朱子全书》第14册，第200页。
⑤ （宋）黎靖德编：《朱子语类》卷九十五《程子之书一》，见《朱子全书》第17册，第3217页。
⑥ （宋）朱熹：《大学或问》，见《朱子全书》第6册，第528页。
⑦ 参见（宋）黎靖德编《朱子语类》卷十八《独其所谓格物致知者一段》，见《朱子全书》第14册，第625页。

虚实之辨

本质性条件,是事物存在的根据,即必然。"所当然之则",可直译为"当然应该是这样的法则",是指事物应当具有的理想状态,特别是对于人来说,就是指人应当怎么做,也就是指社会准则,即应然(或当然)①。无论是"所以然"和"所当然",还是必然和应然,正如本章开篇所说,中国哲学的本体不是西方哲学中那种主客二分思维模式下的超时空的本体,理也不是独立于气的原理、规律、法则、准则等,而是存在于气之中的形上者。理不在气之外,也不是高悬于无时空的形上世界,而是"未尝离乎气"②。毕竟相对于气来说,作为必然和应然的理是"虚底物事,无那气质,则此理无安顿处"③。朱熹一边强调理与气之间的本末之分、主从之别,即理气"不杂"的一面;一边还强调理与气的互相结合、互相依存,即理气"不离"的一面。他说:"所谓理与气,此决是二物。但在物上看,则二物浑沦,不可分开各在一处,然不害二物之各为一物也。"④"天下未有无理之气,亦未有无气之理。"⑤"有是理,必

---

① 朱熹的弟子陈淳曾用"能然""必然""当然""自然"来对"理"训义:"理有能然,有必然,有当然,有自然处,皆须兼之,方于'理'字训义为备否。且举其一二。如恻隐者,气也;其所以能如是之恻隐者,理也。盖在中有是理,然后能形诸外,为是事。外不能是事,则是其中无是理矣。此能然处也。又如赤子入井,见之者恻隐。盖人心是个活物,其感应之理必如此,虽欲忍之,而其中惕然自有所不能以已也。不然,则是槁木死灰,理为有时而息矣。此必然处也。又如赤子入井,则合当为恻隐。盖人与人类,其待之之理当如此,而不容以不如此也。不然,则是为悖天理而非人类矣。此当然处也。当然亦有二意,一就合做底事上直言其大义如此,如入井当恻隐,与夫为父当慈当孝之类是也。一泛就事中又细拣别其是是非非,当做与不当做处。如视其所当视而不视其所不当视,听其所当听而不听其所不当听,则得其正而为理。非所当视而视与当视而不视,非所当听而听与当听而不听,则皆非理矣。此亦当然处也。又如所以入井而恻隐者,皆天理之所真流行发见,自然而然,非有一毫人为预乎其间,此自然处也。其他又如动静者,气也;其所以能动静者,理也。动则必静,静必复动,其必动必静者,亦理也。事至则当动,事过则当静者,其当动当静者,亦理也。而其所以一动一静,又莫非天理之自然矣。如亲亲仁民爱物者,事也;其所以能亲亲仁民爱物者,理也。见其亲则必亲,见其民则必仁,见其物则必爱,其必仁必爱者,亦理也。在亲则当亲,在民则当仁,在物则当爱,其当亲当仁当爱者,亦理也。而其所以亲之仁之爱之,又无非天理之自然矣。凡事皆然,能然、必然者,理在事之先;当然者,正就事而直言其理;自然者,则贯事理言之也。四者皆不可不兼该,而正就事言者,必见理直截亲切,在人道为有力。所以《大学章句》《或问》论理处,惟专以当然不容已者为言;所以《大学章句》《或问》论理处,亦此意熟则其余自可类举矣。"[(宋)陈淳:《北溪先生大全文集》卷六《理有能然必然当然自然》,明钞本,线装书局 2004 年版,第 40—41 页。]
② (宋)黎靖德编:《朱子语类》卷一《太极天地上》,见《朱子全书》第 14 册,第 115 页。
③ (宋)黎靖德编:《朱子语类》卷七十四《上系上》,见《朱子全书》第 16 册,第 2522 页。
④ (宋)朱熹:《晦庵先生朱文公文集》卷四十六《答刘叔文》,见《朱子全书》第 22 册,第 2146 页。
⑤ (宋)黎靖德编:《朱子语类》卷一《太极天地上》,见《朱子全书》第 14 册,第 114 页。

第一章 实体

有是气,不可分说。"① 无理则无气,无气则无理,理与气共在。

理虽然是本体,但理并不能直接创生万物。"有理便有气流行,发育万物。""有此理,便有此气流行发育,理无形体。"② 流行发育而生万物的是气,理是气之流行发育生万物的"所以然者"。所以,朱熹有时会说,"此气结聚,自然生物"③,"此气流行不息,自是生物"④。他还对比理与气的特点和功能,理是"无情意,无计度,无造作""无形迹"的"净洁空阔底世界";气是能"凝结造作""酝酿凝聚生物"⑤。对于朱熹所说的理只是个"净洁空阔底世界",以及其"无情意""无计度""无造作""无形迹""无形体",论者多将理解释为西方哲学的超验本体。蒙培元先生曾对此辨析道:"朱子的意思是,从概念上说,理是'净洁空阔'的,也可以说是纯粹的,所谓'世界',是指理从概念上被理解时的界限,超出这个界限,就不是理了。就此而言,理有客观普遍性,甚至有相对的独立性,因此能够被说成是'净洁空阔底世界'。"⑥ 就理作为必然与当然而言,肯定是"无形体""无形迹""无情意""无计度""无造作"。

虽然理无造作,且气具有造化生物的权能,但是脱离了理,气也不能凝结造物。"阴阳是气,才有此理,便有此气;才有此气,便有此理。天下万物万化,何者不出于此理?何者不出于阴阳?"⑦ 理与气共同构成万物,只不过理赋予万物之性,气凝结万物之形。"人之所以生,理与气合而已。"⑧ 兼禀理气,形性同具,一人(物)才能成为现实之人(物)。从宇宙论上看,朱熹以理和气两个范畴来说明万物的生化与构成,缺一不可。其生成论可谓理气二元论。故而,当了解了朱熹理气不离的思想后,朱熹说气化万物,就其实质意思而言,必定是有理在其中。

朱子哲学中的理,作为必然和应然的存在,虽无形象,但它并不是"空"

---

① (宋)黎靖德编:《朱子语类》卷三《鬼神》,见《朱子全书》第14册,第170页。
② (宋)黎靖德编:《朱子语类》卷一《太极天地上》,见《朱子全书》第14册,第114页。
③ (宋)黎靖德编:《朱子语类》卷九十四《太极图》,见《朱子全书》第17册,第3132页。
④ (宋)黎靖德编:《朱子语类》卷九十五《程子之书一》,见《朱子全书》第17册,第3217页。
⑤ (宋)黎靖德编:《朱子语类》卷一《太极天地上》,见《朱子全书》第14册,第116页。
⑥ 蒙培元:《朱熹生的哲学》,见陈来、朱杰人主编《人文与价值——朱子学国际学术研讨会暨朱子诞辰880周年纪念会论文集》,华东师范大学出版社2010年版,第115页。
⑦ (宋)黎靖德编:《朱子语类》卷六十五《阴阳》,见《朱子全书》第16册,第2163页。
⑧ (宋)黎靖德编:《朱子语类》卷四《人物之性气质之性》,见《朱子全书》第14册,第194页。

"无",而是实的,其中万理皆具。理之实强调的是儒家之理与佛之"空"、道之"无"的区别:"释氏便只是说'空',老氏便只是说'无',却不知道莫实于理。"① 若对理的内容没有实际的规定,那么从形式上来说很难与佛之"空"、道之"无"相区分。而朱熹之"实理"最重要的内容便是儒家的道德准则,即仁义礼智"四德"或仁义礼智信"五常"。而且朱熹接受了程颐"性即理"的思想。这样一来,在朱子哲学中,天与人通过理相贯通,形成了作为社会道德准则的理与作为宇宙自然法则的理相统一的天人一理观。

总之,在朱子哲学中,理处于形而上的层次,依气而知,搭气而行;气处于形而下的层次,由理所决定。朱熹虽然宣称理气相合生物,理气未尝分离,但更为突出理的优越地位。不论蒙培元先生称理是"作用、功能意义上的本体"②,还是陈来先生说朱熹把规律实体化了③,理作为唯一本体和宇宙本原之一,其实体化之义十分明显。

朱熹以后,理气关系问题上的争论逐步展开,其哲学思想中所表达的理的实体意义愈来愈淡化、理的哲学涵义的丰富性愈来愈少,逐渐不再被视为本体或本原,而是主要被视为气的"条理"。

朱熹高足陈淳在对理和气的理解上与其师有所差异。他对朱熹理气"不杂"的说法提出了异议。"毕竟是理绝不能离气而单立……理与气,本不可截断作二物,去将那处截断,唤此作理,唤彼作气,判然不相交涉耶?"④ 朱熹讲理气"不杂",主要强调理与气的形上形下之分、本末主从之别。而陈淳并未以形上和形下的关系来对待理与气,认为"理不外乎气"⑤,理与气决非二物,不能说理气"不杂"。从宇宙论的角度,陈淳言及理气:"毕竟未有天地万物之先,必是先有此理。然此理不是悬空在那里。才有天地万物之理,便有天地万物之气;才有天地万物之气,则此理便全在天地万物之中。……然

---

① (宋)黎靖德编:《朱子语类》卷九十五《程子之书一》,见《朱子全书》第17册,第3204页。
② 蒙培元:《朱熹生的哲学》,见陈来、朱杰人主编《人文与价值——朱子学国际学术研讨会暨朱子诞辰880周年纪念会论文集》,第115页。
③ 在《朱子哲学研究》中,陈来先生所言的朱熹把规律实体化了,主要指朱熹将规律作为了具体实在。这与本书所指的作为本体或本原的实体化,是有所区别的。但陈来先生在谈"理气同异"时,将"理"作为实体存在和"理"是本体关联了起来。参见陈来《朱子哲学研究》,华东师范大学出版社2000年版,第143、148—150页。
④ (宋)陈淳:《北溪先生大全文集》卷三十《答梁伯翔三》,第173页上。
⑤ (宋)陈淳:《北溪字义》补遗《太极》,熊国祯、高流水点校,中华书局1983年版,第72页。

第一章 实 体

则才有理，便有气，才有气，理便全在这气里面。那相接处全无些子缝罅，如何分得孰为先、孰为后？所谓动静无端，阴阳无始。若分别得先后，便成偏在一边，非浑沦极至之物。"① 在《朱子语类》中，陈淳记录了一段朱熹解答有关"太极"问题的语录，其中有"未有天地之先，毕竟是先有此理"②一句。在此段文本的首句，陈淳虽然先复述了朱熹的话，但紧接着以"然"字转折，后面并未因袭朱熹"理在气先"的观点，而是论述理气同在、浑沦一体、不分先后。在陈淳这里，理不在气之先，也不在气之中③，理与气无所谓彼此，没有逻辑上的先后、本末可言，完完全全只是浑沦极至的一物而已。尽管陈淳认为理还是气的主宰，还是万化之"根底枢纽"④，但相对于朱子哲学中的理而言，其逻辑地位明显被削弱。再则，陈淳还说："太极只是总天地万物之理而言，不可离了天地万物之外而别为之论"⑤，"离事而论理，则理为虚"⑥，"只是事物上一个当然之则便是理"⑦。不离事物而论理是理气不分的必然延展，而将理诠释为只是事物的当然之则，则抹除了理成为具体实在的可能性。

及至元代，吴澄不再以理为本原，而只以气为本原。他说："天地之初，混沌鸿蒙，清浊未判，莽莽荡荡，但一气耳。及其久也，其运转于外者，渐渐轻清，其凝聚于中者，渐渐重浊，轻清者积气成象而为天，重浊者积块成形而为地。"⑧还说："自未有天地之前至既有天地之后，只是阴阳二气而已。本只是一气，分而言之则曰阴阳，又就阴阳中细分之则为五行。五气即二气，二气即一气。气之所以能如此者，何也？以理为之主宰也。理者，非别有一物在气中，只是为气之主宰者即是。无理外之气，亦无气外之理。"⑨气生成天地万物，而天地万物也由气构成。无论在宇宙生成论还是在宇宙构成论的

---

① （宋）陈淳：《北溪字义》卷下《太极》，第45页。
② （宋）黎靖德编：《朱子语类》卷一《太极天地上》，见《朱子全书》第14册，第113页。
③ "理不外乎气。若说截然在阴阳五行之先，及在阴阳五行之中，便成理与气为二物矣。"[（宋）陈淳：《北溪字义》补遗《太极》，第72页。]
④ （宋）陈淳：《北溪字义》卷下《太极》，第44页。
⑤ （宋）陈淳：《北溪字义》卷下《太极》，第45页。
⑥ （宋）陈淳：《北溪先生大全文集》卷二十二《答廖帅子晦二》，第125页下。
⑦ （宋）陈淳：《北溪字义》卷下《理》，第42页。
⑧ （元）吴澄：《吴文正集》卷一《原理》，见《文渊阁四库全书》第1197册，台北：商务印书馆，第14页下。
⑨ （元）吴澄：《吴文正集》卷二《答人问性理》，见《文渊阁四库全书》第1197册，第32页上。

67

意义上，宇宙间唯一永恒的存在物，只是气而已。理不是与气界限分明的"别有一物"，不是什么独立于气的具体实在，而只是气的主宰。主宰这种拟人化的说法，表示理与气是决定与被决定的关系。理虽然处于决定之位，但其是气所固有的规定性，并非气之外的主宰者。所以吴澄在谈到理气关系时说："理在气中，元不相离"①，"夫理与气之相合，亘古今，永无分离之时"②。陈淳论及理气一体时，为避免将理气作为二物之嫌，故反对理在气中、理气相合之类的表达。吴澄虽言理在气中、理气相合，但其强调的重点在于"不离"，而非表示"别有一理在气中"③。吴澄的理学思想大多承自宋儒，但也有其自家的体会。他将老子"有生于无"的观点转换成理学"先有理而后有气"的命题，并对其加以批评。他说："盖老、庄、列之意，皆以为先有理而后有气。至宋朝二程、横渠出，力辟老氏自无而有之说为非而曰：'理气不可分先后。理是无形之物，若未有气，理在那处顿放。'又曰：'理与气，有则俱有，未尝相离。'"④ 首先，二程和张载并未明确说过"理气不可分先后"，吴澄引证之言当是自家体贴出来的。其次，吴澄反对的是时间上理先气后的观点，这与朱熹的想法是一致的。但对于逻辑上的理先气后，吴澄并未直接论及。最后，吴澄承继了程颐和朱熹对太极与阴阳关系的理解，即太极与阴阳的关系就是理与气、道与器、体与用、形上与形下的关系。尽管他削弱了理的哲学高度，但他的思想中仍保留着理（太极）作为本体的痕迹。

迨至明代，薛瑄强调理与气浑然无间、相即不离、无分先后，其言："一气一理，浑然无间。"⑤ "盖理气虽不相杂，亦不相离，天下无无气之理，亦无无理之气。"⑥ "理、气二者，盖无须臾之相离也，又安可分孰先孰后哉？"⑦

---

① （元）吴澄：《吴文正集》卷三《答田副使第三书》，见《文渊阁四库全书》第1197册，第52页下。

② （元）吴澄：《吴文正集》卷三《答田副使第二书》，见《文渊阁四库全书》第1197册，第42页下。

③ 清人黄百家在《宋元学案·草庐学案》中解释吴澄的理在气中时说："理在气中一语，亦须善看。一气流行，往来过复，有条不紊。从其流行之体谓之气，从其有条不紊谓之理，非别有一理在气中也。"[（清）黄宗羲原著，（清）全祖望补修：《宋元学案》，陈金生、梁运华点校，中华书局1986年版，第3042页。]

④ （元）吴澄：《吴文正集》卷三《答海南海北道廉访副使田君泽问》，见《文渊阁四库全书》第1197册，第39页。

⑤ （明）薛瑄：《薛瑄全集》，孙玄常、李元庆、周庆义等点校，三晋出版社2013年版，第894页。

⑥ （明）薛瑄：《薛瑄全集》，第1038页。

⑦ （明）薛瑄：《薛瑄全集》，第730页。

而且，天地万物皆由理气构成，"天地万物，浑是一团理气"①。那么，从宇宙论的视角看，理与气俱为本原。薛瑄虽然反对朱熹的"理先气后"之说，并反复阐说理气"无缝隙""不相离""无先后"，但是其"理如日光，气如飞鸟"②的比喻，直指"气有聚散，理无聚散"。气的聚散变化和理的恒常不易形成鲜明对照。这种说法就与理气不相离、无先后存在直观上的矛盾。后来，罗钦顺、黄宗羲对此提出了质疑。除此之外，薛瑄还指出："消息盈虚，皆气之流行，而理为之主也。"③"天下古今万物万事，皆阴阳之变化，而理为之主。"④ 气的消息盈虚、变化流行被理所规定和统摄；理仍是气之运动变化的形上根据。薛瑄虽然通过理气无先后的论述在有限程度上消解了朱子哲学中理的至高地位，但仍保持着理作为形上本体的意识。

从罗钦顺、王廷相开始，儒学中的理气论有了重要转变。他们不再将理作为实体。

罗钦顺虽被称为"朱学后劲"，但在理气关系上他认为朱熹"小有未合"，反对将理气当作二物。罗钦顺明确提出只有气是实体，而理并不是与气相对待的另一实体。他说：

> 理果何物也哉？盖通天地，亘古今，无非一气而已。气本一也，而一动一静，一往一来，一阖一辟，一升一降，循环无已。积微而著，由著复微，为四时之温凉寒暑，为万物之生长收藏，为斯民之日用彝伦，为人事之成败得失。千条万绪，纷纭胶轕而卒不可乱，有莫知其所以然而然，是即所谓理也。初非别有一物，依于气而立，附于气以行也。⑤

理并不是在气之外别有一物，故不能说理"依于气而立，附于气以行"。朱熹虽多处言理气不能分离，但他所谓"理搭在阴阳上，如人跨马相似"⑥，

---

① （明）薛瑄：《薛瑄全集》，第734页。
② "理如日光，气如飞鸟。理乘气机而动，如日光载飞鸟背而飞。鸟飞而日光虽不离其背，实未尝与之俱往，而有间断之处，亦犹气动而理虽未尝与之暂离，实未尝与之俱尽，而有灭息之时。'气有聚散，理无聚散'，于此可见。"［（明）薛瑄：《薛瑄全集》，第782页。］
③ （明）薛瑄：《薛瑄全集》，第963页。
④ （明）薛瑄：《薛瑄全集》，第897页。
⑤ （明）罗钦顺：《困知记》卷上，阎韬点校，中华书局1990年版，第4—5页。
⑥ （宋）黎靖德编：《朱子语类》卷九十四《太极图》，见《朱子全书》第17册，第3126页。

虚实之辨

"无是气,则是理亦无挂搭处"①,确有将理与气析为二物的表述。在罗钦顺这里,宇宙的唯一实体是气,理只是气阖辟升降、动静往来中所表现的属性、条理、规律等。他还说:

> 理只是气之理,当于气之转折处观之。往而来,来而往,便是转折处也。夫往而不能不来,来而不能不往,有莫知其所以然而然,若有一物主宰乎其间而使之然者,此理之所以名也。②

"若有一物主宰乎其间",即是指朱子哲学中对理予以实体化的倾向。而"若有一物",也说明并非真的有一物主宰于其间。理不是主观有意支配着气的运动,而是"莫知其所以然而然",有着客观必然性,自然如此。正因为"理只是气之理""理气为一物"③,所以罗钦顺主张"就气认理":"理须就气上认取,然认气为理便不是。此处间不容发,最为难言,要在人善观而默识之。'只就气认理'与'认气为理',两言明有分别,若于此看不透,多说亦无用也。"④"就气认理",就是说:气是表示实体的范畴,理为气之条理;气之条理属于气的性质方面,须在作为实体的气的运行变化中认取。不能"认气为理",也就是性质条理只是气的一方面,不能认为气之实体只有性质条理,而没有其他的方面。总之,罗钦顺强调气是第一性的,而理是第二性的,不能离气而言理,主张以气为实体的一元论。

与罗钦顺同时代的王廷相更多地继承和发展了张载的气学。王廷相说:"天内外皆气,地中亦气,物虚实皆气,通极上下造化之实体也。"⑤ 天地万物皆由气所构成。气是宇宙构成的唯一实体。他还说:"愚谓天地未生,只有元气,元气具,则造化人物之道理即此而在,故元气之上无物、无道、无理。"⑥ 元气是宇宙万物之源,不论在时间上还是在逻辑上,在元气之前和之上,不存在老子之"道"、朱熹之"理"和其他任何存在。在理气关系上,

---

① (宋)黎靖德编:《朱子语类》卷一《太极天地上》,见《朱子全书》第14册,第115页。
② (明)罗钦顺:《困知记》续卷上,第68页。
③ (明)罗钦顺:《与林次崖金宪》,见《困知记》附录,第151页。
④ (明)罗钦顺:《困知记》卷下,第32页。
⑤ (明)王廷相:《慎言》卷一《道体篇》,见《王廷相集》,中华书局1989年版,第753页。
⑥ (明)王廷相:《雅述》上篇,见《王廷相集》,第841页。

第一章 实体

王廷相说："夫万物之生，气为理之本，理乃气之载，所谓有元气则有动静，有天地则有化育。"①"万理皆出于气，无悬空独立之理。"②"气，物之原。理，气之具也。"③在王廷相看来，理不是朱子哲学中所谓的最高实体，而只是气的运动变化规律，不能独立于气而存在。进而，理也不是永恒不变的绝对原则，而是随气的变化而变化。与朱熹的"理一分殊"所不同，王廷相用"气一则理一，气万则理万"④来解释统一性与多样性的关系。万物始于元气之一源，统为一理，此乃"气一则理一"；元气分化，万物而生，气则有了不同形态，万物因气的不同形态而各具其理，此乃"气万则理万"。总之，王廷相的元气实体论完全走到了朱子哲学理本论的反面，将宇宙大化流行都归结为气的作用，一切生成变化都用气来解释说明。

明末理学殿军刘宗周的理气观可能受到了罗钦顺的影响⑤，他反对朱熹理在气先、理气不杂的理气二分思维方式，赞成罗钦顺"理气一物"、不可"认气为理"的观点。刘宗周曾言"盈天地间，一气而已矣"⑥，"离气无所谓理"⑦，"理即是气之理，断然不在气先，不在气外"⑧，甚至说"气即理也"⑨。他主张天地万物都由气构成，肯定气在宇宙论上的本源性。至于理，则只是气的理，始终与气一体不分，并不是单独一物。既不是先有理，理再生气；也不是先有气，理依附、挂搭于气上；而是理气一体呈现。刘宗周的理气观清楚地表明，其已彻底不将理看作实体。

由上所述，可以看出，自朱熹以后，学者对于理气范畴的关注，或明或暗地针对朱子哲学中的理气论。从时间纵向发展的过程看，理逐渐不再被当作实体看待，理气二元论也逐渐向理气一元论过渡。

嵇文甫先生在《晚明思想史论》中论及刘宗周反理气二元论时说："理气二元论与反理气二元论之争，是中国近古思想史上一大公案。自从朱子明显

---

① （明）王廷相：《王氏家藏集》卷三十三《太极辩》，见《王廷相集》，第597页。
② （明）王廷相：《王氏家藏集》卷三十三《太极辩》，见《王廷相集》，第596页。
③ （明）王廷相：《慎言》卷一《道体篇》，见《王廷相集》，第751页。
④ （明）王廷相：《雅述》上篇，见《王廷相集》，第848页。
⑤ 参见高海波《慎独与诚意：刘蕺山哲学思想研究》，生活·读书·新知三联书店2016年版，第106页。
⑥ （明）刘宗周：《学言》中，见《刘宗周全集》第2册，浙江古籍出版社2007年版，第407页。
⑦ （清）刘汋：《蕺山刘子年谱》，见《刘宗周全集》第6册，第120页。
⑧ （明）刘宗周：《学言》中，见《刘宗周全集》第2册，第410页。
⑨ （明）刘宗周：《学言》中，见《刘宗周全集》第2册，第408页。

展开理气二元论，把所有各种心性问题都一贯地予以二元的解释。直到明朝中叶，首先从程朱派内部发生反动，如崔后渠，汪石潭，罗整庵，都有反理气二元论的论调，但仅是局部的，尚未能造成一贯的理论。后来东林派的孙淇澳，对此颇有贡献。至蕺山，才更干脆地把反理气二元论推进了一大步。在这一点上，蕺山实作了颜李学派以及戴东原的先驱。"① 嵇先生将理气一元作为明代思想潮流之一，并提及这股潮流可能对颜元理气观的影响。陈来先生在论述元明理学在"理"的理解方面"去实体化"的转向时，提到这种转向对于颜元等人的影响。② 高海波例举了宋明理学在理气论方面由程朱的理气二元论到明代理学的理气一元论的转变，并指出这种转变是明末清初经世致用实学思潮的先导。③ 颜元的理气论正是在这一学术发展背景下展开的。

二　唯气实体

在颜元哲学中，气与理是否具有实体性呢？气和理的关系又是怎样展开的呢？

首先，从颜元反理学的立场看，他直言："释氏谈虚之宋儒，宋儒谈理之释氏。"④ "宋人发明义理，正是达摩义理之宗也。"⑤ 颜元之所以批判宋儒谈理，是因为他认为宋儒所言之理源于佛教⑥，离事物而言理，以理为实体。在颜元体用论的思维模式中，无"无体之用"，也无"无用之体"。离事离物之理脱离了现实世界，只是意识中的虚幻、心头上的光景，不能在实际生活中

---

① 嵇文甫：《晚明思想史论》，东方出版社1996年版，第109—110页。
② 参见陈来《元明理学的"去实体化"转向及其理论后果——重回"哲学史"诠释的一个例子》，《中国文化研究》2003年第2期。
③ 参见高海波《慎独与诚意：刘蕺山哲学思想研究》，第1—21页。
④ （清）颜元：《朱子语类评》，见《颜元集》，第285页。
⑤ （清）颜元：《朱子语类评》，见《颜元集》，第308页。
⑥ 姜广辉先生在《颜李学派》一书中对理学之"理"源于释氏做了说明："'理'字在古代儒家典籍中仅见数，如《周易》中的'易简而天下之理得矣''黄中通理''圣人之作易也，将以顺性命之理''穷理尽性，以至于命'，《中庸》中的'简而文，温而理'，《孟子》中的'理义之悦我心，犹刍豢之悦我口'，《乐记》中的'乐者通伦理矣''不能反躬，天理灭矣'等等。这些'理'字并不含有'本体'意义，而且散见于不同典籍中，不能构成'以理为学'的思想体系。颜元指出理学之'理'源出于释氏是有根据的，事实上，以'理'作为'本体'的首先是玄学和佛学，正如汤用彤先生所说：'《周易》原有"穷理尽性"之说，晋代人士多据此以"理"字指本体，佛教学人如竺道生，渐亦袭用，似至法瑶而其说大昌，用其义者不少。'"（姜广辉：《颜李学派》，第45页。）

第一章 实 体

发挥作用，这样的理就成了"无事之理""无用之体"，也就是其所谓的"虚理"。显然，从这一角度看，颜元坚决反对将理作为实体看待。

其次，颜元在《四书正误》中解释《孟子·尽心下》"稽大不理于口"中的"理"字时说："理者，木中纹理也。其中原有条理，故谚云顺条顺理。"① 木头的纹理是木头固有的属性，纹理不能离开木头而单独存在。那么，延伸而来，木之纹理代表理，木代表气，理也只是气之条理，属于气的属性、规律，并不是气之中或气之上还有一个实体之理。

再次，颜元肯定了气与理不可分剖。他说："气即理之气，理即气之理。"②"天下有无理之气乎？有无气之理乎？"③ 有气则有理，有理则有气，无气理不存，无理气不在，理与气不分彼此，本是一体，不可割裂为二元。

最后，气与理在颜元哲学中的具体涵义，颜元曾在一段对话中予以说明：

> 指"知我其天"问诸生："如何是天降鉴夫子？天契夫子，天无心意耳目？"曰："天是理。"先生曰："天兼理、气、数，须知我与天是一个理，是一个气、数；又要知这理与气、数是活泼，而呼吸往来、灵应感通者也。若不看到此，则'帝谓文王'、'乃眷西顾'、'予怀明德'等皆无着落，皆为妄诞矣。"曰："如何是理、气、数？"曰："为寒热风雨，生成万物者气也；其往来代谢、流行不已者，数也；而所以然者，理也。"④

颜元不同意程朱理学"天即理"的观点，认为"天兼理、气、数"。理、气、数三者形成天地自然的大化流行，组成宇宙万物。气是万物化生的本原和质料，是实体性的内容。各种自然现象、人与万物都是气的变化。理是所以然者。"'所以然'由'所以'与'然'组合而成，顾名思义，'所以然'对照'然'而发，'然'是存在物，'所以然'是存在物所以存在的依据。"⑤ 在程朱理学中，"然"和"所以然"的用法以程颐对《易传·系辞上》"一阴

---

① （清）颜元：《四书正误》卷六《孟子下·尽心》，见《颜元集》，第246页。
② （清）颜元：《存性编》卷一《驳气质性恶》，见《颜元集》，第1页。
③ （清）颜元：《存性编》卷二《性图》，见《颜元集》，第21页。
④ （清）钟錂：《颜习斋先生言行录》卷上《齐家第三》，见《颜元集》，第627—628页。
⑤ 杨儒宾：《异议的意义：近世东亚的反理学思潮》，上海古籍出版社2019年版，第55页。

一阳之谓道"的诠释最为典型。程颐说："'一阴一阳之谓道',道非阴阳也,所以一阴一阳道也。"① 还说："离了阴阳更无道,所以阴阳是道也。阴阳,气也。气是形而下者,道是形而上者。"② 气是"然",道也就是理是"所以然";"然"和"所以然"的表达模式体现了本体论中形下之器和形上之理的区分。颜元虽然也将理作为所以然者,但是其所谓的"然"并不是指气,而是指气"为寒热风雨,生成万物者""往来代谢,流行不已"。也就是说,理是气往来流行的原理,即运动变化的必然规律,而不是气之所以存在的依据。至于数,在中国哲学中,它是必然性在一定时空关系中的体现。③ 理是具有形式化特点的逻辑意义上的必然,这种必然性不受制于时空关系;数则是理在特定时空下的具体呈现。在颜元这里,数是气往来流行的定数,是理的特殊化,即气在一定时空条件下运动变化呈现出的具体存在趋向。颜元还把理与数联系在一起使用,突出了规律的客观性和必然性。他说："气机消长否泰,天地有不能自主,理数使然也;方其消极而长,否极而泰,天地必生一人以主之,亦理数使然也。"④ 气的运动变化是自然而然的过程,不存在任何他者作为主宰指挥其间,而是气本身的理数在发生作用。即使消长否泰的转化之机往往表现为通过某个人杰而得以实现,但这仍旧是理数使然的必然结果。气的运动变化,是"理之自然",也是气的"不得不然","不特我与万物不容强作于其间,亦非天地所能为也"⑤。气的客观性和理的必然性被鲜明地表达出来。虽然从表面上看,理作为必然决定了气的运动变化,但是理并非气的存在依据,而只是气运动变化的规律,只是气的属性、气的一方面而已。

综上四点,在颜元哲学中,气是唯一的实体。如果没有了气,理也不复存在。他的这一思考也符合宋元明以来儒学理气论向一元发展及理去实体化的趋向。

---

① （宋）程颢、程颐：《河南程氏遗书》卷三《拾遗》,见《二程集》,第67页。
② （宋）程颢、程颐：《河南程氏遗书》卷十五《入关语录》,见《二程集》,第162页。
③ 杨国荣先生对中国哲学中的"数"进行了深刻阐释,认为"数"是必然趋向与一定时空关系的结合。（杨国荣：《人类行动与实践智慧》,生活·读书·新知三联书店2013年版,第173—180页。）
④ （清）颜元：《存学编》卷一《上太仓陆桴亭先生书》,见《颜元集》,第47页。
⑤ （清）钟錂：《颜习斋先生言行录》卷下《赵盾第十六》,见《颜元集》,第680页。

三 气化万物

学界关于颜元哲学宇宙生成论的讨论，普遍采用《存性编》中的材料，而忽视了《人论》一文。《人论》作于颜元三十四岁之时，与《存性编》的完成时间相距不到一年。那时，他的思想已经较为成熟。然而，《人论》中用以阐述生成论的"太极""五行""天气""地形"诸范畴在《存性编》中却消失殆尽。此事原委，李塨曾在《存性编》书后提及：

> 特先生《性图》，入"太极""五行"诸说，则于后儒误论，当时尚有未尽洒者。塨后质先生曰："周子《太极图》，真元品道家图也。'易有太极两仪'，指揲蓍言，非谓太极为一物，而生天地万物也。五行为六府之五，乃流行于世以为民物用者，故箕子论鲧罪曰'汩陈其五行'，非谓五行握自帝天而能生人生物也。生克乃邹衍以后方家秕说，圣经无有。"先生曰："然，吾将更之。"及先生卒后，披其编，则更者十七而未及卒业，于是承先生意，而湔洗之如右。①

李塨认为"易有太极，是生两仪"讲的是揲蓍成卦的过程，即将五十根蓍草，取出一根不用，以之为"太极"，然后把剩余的四十九根任意分为两组，按一定程序排出爻卦，以此来占断吉凶。根据这一说法，"太极"并非一物，不能作为万物本原。而且使用"太极"之说有沿袭理学开山祖师周敦颐《太极图》思想的嫌疑。李塨可能是受毛奇龄的影响，认为《太极图》乃是剽窃自道教的《上方大洞真元妙经》（包括《真元品》和《真元图》）②，故而不宜采纳。李塨还说，"五行"源自"六府"，"六府"语出《尚书·大禹谟》："地平天成，六府三事允治，万世永赖。"唐代孔颖达疏："府者藏财之处，六者货财所聚，故称六府。襄二十七年《左传》云：'天生五材，民并用之。'即是水火金木土，民用此自资也。彼惟五材，此兼以谷为六府者，谷之

---

① （清）李塨：《存性编书后》，见《颜元集》，第35页。
② 杨柱才详细考证了毛奇龄对《太极图》和《太极图说》源出佛道二家的辨析。（杨柱才：《道学宗主——周敦颐哲学思想研究》，第81—119页。）

于民尤急，谷是土之所生，故于土下言之也。此言五行，与《洪范》之次不同者，《洪范》以生数为次，此以相刻为次，便文耳。"①《左传·文公七年》载："六府、三事，谓之九功。水、火、金、木、土、谷，谓之六府。"根据孔颖达所疏，李塨以为"五行"不是化生天地万物的材具，只是代指民生之用。"五行生克"的学说是阴阳家邹衍所创，并不是来自原始儒家的经典。据李塨陈述，颜元听取了他的建议后着手修改《存性编》，只是未修改完成便离世了。故而，李塨后来按照己意删减了一些，并将九张《性图》合并为七张。② 我们现在看到的《存性编》并非原貌，乃是掺杂了李塨的思想。所以，结合《人论》和《存性编》来还原颜元哲学的生成论将更为全面。

（一）天气地形化生万物

颜元在《人论》一文之始便言及生成论：

> 太极肇阴阳，阴阳生五行，阴阳五行之清焉者，气也；浊焉者，形也；气皆天也，形皆地也。有天中之地，若山树出地上入气中，及星陨皆成石，日、月、星、辰皆出地下是也。有地中之天，若穴井泉脉入地下，通形中，及蒸蒸成云雾，发生草木者是也。天地交通变化而生万物，飞潜动植之族不可胜辨，形象运用之巧不可胜穷，莫非天地之自然也。凡主生者皆曰男，主成者皆曰女，妙合而凝，则又生生不已焉。其生也气即天气，形即地形；其为生也皆纳天气，食地形。天地者，万物之大父母也；父母者，传天地之化者也。③

颜元说"太极肇阴阳，阴阳生五行"，可见其将"太极"作为生化万物的本原。"太极"又如何理解呢？《易传·系辞上》有"易有太极，是生两仪"一句。"两仪"指"阴阳"。《易传·系辞上》有"三极"之说，指天、

---

① （汉）孔安国传，（唐）孔颖达疏：《尚书正义》卷第四，见《十三经注疏》整理委员会《十三经注疏·尚书正义》，北京大学出版社1999年版，第89页。
② 《颜习斋先生年谱》："正月，著《存性编》，原孟子之言性善，排宋儒之言气质不善。画《性图》九，言气质清浊、厚薄，万有不同，总归一善；至于恶则后起之引、蔽、习、染也。故孔子曰：'性相近，习相远。'塨后并为七图。"[（清）李塨、王源：《颜习斋先生年谱》，见《颜元集》，第726页。]
③ （清）颜元：《习斋记余》卷六《人论》，见《颜元集》，第511页。

地、人三才，所谓"太极"则指最大限度的极，即天地万物的究极本原。从"三极"之"极"指实体之物的通例来看，"太极"也应是一实体之物。汉代的《河图括地象》曰："易有太极，是生两仪，两仪未分，其气混沌。清浊既分，伏者为天，偃者为地。"[1]《汉书·律历志》有"太极元气，函三为一"[2]的说法。孔颖达在为《易传》中"易有太极"一句作疏时说："太极谓天地未分之前，元气混而为一。"[3] 汉唐之儒将"太极"理解为阴阳未分之气，与《易传》的思想合拍。北宋时，周敦颐作《太极图》和《太极图说》，构建了一个"太极→阴阳→五行→万物"的宇宙生成图式。太极元气分化为阴阳二气，阴阳二气变化交合形成五行，各有特殊性质的五行进一步化合凝聚，而产生万物。但周敦颐还说"无极而太极""太极本无极"，这就引起了后世学者的争论。颜元认为：

> 周子《太极图说》已多了无极二字。极乃房上脊檩，是最上之称，又加以太字，是就无可名处强指之矣，又何所谓无极乎？[4]

"太极"这一范畴已经将究极本原的性质表露无遗，而"无极"一词来源于道家，在"太极"之上再设一"无极"，有"无中生有"之意，将本原虚无化，明显将道家学说掺进了儒学之中。颜元否定了周敦颐"无极"的说法，但是在《人论》的阐述中还保留了"太极→阴阳→五行→万物"这一宇宙生成过程。

颜元哲学的生成论除了可能受到周敦颐的影响外，还可能与中医理论有关。"气""阴阳""五行"是中医学的重要范畴，而且"气—阴阳—五行"是中医学最基本的思维模式。颜元从二十二岁学医，二十四岁行医，至三十四岁已经接触中医十二年且行医十年，对于中医的哲学理论应已熟稔。"太极→阴阳→五行"与"气→阴阳→五行"表达的意思是相同的。再来看《黄

---

[1] 《河图括地象》，见［日］安居香山、中村璋八《纬书集成》，河北人民出版社1994年版，第1092页。
[2] （汉）班固：《汉书》卷二十一《律历志第一上》，第964页。
[3] （魏）王弼注，（唐）孔颖达疏：《周易正义》卷第七，见《十三经注疏》整理委员会：《十三经注疏·周易正义》，北京大学出版社1999年版，第289页。
[4] （清）颜元：《存人编》卷二《唤迷途·第四唤》，见《颜元集》，第136页。

帝内经》中的三句话。《素问·五常政大论》曰："气始而生化,气散而有形,气布而蕃育,气终而象变,其致一也。"指出气贯穿于万物产生、发展、衰亡的全过程,从始至终皆为一气所为。《素问·阴阳应象大论》曰："积阳为天,积阴为地。……阳化气,阴成形。"《素问·天元纪大论》曰："在天为气,在地成形,形气相感而化生万物矣。"天与地、形与气交感而化生万物。这与颜元"气皆天也,形皆地也……天地交通变化而生万物"的表述是完全一致的。气是阴阳五行无形体的存在状况,形是阴阳五行可感知的存在形式。气是内容,形是形式。人与物都是秉"天气""地形"而生,缺一不可,天地可以形象地说是人与万物的父母。

(二)二气四德化生万物

颜元在《人论》中对生成论的论述远不如《存性编·性图》充分。其中的《浑天地间二气四德化生万物之图》如图1-1所示。最外围绘一大圆,圆周内画一正菱形,圆心是一"中"字。"元""亨""利""贞"四德分居圆心东、南、西、北四方位,并以米字形的方式分向于正菱形的四角四边,将大圆与正菱形各平分为八部分。正菱形的东西、南北两条连线为正;正菱形的四条边为斜;与正菱形的边垂直相交的斜线为间,代表四德的交界处——元亨之间、亨利之间、利贞之间和贞元之间。大圆中布满小黑点。颜元对此图的说明是:

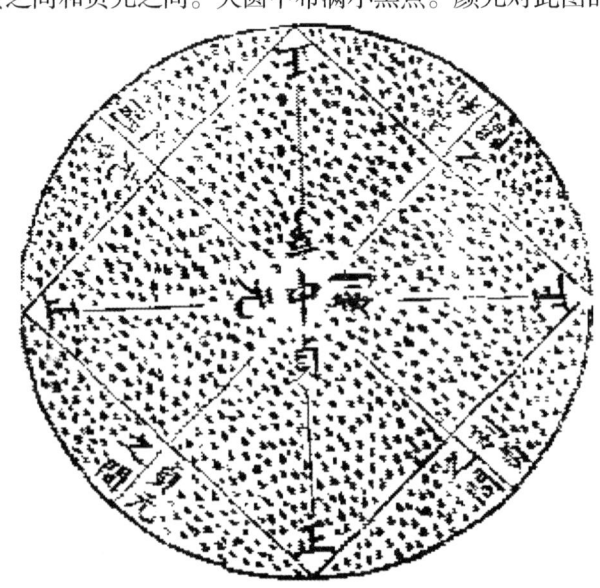

图1-1 浑天地间二气四德化生万物之图

第一章 实 体

　　大圈，天道统体也。上帝主宰其中，不可以图也。左阳也，右阴也，合之则阴阳无间也。阴阳流行而为四德，元、亨、利、贞也，（四德，先儒即分春、夏、秋、冬，《论语》所谓"四时行"也。）……交斜之画，象交通也；满面小点，象万物之化生也，莫不交通，莫不化生也，无非是气是理也。知理气融为一片，则知阴阳二气，天道之良能也；元、亨、利、贞四德，阴阳二气之良能也；化生万物，元、亨、利、贞四德之良能也。知天道之二气，二气之四德，四德之生万物莫非良能，则可以观此图矣。万物之性，此理之赋也；万物之气质，此气之凝也。①

　　在这里，除了气之外，颜元还提到了理。如果只看《性图》的文本，其中多是理与气一并提及，并未明显地体现出理为气之条理的意思。而且文中说"理气融为一片"，以"融"字观之，似乎有将气与理看作二物之嫌。如果气与理只是一物，又何必曰"融"。所以，王复礼曾提出质疑："颜先生言理气为一，理气亦似微分。"② 这体现了颜元在思想转变时期的作品仍有程朱理学的影子。

　　颜元所说的"天道统体"，就是宇宙总体、天地万物浑然的整体。此"天道"与"天兼理、气、数"的"天"是同一个范畴，故而具有实体性、必然性和客观性。阴阳二气充塞其中。二气合之，乃阴阳未判的气之混沌体，即颜元在《人论》中所言的太极。

　　颜元在"天道统体"后面接着说："上帝主宰其中，不可以图也。"颜元所谓的"上帝"不同于基督教所崇奉的至上神"上帝"耶和华，这是毋庸置疑的。但对颜元思想中"上帝"这一概念的解释，学者们意见纷纷。马序认为颜元迷信鬼神。③《中国哲学范畴精粹丛书——道》一书说这是一种神秘主义观点。④ 李道湘将"上帝"概念的出现作为颜元思想转变时期的著作中留下的理学印迹。⑤ 傅济锋以为"上帝"指的就是"天道"，只是因为当时颜元无法认识和理解宇宙之所以如此规定的普遍必然性，所以将这种必然性看作

---

　① （清）颜元：《存性编》卷二《性图》，见《颜元集》，第20—21页。
　② （清）冯辰、刘调赞：《李塨年谱》卷二，陈祖武点校，第63页。
　③ 参见马序《颜元哲学思想研究》，第68页。
　④ 参见张立文、岑贤安、徐苏铭等《中国哲学范畴精粹丛书——道》，中国人民大学出版社1989年版，第288页。
　⑤ 参见李道湘《论颜元宇宙论的实质——兼论其宇宙论与人性论、认识论的关系》，《兰州大学学报》（社会科学版）1987年第3期。

至高无上的存在或神秘的力量，对其给予"上帝"这种极致的称谓。① 冯彪对此的分析较为详细透彻。他认为颜元思想中的"上帝"带有明显的人格色彩，并不是"天道"自身。其不在"天道"之上，只在"天道"之中，时时刻刻主宰着"天道"。"上帝"在万物化生中没有发生作用，只是从颜元哲学工夫论的角度看，它是作为"天道"的监督者和赏罚者。② 其实，在颜元生活的前科学时代，天命鬼神之说无所不在，颜元也不会不受其影响。诚如杨庆堃先生在《中国社会中的宗教：宗教的现代社会功能及其历史因素之研究》中所说，虽然受过教育的知识分子比未受过教育的普通百姓更少受迷信思想的束缚，但是儒家学者也依然固守中国人的一些基本信仰。况且，"儒家学说包含了一套基于信仰上天、天命决定论、预测以及阴阳五行理论之上的宗教思想子系统。这一子系统首先相信天人合一，天是整个宇宙——包括人类世界在内——的统治力量，进而相信命运或先决论，上天作为最高统治力量来掌控事情的方向"③。所以，在颜元思想中出现"上帝"、鬼神的概念是可以理解的，我们不能因此去苛求古人的信仰。不过，颜元哲学的生成论中，虽然提出"上帝"这一概念，但是却认为其无法描画，也没有叙述其主宰作用如何发挥。在颜元这里，"上帝"更像是"天道"的神格化，"天道"是"上帝"的外在表现，"上帝"是"天道"的内在精神。"天道"流行不息、孕育万物，在这一变化过程中，万事万物都受到了必然性的支配，同时也彰显了"天道"的神妙莫测。故而，表述为"天道"，更突出其实体性和客观性；表述为"上帝"，更突出其神秘性和不可摆脱的必然性。

浑沦"天道"中的阴阳二气流行而为"四德"。"四德"指的是乾卦的"元、亨、利、贞"。源出《易传·文言》："君子行此四德者，故曰：'乾：元，亨，利，贞。'"在宋明理学的发展中，开始将天道"四德"——"元亨利贞"与人道"四德"——"仁义礼智"二者加以联结。在朱子哲学里，对"四德"的讨论更加丰富。④ 朱熹说："以天道言之，为元亨利贞；以四时言

---

① 参见傅济锋《习行经济——建基于"气质性善论"的习斋哲学研究》，第159—160页。
② 参见冯彪《颜元气论思想研究》，博士学位论文，复旦大学，2013年，第45—46、113—115页。
③ 杨庆堃：《中国社会中的宗教：宗教的现代社会功能及其历史因素之研究》，范丽珠译，上海人民出版社2006年版，第228—229、251页。
④ 参见陈来《朱子思想中的四德论》，《哲学研究》2011年第1期；陈来：《朱子四德说续论》，《中华文史论丛》2011年第4期。

第一章 实 体

之,为春夏秋冬;以人道言之,为仁义礼智;以气候言之,为温凉燥湿;以四方言之,为东西南北。"① 这就把天道"四德"——元亨利贞——之理更普遍化了,在一年四季之分上体现为春夏秋冬,在人伦道德上体现为仁义礼智,在自然气候上体现为温凉燥湿,在方位上体现为东南西北。朱熹还说:"元、亨、利、贞,理也有这四段,气也有这四段,理便在气中,两个不曾相离。"② 这就不仅仅把元、亨、利、贞"四德"理解为理,而且也是气。颜元对"四德"的理解应是承继了朱熹的思想。在《浑天地间二气四德化生万物之图》中,元、亨、利、贞就分列于东、南、西、北四个方位。《性图》中说"四德之理气",可见,颜元也认为"四德"并不只是代表理③,也是四种不同的气。因气不同,"四德"之气中的理也不同。元、亨、利、贞四种气分合交感相互作用,万物由此化生。

颜元又用"良能"对万物化生的过程予以解释。阴阳二气是"天道"的"良能",元、亨、利、贞"四德"是阴阳二气的"良能",化生万物是"四德"的"良能"。"良能"这一概念源自《孟子·尽心上》"人之所不学而能者,其良能也"一句。《孟子》中的"良能"指的是不需要后天学习就可以掌握的能力,即人先天具有的能力。因此,颜元用"良能"来表示气先天具有的属性和功能。也就是说,"天道"中蕴含着阴阳二气,阴阳二气中蕴含着"四德","四德"具有化生万物的能力,这是不证自明的。颜元之所以强调只有明白"天道之二气,二气之四德,四德之生万物"都是"良能",才能看懂《浑天地间二气四德化生万物之图》,是因为他想表达"天道"、阴阳、"四德"和万物是同时并存的。万物化生的过程并不是"天道"产生阴阳二气,然后阴阳二气全部转化为"四德"以后,"四德"才开始化生万物,而其自身则消失殆尽。这个"天道"没有一个只有阴阳二气的阶段,也没有一个只有"四德"的阶段,更没有一个只有万物的阶段。"天道"的实际状况就是阴阳二气、"四德"之气、天地万物的并存。"天道流行乾乾不息"④,世间万物不是只创生一次就结束了,宇宙之中每时每刻都在产生新的阴阳之气、

---

① (宋)黎靖德编:《朱子语类》卷六十八《乾上》,见《朱子全书》第16册,第2264页。
② (宋)黎靖德编:《朱子语类》卷六十八《乾上》,见《朱子全书》第16册,第2263页。
③ 冯彪说:"四德和二气共同构成天道。这里的四德代表理,二气代表气。"(冯彪:《颜元气论思想研究》,博士学位论文,复旦大学,2013年,第46页。)这一解释有待商榷。
④ (清)颜元:《存性编》卷二《性图》,见《颜元集》,第22页。

新的"四德"之气、新的事物。颜元哲学中的宇宙是一个动态的宇宙，生成论中的过程是生生不已的。

通过以上分析可以得出，颜元在《性图》中构建了一个"天道→阴阳→四德→万物"的宇宙生成模式。与《人论》中"太极→阴阳→五行→万物"的宇宙生成模式相比较，"太极"被"天道"所替换，"五行"被"四德"所替换。"太极""五行"两个范畴正是李塨所质疑的。这种前后不同的变化应该就是颜元或李塨后来对《性图》进行修改的主要内容。

四　气之分殊

在生成论中，还须解决的一个问题是，本原如何产生出差异万千的众多事物来。我们不妨先回顾一下朱子哲学对这一问题的处理方式。从本体的意义上讲，"一物各具一太极"[①]，万物之性来自宇宙本体并以之为根据，每一事物所具的太极与宇宙本体的太极完全相同。"天下之理万殊，然其归则一而已矣。"[②]万物之物理各不相同，但从归根结府的层次上说，它们都是同一本体之理的不同表现。这就是朱熹所说的"理一分殊"。然而，作为本体的理为什么会表现为千差万别的物理，产生各具特色的事物呢？朱熹用"理同气异"来解释这一问题。"论万物之一原，则理同而气异。"[③]万物虽相异，但其所具有的形上之理都是一样的，故说"理同"；由于气有粹驳偏全之不同，事物禀得什么气即禀得此气中所含之理，未曾禀得此气即阙此气所含之理，禀得何种气多，则相对而言禀得此理亦多，反之亦然，故"气异"则万物之物理各异。从本原上说，"天赋之以此理，未尝不同"，但从禀赋上说，则"人物之禀受自有异耳"[④]。如果更全面地讨论气禀对万物差异的作用，朱熹则说："气禀既殊，则气之偏者便是得理之偏，气之塞者便自与理相隔。"[⑤]气禀不

[①]（宋）黎靖德编：《朱子语类》卷九十四《乾上》，见《朱子全书》第17册，第3167页。
[②]（宋）朱熹：《晦庵先生朱文公文集》卷六十三《答余正甫》，见《朱子全书》第23册，第3070页。
[③]（宋）朱熹：《晦庵先生朱文公文集》卷四十六《答黄商伯》，见《朱子全书》第22册，第2130页。
[④]（宋）黎靖德编：《朱子语类》卷四《人物之性气质之性》，见《朱子全书》第14册，第185页。
[⑤]（宋）朱熹：《晦庵先生朱文公文集》卷六十二《答杜仁仲良仲》，见《朱子全书》第23册，第3000页。

仅影响到理禀的偏全，而且会蒙蔽所禀之理从而妨碍理的完全表现。由此可知，朱熹认为，万物的差异性是由气所根本决定的，而不是理，即气异则物理各异。但是，这样便会在理论上产生矛盾。陈来先生对此评论道："如果说宇宙之间，理是作为气之中的一种实体存在的，那么就自然地导出在人性论上的性之本体说和气质蒙蔽说。如果坚持气异理异说，那么推而上之，必然得出结论，即理并不是气之中的某种本体、实体，而只是气的属性，气的条理。而后一种论点就不是理学的本体论，而近于气学的气本观点了。朱子虽然也强调气异理异之说，但他并没有意识到，这一观点坚持到底，就要求在本体论上确立气本论，而他自己始终仍是一个理学的本体论者。同时，从构成论上究竟如何阐述本然之理到气质之理的转化，也是一个未被解决的问题。"[1] 朱子哲学中理为本体，但是理在生化万物中如何解释万物之差异却难以发挥作用，于是，这一未被解决的问题便使朱子哲学中的理本体论与理气生成论难以完全统一。

颜元站在气一元论的立场上，用气的不同来解释生成论中万物之差异的问题。首先来看"四德"之十六变。这十六变分别是：顺、逆、交、通、错、综、熏、烝、变、易、感、触、聚、散、舒、卷。[2] 颜元从《浑天地间二气四德化生万物之图》中摘出了一幅《二气四德顺逆交通错综熏烝变易感触聚散卷舒以化生万物之图》，意图说明"四德"十六变的形式。不过，生成论是哲学家们对宇宙起源和万物生成的一套系统话语，其最终落脚于现实世界。宇宙是三维的，颜元对十六变的描绘也是立足于三维世界的。其描绘的二维图形《二气四德顺逆交通错综熏烝变易感触聚散卷舒以化生万物之图》并不能完全形象直观地表达三维世界中的变化。如顺、逆、交、通等变化，通过图

---

[1] 陈来：《朱子哲学研究》，第142—143页。
[2] "阴阳流行而为四德。顺者，如春德与夏德，顺也；逆者，如春德与秋德，逆也。交者，二德合或三四合也；通者，自一德达一德，或中达正、间，正、间达中，正达间，间达正，正、正达、间，间达之类也。错者，阴阳、刚柔彼此相对也；综者，阴阳、刚柔上下相穿也。熏者，如香之熏物，居此及彼，以虚洽实，不必形接而臭与之也；烝者如烝食，如天地絪缊，下渐上也，一发而普遍也。变者，化也，有而无也，无而有也，或德相变，或正、间、斜相变也，如田鼠化驾、雀化为蛤之变也；易者，神也，往来也，更代也，治也，阳乘阴，阴承阳也。感者，遥应也，如感月光，感苍龙，感流星之类是也；触者，邂逅也，不期遇也，如一流复遇一流，舟行遇山，火发遇雨，云集遇风之类是也。聚者，理气结也，一德聚，或二三四德共聚也；散者，散其聚也；舒者，缕长直去也；卷者，回其舒也。十六者，四德之变也。德惟四而其变十六，十六之变不可胜穷焉。"[（清）颜元：《存性编》卷二《性图》，见《颜元集》，第22—23页。]

可以一目了然；但感、触、聚、散等变化，则在图中无法明示。"触"变，指不期而遇的邂逅，颜元举例说，如"舟行遇山，火发遇雨，云集遇风"，这在他的图中便没有展现出来。十六变是十六类变化的集合，每一类变化包含若干种变化。如"交"变，指二种、三种或四种"四德"之气相合；"通"变，是"自一德达一德，或中达正、间，正、间达中，正达间，间达正，正、正达、间、间达之类也"。所以，十六变包含的具体变化形式不可胜举。十六变不是指"四德"的状态，而是指"四德"的运动形式。一德或二德或三德或四德，彼此通过十六类运动变化不断地相互作用，进而产生万事万物。

颜元接着列出了"四德"的三十二类属性，分别是中、边、直、屈、方、圆、冲、僻、齐、锐、离、合、远、近、违、遇、大、小、厚、薄、清、浊、强、弱、高、下、长、短、疾、迟、全、缺。[①] 他又描绘了一幅《万物化生于二气四德中边直屈方圆冲僻齐锐离合远近违遇大小厚薄清浊强弱高下长短疾迟全缺之图》（以下简称《万物化生图》），此图也是从《浑天地间二气四德化生万物之图》中摘出。事物禀受了"四德"的这三十二类属性之一，将分别获得不同的性质。禀受到"四德"之中、边、直、屈者，分别有调和、偏僻、端果、曲折的性质；禀受到"四德"之方、圆、冲、僻者，分别有板棱、通便、繁华、娴静的性质；禀受到"四德"之齐、锐、离、合者，分别有渐钝、尖巧、孤疏、亲密的性质；禀受到"四德"之远、近、违、遇者，分别

---

① "四德之理气，分合交感而生万物。其禀乎四德之中者，则其性质调和，有大中之中，有正之中，有间之中，有斜之中，有中之中。其禀乎四德之边者，则其性质偏僻，有中之边，有正之边，有间之边，斜之边，边之边。其禀乎四德之直者，则性质端果，有中之直，正之直，间之直，斜之直，直之直。其禀乎四德之屈者，则性质曲折，有中之屈，有正之屈，间之屈，斜之屈，屈之屈。其禀乎四德之方者，则性质板棱，有中之方，正之方，间之方，有斜之方，方之方。其禀乎圆者，则性质通便，有中之圆，正之圆，间之圆，斜之圆，圆之圆。其禀乎四德之冲者，则性质繁华，有中之冲，有正之冲，有间之冲，有斜之冲，有冲之冲。其禀乎僻者，则其性质闲静，有中之僻，正之僻，间之僻，有斜之僻，有僻之僻。其禀乎四德之齐者性质渐钝，禀乎四德之锐者性质尖巧，亦有中、正、间、斜之分焉。禀乎四德之离者性质孤疏，禀乎四德之合者性质亲密，亦有中、正、间、斜之分焉。禀乎四德之远者则性质奔驰，禀乎四德之近者则性质拘谨，亦有中、正、间、斜之分焉。其禀乎违者性质乖左，禀乎遇者性质凑济，亦有中、正、间、斜之分焉。禀乎大者性质广阔，禀乎小者性气狭隘，亦有中、正、间、斜之分焉。至于得其厚者敦庞，得其薄者硗瘠，得其清者聪明，得其浊者愚蠢，得其强者壮往，得其弱者退逡，得其高者尊贵，得其下者卑贱，得其长者寿固，得其短者夭折，得其疾者早速，得其迟者晚滞，得其全者充满，得其缺者破败：亦莫不有中、正、间、斜之别焉。此三十二类者，又十六变之变也，三十二类之变，又不可胜穷焉。"[（清）颜元：《存性编》卷二《性图》，见《颜元集》，第22—23页。]

有奔驰、拘谨、乖左、凑济的性质；禀受到"四德"之大、小、厚、薄者，分别有广阔、狭隘、敦庞、硗瘠的性质；禀受到"四德"之清、浊、强、弱者，分别有聪明、愚蠢、壮往、退逯的性质；禀受到"四德"之高、下、长、短者，分别有尊贵、卑贱、寿固、夭折的性质；禀受到"四德"之疾、迟、全、缺者，分别有早速、晚滞、充满、破败的性质。"四德"的三十二类属性的每一种又各自细分为五类，分别是中、正、间、斜以及属性叠加（如中之中、边之边、直之直、屈之屈等）。那么，"四德"就有一百六十种属性。事物禀受后呈现的性质就有一百六十种。这一百六十种事物又有十六变之运动变化，继而产生的事物又有三十二类性质之变化，又十六变之变，又三十二类之变，以致产生千差万别、不可胜穷的万事万物。① 不同属性的气之间通过多种变化形式不断地相互作用，从而产生千差万别的事物。这就是颜元通过气自身的变化对事物多样性问题的解答。

颜元在《性理评》中曾说过《万物化生图》的思想来源。颜元先引用了《朱子语类》中的一段对话：

> 问："子罕言命。若仁义礼智五常皆是天所命。如贵贱、死生、寿夭之命有不同，如何？"曰："都是天所命。禀得精英之气，便为圣，为贤，便是得理之全，得之正。禀得清明者，便英爽；禀得敦厚者，便温和；禀得清高者，便贵；禀得丰厚者，便富；禀得久长者，便寿；禀得衰颓薄浊者，便为愚、不肖，为贫，为贱，为夭。天有那气生一个人出来，便有许多物随他来。"又曰："天之所命，固是均一，到气禀处便有不齐。看其禀得来如何。"②

这段话的内容主要是朱熹用气禀来解释人的差异性。颜元评论道："此段甚醇。愚第三图大意正仿此。"③ 由此可见，颜元在建构自己的哲学体系时，

---

① "照临，薄食也，灿列、流陨、进退、隐见也，吹嘘、震荡也，高下、平陂、土石、毛枯也，会分、燥湿、流止也，稚老、雕灾、材灰也，飞、潜、蠕、植，不可纪之状也。至于人，清浊、厚薄、长短、高下，或有所清，有所浊，有时厚，有时薄，大长小长，大短小短，时高时下，参差无尽之变，皆四德之妙所为也。"〔（清）颜元：《存性编》卷二《性图》，见《颜元集》，第23页。〕
② （宋）黎靖德编：《朱子语类》卷四《人物之性气质之性》，见《朱子全书》第14册，第208页。
③ （清）颜元：《存性编》卷一《性理评》，见《颜元集》，第17页。

积极吸收了程朱理学中对自己的理论建构有益的地方。朱熹的这段对话还涉及"天之所命"的内容，将在下一节继续讨论。

五　天命性形

《中庸》说："天命之谓性。""天命"在这里是由天所命的意思，即天所赋予的。"天命"在一般意义上是指宇宙运行中不以人的意志为转移的普遍必然性。在这一意义上，古代之人习惯将天予以人格化，于是"天命"表示天的意志，天主宰着众生的命运。"天命"有时也代指本体和本原，如说"天命流行"。在朱子哲学中，"天命"还被赋予了一个新的意思，那就是"天命之性"的简称。如朱熹说："所谓天命之与气质，亦相衮同。才有天命，便有气质，不能相离。若阙一，便生物不得。既有天命，须是有此气，方能承当得此理。若无此气，则此理如何顿放！"[①] 这里"天命"即指天命之性。这段话是说，对于任一现实的具体事物的产生，理与气二者缺一不可。那么，在具体事物中，理与气如何安放呢？朱熹说："天地之间，有理有气，理也者，形而上之道也，生物之本也；气也者，形而下之器也，生物之具也。是以人物之生，必禀此理然后有性，必禀此气然后有形。"[②] 人和物在产生之时便禀赋了理与气。形而上之理为"生物之本"，落到人与物上构成天命之性；形而下之气为"生物之具"，落到人与物上构成具体形体。在生成人与物之时，理赋性，气赋形。人与物所禀受的理被称为天命之性，但人与物所禀受的气，朱熹却没有称为"天命之形"。在朱子哲学中，"天即理"，而不是"天即气"或"天即理气"，人与物所禀受的理是天之所命、被称为天命之性是毋庸置疑的。在上一节中，颜元引用的《朱子语类》那段对话里，朱熹说："天之所命，固是均一，到气禀处便有不齐。"天之所命是均一的，这指的是人与物所禀受的理与作为本体的形上之理是完全相同的。人与物所禀受的气是不同的，不同便是不均一的，这就不能说是天之所命。而且，按照朱子哲学体系的逻辑展开说，生成论的"第一阶段上应当是理在气先；第二阶段上，有气产生，

[①]（宋）黎靖德编：《朱子语类》卷四《人物之性气质之性》，见《朱子全书》第14册，第192—193页。

[②]（宋）朱熹：《晦庵先生朱文公文集》卷五十八《答黄道夫》，见《朱子全书》第23册，第2755页。

第一章 实 体

而理又在气之中；在第三阶段上有具体事物产生"①。在逻辑上或本体论上，可以说理在气先，气是理之所命；但在现象界中，并不存在一个只有理没有气的原初阶段，理与气也无所谓先后。如果将人与物所禀受的气称为"天命之形"，那么就是把理与气放在了同等的地位上，抹平了理在逻辑上的优越性。这就与理本体论和逻辑上的理在气先相矛盾了。所以，在朱子哲学里，只有性为天命，形不可谓天命。

颜元哲学中，理与气的逻辑关系已经改变，从而，性、形和天命的关系也与朱子哲学有异。颜元说：

> 万物之性，此理之赋也；万物之气质，此气之凝也。②
> 天之生万物与人也，一理赋之性，一气凝之形。③

气质指由气积聚而成的一定形质。"此形非他，气质之谓也。"④ 形即气质，气质即形。人与物禀受理以成性，由气积聚凝结以成形，二者缺一不可，这与朱子哲学的观点是一致的。不过，颜元将理与气并列使用，极容易让人误以理与气为二物。前文已经分析过，理是气的属性、气的条理，不能离气而言理。颜元为了区别理与气的逻辑层级——气为实体，理为气属——在用词上也经过了细致的考量。在说理与性时，用的动词为"赋"，"一理赋之性"，"此理之赋也"；在说气与形时，用的动词为"凝"，"一气凝之形"，"此气之凝也"。"赋"与"凝"相比，"赋"表示理与性的无形无象，不可感知；"凝"则有由无形到有形的意思，可以感知。气与理、形与性，则分别为一实一虚、一体一用。由理气关系，可逻辑地推断出性形关系：性乃是形的性质，性为形属，性不可脱离形而独立存在。所以，颜元说："若无气质，理将安附？"⑤ "气质正吾性之附丽处。"⑥ "气质拘此性。"⑦ 颜元还说："形，性

---

① 陈来：《朱子哲学研究》，第 202—203 页。
② （清）颜元：《存性编》卷二《性图》，见《颜元集》，第 21 页。
③ （清）颜元：《习斋记余》卷四《与何茂才千里书》，见《颜元集》，第 457 页。
④ （清）颜元：《存性编》卷一《棉桃喻性》，见《颜元集》，第 3 页。
⑤ （清）颜元：《存性编》卷一《棉桃喻性》，见《颜元集》，第 3 页。
⑥ （清）钟錂：《颜习斋先生言行录》卷下《王次亭第十二》，见《颜元集》，第 664 页。
⑦ （清）颜元：《存性编》卷一《性理评》，见《颜元集》，第 12 页。

之形也；性，形之性也。舍形则无性矣，舍性亦无形矣。"① 形是性的形体，性是形的性质，二者与理气关系一样乃是一体。形与性是气与理落实到具体之物上以后才有的称谓。人与物未生之前，没有形与性之称。"夫'性'字从'生心'，正指人生以后而言。若'人生而静'以上，则天道矣，何以谓之性哉？"② 单独的气或单独的理都不能形成具体之物，况且还不存在单独的气或单独的理。形与性也分别是从具体之物的形体和性质两方面而言。缺少了形或性都不能构成具体之物，所以"舍形则无性"，"舍性亦无形"。这也就是颜元所说的"形性不二"③。其实，在颜元这里，气是第一性的，只要气凝成形，气之理就自然转化为形之性。

颜元在总结《存性编》的大体内容时，说过"理、气俱是天道，性、形俱是天命"④。由于"天道统体"中无非阴阳二气、"四德"之气及其交相化生的万物，从本质上看皆是气，所以说气是"天道"。但说理也是"天道"则还须讨论。

在《存性编·性图》的文本中，颜元将理、气并举，随处可见，如：

> 大圈，天道统体也。……无非是气是理也。
>
> 正者此理此气也，间者亦此理此气也，交杂者莫非此理此气也；高明者此理此气也，卑暗者亦此理此气也，清厚者此理此气也，浊薄者亦此理此气也，长短、偏全、通塞莫非此理此气也。
>
> 有二气四德外之理气乎？⑤
>
> 四德之理气，分合交感而生万物。⑥

在理气关系上，颜元坚持"理气一致""形性不二"。气为实体，理是气的属性、规律，二者本就是一体不分的。从体用论上看，气为体，理为用。无无体之用，也无无用之体。言及气的时候，此气必有其理；言及理的时候，

---

① （清）颜元：《存人编》卷一《唤迷途·第二唤》，见《颜元集》，第128页。
② （清）颜元：《存性编》卷一《性理评》，见《颜元集》，第6页。
③ （清）颜元：《四书正误》卷六《孟子下·告子》，见《颜元集》，第238页。
④ （清）颜元：《存学编》卷一《上太仓陆桴亭先生书》，见《颜元集》，第48页。
⑤ （清）颜元：《存性编》卷二《性图》，见《颜元集》，第20—21页。
⑥ （清）颜元：《存性编》卷二《性图》，见《颜元集》，第24页。

此理必为某气之理。阳气有阳气之理，阴气有阴气之理，元、亨、利、贞之气莫不有其理。故而，以这样的理气关系为前提，在宇宙论的描述中，理气并提是可以理解的。此外，颜元哲学主要是针对程朱理学而展开讨论的，其哲学范畴和话语系统并未脱离理学。程朱理学以理为本、以理为天，颜元可能为了挺立和拔高气的地位，才经常将气与理一并言及。还有，前文已经分析过"天兼理、气、数"，这是从三个方面描述天道。其中理是气往来流行的原理，即运动变化的必然规律，体现了天道运行的必然性。在上述理解下，理也是"天道"。既然"理、气俱是天道"，那么由理所赋的性、由气所凝的形，都是天之所命。

小　结

颜元哲学关注的主要问题，不是解释世界，而是变革世界。颜元立足于当时社会现实危机和学术发展情况，在批判佛老之学、汉宋之学特别是程朱理学的同时意图构建新的儒学形态，即以实践为主要内容和面向的儒学。他认为程朱理学的主要问题就是其空虚无用的为学取向，空谈性理，缺乏实干。因此，针对程朱理学的批判首先在于对产生这种为学取向的哲学基础，即以理为实体的理气论和人性论进行批判。颜元哲学的建构就是从此展开的。

颜元取消了程朱理学中理的实体规定，否定了朱熹对理的形而上学规定，将理从高高在上的形上世界拉回到现实世界，作为气的属性、气的条理、气的规律。颜元哲学突出了气的价值，以气为唯一的实体，并作为宇宙的本原。"天道"之中气分阴阳，阴阳流行而为四德，四德分合交感而生万物。颜元用二气四德的运动变化来说明天道化生万物。元、亨、利、贞四德有十六种变化和三十二类属性，不同属性的气之间通过多种变化形式不断地相互作用，衍生出无穷变化，从而产生千差万别的事物。由此，颜元哲学以实体之气自身的运动变化解释了事物的统一性和多样性。气落实到具体的人与物上，凝结成形体，气之理随之赋予人与物以形之性。人物既生，形性已成，人性论的问题便须接着被讨论。

第二章 实 性
——气质与性皆为善

"性"是中国古代哲学的重要范畴。古汉语词典中对"性"的释义，前两条解释一般都是：（1）人的本质或本性；（2）事物固有的特点或特性。简单来说，也就是人性和物性。张岱年先生在《中国哲学大纲》中总结说，古代性论中的"性"有三个意谓：一是"生而自然"，二是人之所以为人者，三是人生之究竟根据。[①] 人的本质指的就是人之所以为人者。人的本性和事物固有的特点或特性指的就是"生而自然"。至于人生之究竟根据乃是程朱理学中的作为本体的"极本穷原之性"。儒家论"性"，重在人性。人性是善还是恶是儒家人性论讨论的重要问题。言人性的善与恶，是指人与生俱来、先天固有的属性与善恶评价的关系。善与恶是社会实践的产物，是一种价值判断。在社会实践活动中，凡促进改变现实世界以满足人的需要的行为、活动和事件，就被评为善，反之，被评为恶。[②] 善表示对行为、活动和事件的肯定和褒扬，恶表示对行为、活动和事件的否定和谴责。在道德意义上，善是指个人或群体的行为、活动和事件符合一定的道德原则和规范，恶是指个人或群体的行为、活动和事件违背一定的道德原则和规范。从孔子开始，千百年来，儒家学者对人性先天善恶问题争论不休。其实，人性是善还是恶并不是他们展开讨论的目的。儒家人性论的理论逻辑是把本属于价值判断、道德评价结果的善与恶赋予人的先天属性，以此作为成人之道主张的逻辑前提。成人之道即成就理想人格的方法和手段。理想人格的成就在某种意义上可以看作自我的实现：它的目标在于使本然的我成为理想的我，而这一过程往往又表现

[①] 张岱年：《中国哲学大纲》，中国社会科学出版社1994年版，第251—252页。
[②] 岑贤安、徐苏铭、蔡方鹿等：《中国哲学范畴精粹丛书——性》，中国人民大学出版社1996年版，第5页。

为主体已有潜能的展开过程。① 如果没有人性的先天设定，即人先天具有的潜能，那么成人之道的确立就缺少了立论的根基。

颜元哲学的人性论是在承继孔孟儒学和批判程朱理学的过程中展开讨论的，因此，我们有必要回顾一下有关的儒家人性论学说，以便在阐释颜元人性论时明晰其与前人理论的同异。

一 儒家性论源流

（一）先秦儒家人性论之发端

1. 孔子的性近习远论

"性"作为一个哲学范畴被提出并讨论，始于孔子。然而，对于人性，他却言之甚少，且语焉不详，给后人留下了极大的想象和猜测空间。孔子明确言及人性的话只有"性相近也，习相远也"（《论语·阳货》）一句。人的天性都是相近似的，并无根本的差异，由于后天的社会环境影响和习行践履不同，而使人的习性差别越来越大。至于"性相近"的天性，是善相近，还是恶相近？是智相近，还是愚相近？或者指的是人异于木石禽兽之性的人性，即人异于他物的本质相近？孔子对此并没有进一步阐发。而"习相远"之习，不仅仅指日常的耳濡目染，更重要的是指有目的地习教明道。由于所习不同，人既可以为善，也可以为恶；既可以为君子，也可以为小人。"习相远"的设定为每个人通过自己的努力成为仁人君子保留了可能性。

孔子虽然认为人性相近，但同时也承认人性有差别。他说：

唯上知与下愚不移。（《论语·阳货》）
中人以上，可以语上也；中人以下，不可以语上也。（《论语·雍也》）

孔子将人分为三等：上智、中人和下愚。上智与下愚两种极端的人几乎不可转化，但他们是极少数。绝大多数的中人通过习教明道即可以变成仁人君子。

孔子虽然罕言性，更没有讲人性善恶。但是，他的"性相近""习相远"

---

① 杨国荣：《孟子的哲学思想》，华东师范大学出版社2009年版，第120页。

命题，却蕴含着人性善与恶的可能性。他的人有上智、中人和下愚三等的观点，则为性善恶混、性三品说，提供了思考的诱因。孔子的人性论虽未具体展开阐释，但却有其发端意义，引出了儒家人性论的一些基本理论问题，促使后人深入探索和解答。

2. 《中庸》的天命谓性论

《中庸》为《礼记》中的一篇，相传为孔子嫡孙子思所作。《中庸》里多次提到性，不仅从伦理道德规范方面讲性，而且从哲学高度上论性，其涵义十分广泛、深刻。人性是天所赋予的；以人禀受于天所规定的原则为性，按照这种人性制定的人生准则，就称为"人之道"；教导、训导人遵循"人之道"去实践，就是教化。这就是《中庸》开宗明义第一句所说的："天命之谓性，率性之谓道，修道之谓教。"人性是天之所命，因而它体现着天的特性。天最根本的特性，就在于诚。"诚者，天之道也；诚之者，人之道也。"（《中庸》）天道运行，真实无妄，至公无私，所以谓"诚"，这是"天之道"。人应当顺天而行，勉力追求至诚之道，发挥诚的本性，所以谓"诚之"，这是"人之道"。"唯天下至诚，为能尽其性；能尽其性，则能尽人之性；能尽人之性，则能尽物之性；能尽物之性，则可以赞天地之化育；可以赞天地之化育，则可以与天地参矣。"（《中庸》）人将自己的诚之本性努力发挥到极致，就达到了"至诚"的境界，成为"至诚"之人。"至诚"之人，不仅内以修身立德成就了自己，而且外以经世治国成就了他人和他物，有助于天地生生之道。所以，诚之性的全部实现，既"成己"，也"成物"，乃是"合外内之道"。《中庸》视性为天之所命，并认为这种禀受于天的本性就是诚，理想人格的最高标准就是达到成己成物的至诚。《中庸》的思想，对宋明理学人性论的发展产生了较大影响。颜元哲学也从中汲取了资源——"尽性"之论——以支撑自己的理论建构。

3. 孟子的性有善端论

孟子所谓人性主要指人之所以为人者，即人的本质性规定。孟子说：

人之所以异于禽兽者几希，庶民去之，君子存之。（《孟子·离娄下》）
人之有道也，饱食、暖衣、逸居而无教，则近于禽兽。（《孟子·滕文公上》）

第二章 实 性

孟子的意思是说人与禽兽的区别只有一点点（"几希"），想要了解人之所以为人的本性，只能从这一点点上去把握。如果人只是追求吃得饱、穿得暖、住得舒适，而没有得到教化，那就近乎禽兽了。在孟子看来，人和禽兽都存在生而即有的本能欲望，如果只追求欲望的满足，而忽视人的本性的发展，那就与禽兽差别不大了。他又说：

> 口之于味也，目之于色也，耳之于声也，鼻之于臭也，四肢之于安佚也，性也，有命焉，君子不谓性也。仁之于父子也，义之于君臣也，礼之于宾主也，智之于贤者也，圣人之于天道也，命也，有性焉，君子不谓命也。（《孟子·尽心下》）

孟子把人的口、目、耳、鼻、四肢等器官的生理欲望称为命，只将仁、义、礼、智等人才具有的属性称为性。所以，孟子言性不是指人生而固有的生理本能，而是指人之异于禽兽之几希处，即人之所以为人的特性。

当孟子和告子辩论性的问题时，孟子说："人性之善也，犹水之就下也。人无有不善，水无有不下。"（《孟子·告子上》）明确地指明人性向善犹如水往低处流一样，具有必然性。孟子所谓的人性之善是由人心呈露出来的"四端"证明的。"恻隐之心，仁之端也；羞恶之心，义之端也；辞让之心，礼之端也；是非之心，智之端也。人之有是四端也，犹其有四体也。"（《孟子·公孙丑上》）"仁义礼智，非由外铄我也，我固有之也。"（《孟子·告子上》）仁、义、礼、智四德，是人所固有的，乃人性的重要组成部分。四德发出表现为"四端"。"四端"仅仅是四德的"萌芽"，是潜在的、可能的四德，而不是已经实现的四德。所以孟子要求人们扩充"四端"，以实现"四端"向四德的转化和发展，使可能性变为现实性。孟子还说："乃若其情，则可以为善矣，乃所谓善也。若夫为不善，非才之罪也。"（《孟子·告子上》）这里的情不是情欲之情，而是指实际的情况。"乃若其情，则可以为善"意为人的实际情况是可以为善的。才是人天生的材质、资质。孟子所谓的性善，并不是说人性先天就是善的，而是说人生来即有"可以为善"的潜能，即人们与生俱来的仅仅是为善的可能性。至于这种可能性、潜能能否转化为现实性，这就取决于后天的主客观原因。如果人不能为善，原因并不在于初生之质有问题，只是这种初生之质、潜在的才能没有得到充分的发展。正是在这个意义上孟子才反复强调每个人都有为善之能。

既然善端人人都有，那么恶从何而来呢？孟子认为，恶之所以产生，只是因为人舍弃了自己本有的善心，即本心，而"不能尽其才"（《孟子·告子上》）。具体来说，恶的产生有两方面的影响：一是生理欲望的影响，一是不良环境的影响。首先看生理欲望的影响。合理的生理欲望并不是恶的，只有"养小以失大"（《孟子·告子上》），为了欲望失去了本心，这才是恶。孟子说："耳目之官不思，而蔽于物。物交物，则引之而已矣。"（《孟子·告子上》）耳目等感官须受到外物刺激而起活动。但耳目等感官的机能，不能思虑反省，即没有判断的自主性，所以一与外物接触，便本能地要以外物满足自己的欲望，而被外物蒙蔽。人被外物蒙蔽，则只知不断地满足欲望而不知有仁、义、礼、智。人的本心便被牵引而去，放失而不返。恶便由此而生。假使心能作主，则耳目之欲，不被物引诱，而由心作判断，此即所谓"先立乎其大，则其小者不能夺也"（《孟子·告子上》）。其次，孟子非常重视环境影响的问题。他说：

> 富岁，子弟多赖；凶岁，子弟多暴，非天之降才尔殊也，其所以陷溺其心者然也。今夫麰麦，播种而耰之，其地同，树之时又同，浡然而生，至于日至之时，皆熟矣。虽有不同，则地有肥硗，雨露之养，人事之不齐也。（《孟子·告子上》）

在同一片土地种植大麦，播种的时节都是一样的，但由于土壤肥瘠、雨露滋养和人工管理的不同，每棵麦苗的收获也不一样。孟子以种植大麦为喻，说明初生之质相同的人，因为环境的不同，而形成了不同的习性。少年子弟，丰年多懒惰，灾年多横暴。就一般人而论，虽都有善端，但若无适当的环境，则主观能动性的作用很难发挥出来，便放失了本心。所以，孟子认为，对于普通民众，有"恒产"然后有"恒心"。孟子以环境说明人的成就之不同，较之孔子从"习"方面作说明，实质相同，但更增加了社会方面的意义。

先秦之时，在人性论方面，还有告子认为性无善恶，世硕主张人性有善有恶，以及荀子主张性恶。秦汉时期，董仲舒提出人性有圣人之性、中人之性、斗筲之性三品，扬雄以为人之性善恶混，王充说"性本自然，善恶有质"

(《论衡·本性篇》),有极善之性、中人之性、极恶之性三等。唐代韩愈也讲性三品,上品善,下品恶,中品可善可恶。宋代,理学家在总结以往人性思想的基础上,又深化了对人性的讨论。

(二)宋明理学人性论之发展

"天地之性"与"气质之性"两个范畴并举以讨论人性问题,始于张载,后经过二程的赞同和引申,大成于朱熹。此种言说方式的创立与发展,是对以往人性善恶之争的总结和深化。张、程、朱的主观愿望,是要为人性善恶的问题提供一个圆满的解答。不过,"天地之性"(或言"天命之性""义理之性""本然之性")和"气质之性"的区分有将人性分为二元的嫌疑,这对范畴本身的涵义,也随着理学的发展而不断变化。这在往后的学界又引起了更大的争论。

1. 张载的天地之性与气质之性

张载认为,性是人或事物的本质属性。事物之所以各不相同,人与物之所以有别,人与人之所以各异,其原因就在于他们具有不同的质的规定性。"天下凡谓之性者,如言金性刚,火性热,牛之性,马之性也,莫非固有。凡物莫不是有性。"[①] 性为事物所固有,凡物均有其性,不存在没有性的事物。

张载探讨性的问题时,以天人合一为其既定的理论前提和基本指向。天道和人道的互含互渗直接表现在他的性论上。性本身就是天与人的中介,是双方互相贯通的基础。他说:"性者万物之一源,非有我之得私也。"[②] 这个"一源"之性即张载所说的"天性"。"天性,乾坤、阴阳也,二端故有感,本一故能合。""天包载万物于内,所感所性,乾坤、阴阳二端而已。"[③] 天性是从天道而言的天的自体之性,所以说"性即天道"[④]。人和人、人和物、物和物虽有差别,但禀受的天性都是一样的,并不是有的有、有的无、有的少、有的多。"天性在人,正犹水性之在冰,凝释虽异,为物一也。"[⑤] 天性落实于人,即张载所称的"天地之性"。天道的天性和人道的天地之性,犹如水和冰处于不同的状态,具体表现不一,但其实是一个东西。这个天地之性"于

---

① (宋)张载:《性理拾遗》,见《张载集》,第374页。
② (宋)张载:《正蒙·诚明篇第六》,见《张载集》,第21页。
③ (宋)张载:《正蒙·乾称篇第十七》,见《张载集》,第63页。
④ (宋)张载:《正蒙·乾称篇第十七》,见《张载集》,第63页。
⑤ (宋)张载:《正蒙·诚明篇第六》,见《张载集》,第22页。

人无不善"①。

但是，为什么人有善恶智愚的差别呢？张载说："凡物莫不有是性，由通蔽开塞，所以有人物之别，由蔽有厚薄，故有智愚之别。"② 天地之性人与物俱有，只是在物或禽兽中被蔽塞得牢不可开，不同的人之间遮蔽程度也有厚薄之别。遮蔽天地之性者为何物？张载认为是气质遮蔽了天地之性。他说："人之刚柔、缓急、有才与不才，气之偏也。天本参和不偏，养其气，反之本而不偏，则尽性而天矣。"而且"形而后有气质之性，善反之则天地之性存焉。故气质之性，君子有弗性焉"③。每个人都拥有同样的天地之性，可是又各自与他人相区别，这种个体差异性，在于气质有别，这是由气凝聚而成形时造成的。气有偏，气凝成形而生人时，对天地之性的遮蔽程度是不一致的，所以有"美恶贵贱夭寿"之别。气积聚为形质以后所具有的被所受之气决定的特征和品性，则是气质之性。那么，气质之性既不是不可变易的、恒常的天地之性，也不包含天地之性。现实的人性正是由根源于太虚的天命之性与根源于气的气质之性混合而成。

张载的性论是从人道向天道追溯。为了使天地之性显露，人就要"变化气质"，使遮蔽天地之性的气质厚变薄，薄变通，通则开，"开则达于天道，与圣人一"④。张载说"变化气质"，而不是"消除气质"，是因为气凝成质才为人，无气质人也就不存在了。气质本身并不是恶的，气质对天地之性的遮蔽才是恶。"饮食男女皆性"⑤，本能欲望也属于气质之性的内容。正常的生理欲望无所谓善恶，只有不在天地之性规范下的过度欲求才是恶。因而，张载并不是要人们消尽气质之性，而是祛除气质遮蔽以"返"天性之本，让天地之性贯通人道。

2. 二程的天命之谓性与生之谓性

二程都是从性和气两个方面来谈人性问题的，程颢说"性即气，气即性"⑥，认为性与气在现实的人性中是相即不离的两个方面。程颐说"论性，

---

① （宋）张载：《正蒙·诚明篇第六》，见《张载集》，第22页。
② （宋）张载：《性理拾遗》，见《张载集》，第374页。
③ （宋）张载：《正蒙·诚明篇第六》，见《张载集》，第23页。
④ （宋）张载：《性理拾遗》，见《张载集》，第374页。
⑤ （宋）张载：《正蒙·乾称篇第十七》，见《张载集》，第63页。
⑥ （宋）程颢、程颐：《河南程氏遗书》卷一《端伯传师说》，见《二程集》，第10页。

不论气，不备；论气，不论性，不明"①，认为在谈论人性时，只讲性不讲气，说得就不完备；只讲气不讲性，说得就不清楚。二程在人性论上都既讲"天命之谓性"，又讲"生之谓性"；既讲性，又讲气。

先来看程颢的人性论。

程颢肯定了告子"生之谓性"的命题，但反对孟子由"生之谓性"而推导出来的结论。他说："'天地之大德曰生'，'天地絪缊，万物化醇'，'生之谓性'，万物之生意最可观，此元者善之长也，斯所谓仁也。"并在"生之谓性"下注曰："告子此言是，而谓犬之性犹牛之性，牛之性犹人之性，则非也。"② 生生是天地之大德，即天道。天地生生不已，万物不断生成，人与物在生成以后具备了现实人性，此性为"生之谓性"。人之性、犬之性、牛之性等都是"生之谓性"，但不可谓相同，而是千差万别的。造成"生之谓性"各异的原因就是所禀受的气不同。由于气禀不同，人"有自幼而善，有自幼而恶"③，犹如水之有清有浊。程颢还说："'民受天地之中以生'，'天命之谓性'也。"④ "道即性也。若道外寻性，性外寻道，便不是。圣贤论天德，盖谓自家元是天然完全自足之物。"⑤ 人禀受天地之中的天道而生，即是人的"天命之谓性"。"天命之谓性"是人与物天然完全自足的。此性来自天地生生之道，所以是纯善无杂的。从"人生而静以上""继之者善"的角度讲，说的就是"天命之谓性"；从"成之者性也"的角度讲，说的就是"生之谓性"。"天命之谓性"作为一种本然和应然，在人与物的个体产生之前还谈不上其存在，只有个体产生后才可说性，但这时的性已经是"生之谓性"了，所以，"天命之谓性"不能离开"生之谓性"而存在，作为现实人性的"生之谓性"包含着作为人的本性的"天命之谓性"。

再来看程颐的人性论。

程颐也认为"生之谓性"和"天命之谓性"是有区别的，谈性不可一概而论。"'生之谓性'，止训所禀受也。'天命之谓性'，此言性之理也。"⑥

---

① （宋）程颢、程颐：《河南程氏遗书》卷六《二先生语六》，见《二程集》，第81页。
② （宋）程颢、程颐：《河南程氏遗书》卷十一《师训》，见《二程集》，第120页。
③ （宋）程颢、程颐：《河南程氏遗书》卷一《端伯传师说》，见《二程集》，第10页。
④ （宋）程颢、程颐：《河南程氏遗书》卷十二《戌冬见伯淳先生洛中所闻》，见《二程集》，第135页。
⑤ （宋）程颢、程颐：《河南程氏遗书》卷一《端伯传师说》，见《二程集》，第1页。
⑥ （宋）程颢、程颐：《河南程氏遗书》卷二十四《伊川先生语十》，见《二程集》，第313页。

"天命之谓性"源自天,"性出于天"①,"性即理也……天下之理,原其所自,未有不善"②。天理是至善的,理与性一,故"天命之谓性"亦无所不善。程颐又肯定了告子的人与物受生以后的"生之谓性",并指出了"生之谓性"是万殊的③,而与"天命之谓性"无不善有所不同。之所以"生之谓性"不同,乃是因为气禀各异。例如人有善有恶,在于气有善有不善,有清有浊。程颐将人禀受气所形成的材质称为"才","才出于气,气清则才清,气浊则才浊……才则有善与不善,性则无不善"④。有善有恶的性是"生之谓性",只是从气禀上来说而已,所以有时候程颐也称之为"气质之性";无不善的性是"天命之谓性",指性之理,是使气质之性成为可能者,乃极本穷源之性。程颐其实把人性分离为二,"天命之谓性"和"生之谓性"截然分开。"天命之谓性"来自天理,而"生之谓性"来自气禀。二者同在人与物之中,但不可混。

程颢所说的"天命之谓性"和"生之谓性",并非两种互不相混的性,不过是一为源自天的天性、本性,另一是指气聚成形后人与物的个体所具有的整体特性。二者的关系是"生之谓性"包含"天命之谓性"。而程颐所讲的两性、张载所讲的天地之性和气质之性则界限分明,一源自理,另一源自气,理与气不同造成两性相异,"理的性"和"气的性"各自一边,互不包含。所以,相较之下,将张载和程颐的性论称为性二元论才更贴切。即使将张载、二程的性论都称作性二元论,但他们之所以性二元者,则非相同。

3. 朱熹的天命之性与气质之性

朱熹综合张载、二程的人性之说,建构了一个更为严密的性论体系。在朱子哲学中,"性"这一范畴大体有两种意义。一是指人与物禀受的天地之理,常称为天命之性,有时也称为本然之性;一是指人与物的气质之性,在用法上或兼指人与物之性,或专指人性。⑤

朱熹认为,天地之间有理有气,人与物的产生都是禀受天地之气为形体气质,禀受天地之理为本然之性。这个本然之性就是《易传·系辞上》中的

---

① (宋)程颢、程颐:《河南程氏遗书》卷十九《杨遵道录》,见《二程集》,第252页。
② (宋)程颢、程颐:《河南程氏遗书》卷二十二《伊川杂录》,见《二程集》,第292页。
③ 《河南程氏遗书》卷三《谢显道记忆平日语》:"孟子言性,当随文看。不以告子'生之谓性'为不然者,此亦性也,彼命受生之后谓之性尔,故不同。断之以'犬之性犹牛之性,牛之性犹人之性与?'然不害为一。"(《二程集》,第63页。)
④ (宋)程颢、程颐:《河南程氏遗书》卷十九《杨遵道录》,见《二程集》,第252页。
⑤ 参见陈来《朱子哲学研究》,第194页。

第二章 实 性

"继之者善"。朱熹说：

> "继之者善，成之者性。"这个理在天地间时，只是善，无有不善者。生物得来，方始名曰"性"。只是这理，在天则曰"命"，在人则曰"性"。①
>
> 性即天理，未有不善者也。②

禀理为性说明了人具有先天的善的品质。对于人的恶的品质从何而来这个问题，朱熹顺着张载和二程的思路，从先天气禀上去寻求答案。人所禀得的气的质地不同，直接决定了人的善恶品质。"日月清明气候和正之时，人生而禀此气，则为清明浑厚之气，须做个好人；若是日月昏暗，寒暑反常，皆是天地之戾气，人若禀此气，则为不好底人，何疑。"③ 人若禀受了清明浑厚之气，则必为天生之善人；人若禀受了天地之戾气，则必为天生之恶人。气禀对人之品质影响的具体方式，朱熹更多地采用了另一种说法。人所禀受之气浑浊，造成了对天命之性的遮蔽，从而影响了人的善的本质在某些方面的表现，而产生恶的行为。朱熹以宝珠在水为喻："性如宝珠，气质如水。水有清有污，故珠或全见，或半见，或不见。"④ 置于水中的宝珠，其光芒亮度，取决于水的清浊程度。天命之性作用发挥的程度则取决于气质对其遮蔽的多少与厚薄。由于一切人兼受所禀理、气两方面的影响，所以现实的人性不能说纯粹由理或纯粹由气所决定。气质之性就是现实的人性，是综合反映了理、气两方面影响的人性概念。朱熹说："生下来唤作性底，便有气禀夹杂，便不是理底性了。"⑤ 前一个性指气质之性，后一个性指天命之性。"才说性，此'性'字是杂气质与本来性说，便已不是性。这'性'字却是本然性。才说

---

① （宋）黎靖德编：《朱子语类》卷五《性情心意等名义》，见《朱子全书》第 14 册，第 216 页。
② （宋）朱熹：《孟子集注》卷十一《告子章句上》，见《朱子全书》第 6 册，第 396 页。
③ （宋）黎靖德编：《朱子语类》卷四《人物之性气质之性》，见《朱子全书》第 14 册，第 198 页。
④ （宋）黎靖德编：《朱子语类》卷七十四《上系上·第五章》，见《朱子全书》第 16 册，第 2525 页。
⑤ （宋）黎靖德编：《朱子语类》卷九十五《程子之书一》，见《朱子全书》第 17 册，第 3191 页。

气质底，便不是本然底也。"① "本来性""本然性""本然底"是本然之性，即天命之性；"杂气质与本来性说"的是气质之性。气质之性是人生以后的现实人性，天命之性是人性的本然状态。这就是朱熹所说的，天命之性是"专指理"而言，气质之性是"以理与气杂而言"②。陈来先生总结天命之性与气质之性这对范畴的关系时说："从'性之本体'的观念来看，气质之性是本然之性的转化形态，指受到气质熏染的性理之性，本然之性是气质之性的本体状态，并不是与气质之性并立的、在气质之性以外、与气质之性共同构成人性的性。"③ 所以，在朱子哲学中，天命之性与气质之性并不是两个人性，这与张载、程颐的性论中所规定的意义是不一样的，故而，称为性二元论也不特别妥帖。但在朱熹从理气两方面解释人性的意义上，我们也可以说其人性论具有二元论的特点。

4. 明代人性论的一元转向

明代时，罗钦顺从其气一元论出发，万物都源出于气，禀气而生，所以认为万物必然都同禀气之理以为性。"同一阴阳之气以成形，同一阴阳之理以为性。"④ 因为"气本一"⑤，理亦一，所以禀气之理以成的性也是一性。罗钦顺反对"一性而两名"。他认为张、程、朱所谓的天命之性和气质之性，就是"一性而两名"，"虽曰'二之则不是'，而一之又未能也"，"以气质与天命对言，语终未莹"⑥。在罗钦顺看来，气质就是天之所命，气质之性就是天命之性，人与物只有一个性，不需要再用两个名称去指称。

王廷相说"性出乎气"，是"气之生理"⑦，那么性从属于气，由气所决定，故而只讲气质之性。既然没有不受气质影响的性，也就不存在超乎形气之外的本然之性。这也就否定了宋儒区分气质之性与天命之性的观点。他认为，宋儒如果只以气质言性，则性必有恶，那么就与孟子的性善论相矛盾了；因此，宋儒为了自圆其说，提出了本然之性，以牵强附会于孟子性善之旨。在王廷相以气论性的理论前提下，由于气有清浊粹驳，所以性有善恶之分。

---

① （宋）黎靖德编：《朱子语类》卷九十五《程子之书一》，见《朱子全书》第17册，第3197页。
② （宋）黎靖德编：《朱子语类》卷四《人物之性气质之性》，见《朱子全书》第14册，第196页。
③ 陈来：《朱子哲学研究》，第206页。
④ （明）罗钦顺：《困知记》续卷上，第55页。
⑤ （明）罗钦顺：《困知记》卷上，第4页。
⑥ （明）罗钦顺：《困知记》卷上，第7页。
⑦ （明）王廷相：《王氏家藏集》卷二十八《答薛君采论性书》，见《王廷相集》，第518页。

王廷相的人性论并非先天性善论。

刘宗周论性只讲气质之性,反对把气质之性和义理之性对待起来。他说:"盈天地间止有气质之性,更无义理之性。"①"须知性只是气质之性,而义理者气质之本然,乃所以为性也。"② 论性不能离气质言性,性都是气质之性。义理是气质中表现的义理,是性的本质所在,即是气质之本性。如果讲义理之性,那就表达了气质之本性之性的意思,这种说法是同义重复,没有意义。所以,只有气质之性,没有所谓义理之性。刘宗周所说的气质之性的内涵并不同于程朱所说的气质之性。他的气质之性是"气质中之性",指的是气质中体现的形而上之理,相当于程朱的天命之性。既然刘宗周所说的气质之性是气质之本性,那么性善就有了先天基础。

罗钦顺、王廷相、刘宗周三人都反对将性歧而为二,坚持人性一元。其实,明代明确反对人性称谓二元或人性二元的学者,还有阳明后学的邹东廓、章本清、周海门,东林学派的钱一本、孙慎行等。③ 他们的具体人性主张虽不尽相同,但其人性一元的转向却是一致的。颜元论性也是在这一思想背景下展开的。

二　性为物则

在颜元的理气论中,理赋性,气凝形。由于理是气的属性、条理、规律,所以落实到具体人与物上,性是形的性质。形即气质,性就是气质之性。颜元说:

> 《诗》云:"天生烝民,有物有则;民之秉彝,好是懿德。"孔子曰:"为此诗者,其知道乎!有物必有则;民之秉彝也,故好是彝德。"详《诗》与子言,物则非性而何?况朱子解物则,亦云"如有父子则有孝慈,有耳目则有聪明之类",非谓孝慈即父子之性,聪明即耳目之性乎?④

---

① (明)刘宗周:《学言》中,见《刘宗周全集》第 2 册,第 418 页。
② (明)刘宗周:《中庸首章说》,见《刘宗周全集》第 2 册,第 301 页。
③ 参见高海波《慎独与诚意:刘蕺山哲学思想研究》,第 14—21 页。
④ (清)颜元:《存性编》卷一《性理评》,见《颜元集》,第 14 页。

"有物必有则"一句中,物就是事物,则是法则,物则为事物的法则。颜元认为,事物的法则就是事物的性质、性能,物则就是性。天命性形,性为天之所命,人禀受了天所赋予的性,故而爱好美好的德行。① 颜元引用朱熹在《四书章句集注》中对此的解释来佐证自己的观点。朱熹说:"有物必有法:如有耳目,则有聪明之德;有父子,则有慈孝之心,是民所秉执之常性也,故人之情无不好此懿德者。"② 听觉灵敏是耳朵的性能,视觉敏锐是眼睛的性能,慈爱是父母的品德,孝顺是儿女的品德。耳目、父子都在万物之中,它们所具有的性能、品德、规律等质的规定性就是性,也就是事物固有的性质,所以物则即性。

人与物是气所凝聚的气质,物则即气质的性质,也就是气质之性。颜元以眼睛的机体和机能的关系来比喻气质与性的关系:"譬之目矣:眶、疱、睛,气质也;其中光明能见物者,性也。"③ 眼睛由眼眶、眼睑、眼球组成,都是气凝而成的形质;眼睛在光的刺激下能够产生视觉,这是眼睛的机能。眼睛是气质,视觉能力是性。视觉能力不可能离开眼睛而存在,性只是气质之性。颜元又以衣服为喻,衣服的衣领、衣袖、前后襟是气质,衣领"可护项",衣袖"可藏手",前襟后襟"可蔽前后"④,这些功能是性。"目能视、耳能听、子能孝、臣能忠"⑤ 这些能力也是性。简单地说,性是气质的性质。详细地说,性是人与物本身具有的功能、属性、品德、规律等对自身的规定性的内容。性从属于气质,并不能独立存在。

笔者在上一章说到天命性形,理所赋的性、气所凝的形,都是天之所命。从这个意义上说,性也可谓天命之性。与程朱理学不同,在颜元哲学里,天命之性和气质之性是同一的,"天命之谓性"和"生之谓性"也是同一的,只是从不同的角度予以命名而已。从性的来源看,可称之为天命之性;从性

---

① 徐复观先生认为,《诗·大雅·烝民》中"民之秉彝,好是懿德"的原意是民能执持事物之法则,则能知爱好有懿德之人。自春秋时代以至孔子、孟子,他们引《诗》多为感兴地引用,不必合于《诗》之本义。致使孔孟之后,人们便常以"秉彝"为人性。(徐复观:《中国人性论史·先秦篇》,九州出版社2013年版,第52页)
② (宋)朱熹:《孟子集注》卷十一《告子章句上》,见《朱子全书》第6册,第399页。
③ (清)颜元:《存性编》卷一《驳气质性恶》,见《颜元集》,第1页。
④ (清)颜元:《存性编》卷一《棉桃喻性》,见《颜元集》,第3页。
⑤ (清)颜元:《存性编》卷一《棉桃喻性》,见《颜元集》,第3页。

的依托看，可称之为气质之性。所以，颜元极其赞同张石卿"无二性"① 的说法，强调"不必分何者是天命之性，何者是气质之性"②，二者只是一个性。由此，颜元确定了性只有一个，性即物则，性就是气质的性。

三　气质乃善

在张载、二程、朱熹那里，他们都认为天命之性纯然至善，气质之性有善有恶。由于颜元只承认有一个性，所以他反对各种认为天命之性和气质之性不同的观点，不管这两个范畴说的是性二元还是性一元而多层。朱子哲学中的气质之性是天命之性受到气质熏染形成的人性，体现了理与气的双重作用。而颜元哲学中的气质之性是气质的性质，由气决定。朱子哲学和颜元哲学中的气质之性虽同名，但表达的含义却不一样。颜元在评论朱熹的人性论时，可能已经意识到了这种差异，因此，二人哲学体系及范畴内涵的不同，必然导致颜元在理论建构中会与朱熹产生分歧，甚至误解、误读理学文本。依照颜元哲学的逻辑，气质之性不是有善有恶，而只可谓善。

在朱子哲学中，气质有恶或气质偏驳是人的恶的品质的根源。而颜元坚决反对这一观点："'气质之性'四字，未为不是，所差者，谓性无恶，气质偏有恶耳。"③ 颜元认为气质不仅无恶，而且还是善的。

首先，从气质的来源方面说明气质为善。在上一章谈到生成论的时候，笔者说颜元哲学中的天道统体里，充斥着阴阳二气和元、亨、利、贞四德之气。四德在天道为元、亨、利、贞，在人道为仁、义、礼、智。颜元和理学家的思路一样，将儒家道德条目中的仁、义、礼、智上升到天道的高度，以此证明儒家德性的绝对性和普遍性。天道成为性善的终极根据。所以，颜元是在至善的意义上理解天道范畴的。而且，《周易·系辞上》中的"一阴一阳之谓道，继之者善也"一句，也可作为天道至善的根据。由此，四德、二气、天道都"不得以恶言"④，都是至善的。而天道之中只有气，二气、四德都是气的不同形式，那么气肯定是善的。由气凝聚而成的气质当然也是善的。即

---

① （清）颜元：《习斋记余》卷七《祭石卿张先生文》，见《颜元集》，第534页。
② （清）颜元：《存性编》卷一《驳气质性恶》，见《颜元集》，第1页。
③ （清）颜元：《存性编》卷一《性理评》，见《颜元集》，第18页。
④ （清）颜元：《存性编》卷二《性图》，见《颜元集》，第25页。

虚实之辨

使昆虫、草木、蛇蝎、豺狼等动植物，都是由二气四德化生，它们尚且不可说有恶，更何况"受天地之中、得天地之粹"的人，怎么可说先天有恶。①

其次，从理气、性形关系方面说明气质为善。理是气的属性、条理、规律，从属于气，在善恶判断上"理气一致"②。如果说气是恶的，那么理也是恶的，如果说理是善的，那么气也是善的，不能说理善而气恶。性是气质的性质、气质的从属，善恶判断上也是性形一致。如果说"性善而气质有恶"，那就好像说一棵树"内之神理属柳而外之枝干乃为槐"③，这是不可能的。颜元所说的"性善而气质有恶"，指的是朱子哲学中天命之性为善而气质有恶的判断。这种情况在朱子哲学中是符合逻辑的，但在颜元哲学里则存在矛盾。在颜元看来，从理气来源及二者关系上说，"理、气俱是天道，性、形俱是天命，人之性命、气质虽各有差等，而俱是善"④。不论气质，还是气质之性，均善而无恶。

对于朱子哲学中由气偏形成的恶，或气质偏驳造成的对本性之隔蔽而形成的恶，颜元认为气偏或气质偏驳者其性也善。朱熹在回答弟子问题时曾说："他原头处都是善，因气偏，这性便偏了；然此处亦是性。如人浑身都是恻隐而无羞恶，都羞恶而无恻隐，这个便是恶的。"⑤朱熹认为气偏则气质之性也偏了，如人之四端只具有一端，这便是性偏，也是性恶。颜元对此反问道："世岂有皆恻隐而无羞恶，皆羞恶而无恻隐之人耶？岂有皆恻隐而无羞恶，皆羞恶而无恻隐之性耶？"⑥颜元为什么说世上不存在只有恻隐、羞恶、辞让、是非四端其中一端的人呢？我们还得从《性图》中对《单绘一隅即元亨以见意之图》（见图3）的说明来解释这一问题。

《单绘一隅即元亨以见意之图》是《万物化生图》的左上四分之一部分，属于元亨交通的区域。颜元摘绘全图之一角的目的，是要更详细地说明二气四德各种交通流变形式化生万物时产生的个体差异。他以人为例，解释了元、

---

① 《存性编》卷二《性图》："昆虫、草木、蛇蝎、豺狼，皆此天道之理之气所为，而不可以恶言，况所称受天地之中、得天地之粹者乎！"（《颜元集》，第25页。）
② （清）李塨、王源：《颜习斋先生年谱》，见《颜元集》，第725页。
③ （清）颜元：《存性编》卷二《性图》，见《颜元集》，第27页。
④ （清）颜元：《习斋记余》卷三《上太仓陆桴亭先生书》，见《颜元集》，第427页。
⑤ （宋）黎靖德编：《朱子语类》卷四《人物之性气质之性》，见《朱子全书》第14册，第201页。
⑥ （清）颜元：《存性编》卷一《性理评》，见《颜元集》，第9页。

第二章 实　性

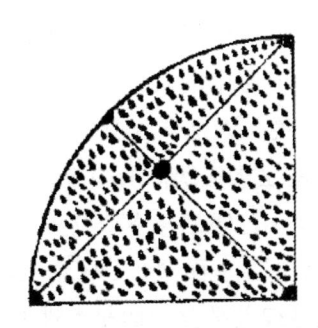

图 2-1　单绘一隅即元亨以见意之图

亨、利、贞四德之气的偏正对人品质的影响。① 图 2-1 中黑点，象征着各种各样的人。右下角黑点，乃《万物化生图》圆心的一部分，整个圆心为天道之中心。在此天道之中心，元、亨、利、贞四德汇聚，《单绘一隅即元亨以见意之图》右下圆心的这一部分元亨尤甚，但四德无不可通。得其气而生之人，则仁礼之德偏多。偏元者则恻隐多，为"仁胜"之人。仁之胜者，圣人如伊尹，贤人如颜子，士人如黄宪，常人如里巷中温厚之人。虽仁胜但四德无不可通，"本性之仁必寓有义、礼、智，四德不相离也"②，所以仁之胜者亦具有礼、义、智三德。偏亨者则辞让多，为"礼胜"之人。礼之胜者，圣人如周公，贤人如子华，士人如樊英，常人如里巷矜持之人。虽礼胜但四德无不可通，所以礼之胜者亦具有仁、义、智三德。最左边的黑点，偏元用事；最上边的黑点，偏亨用事；圆弧左上的黑点，处于元亨之间；中间两条斜线相

---

①　"如中角半大点，理气会其大中，四德全体，无不可通，而元亨为尤盛。得其理气以生人，则恻隐辞让多；或里元而表亨，则中惠貌庄之人也；或里亨而表元，则中严貌顺之人也。然以得中也，四德无不可通也，则有为圣人者焉，有为贤人者焉，有为士人者焉；以通元亨之间，去利贞之济远也，则亦有为常人者焉；皆行生之自然，不可齐也。仁之胜者，圣如伊尹，贤如颜子，士如黄宪，常人如里巷中温厚之人；礼之胜者，圣如周公，贤如子华，士如樊英，常人如里巷矜持之人。南边一大点，则偏亨用事，礼胜可知也。准中之礼盛例，而达乎元者颇难，达乎利贞者尤难。然而可通乎中以及贞，可边通乎元利，可斜通乎利亨之交，可边通乎亨利之间，而因应乎元贞之间，可边通乎元亨之间，而因应乎贞利之间，可斜通乎元亨之交。故虽礼胜而四德皆通，无不可为樊英、子华、周公也。东边一大点，则偏元用事，仁胜可知也。准中之仁胜例，而达乎亨者难，达乎贞利者更难。然而可通乎中以及于利，可边通乎贞亨，可斜通乎贞元之交，可边通乎贞元之间，而因应乎利亨之间，可边通乎亨元之间，而亦因应乎利贞之间，可斜通乎元亨之交。故虽仁胜而四德皆通，亦无不可为叔度、颜子、伊尹也。东南隅一大点，元亨之间也，然直通元亨之斜以达于中，而与贞利之间为正应，虽间，而用力为之，亦无不可为黄、樊、颜、西、伊、周也。隅中一大点，居元亨斜间之交，而似中非中。然斜中达于大中而通及贞利，虽间斜，而用力为之，亦无不可为黄、樊、颜、西、伊、周也。"［（清）颜元：《存性编》卷二《性图》，见《颜元集》，第 25—26 页。］

②　（清）颜元：《存性编》卷二《性图》，见《颜元集》，第 31 页。

105

交的黑点，处于元亨斜间之交。但通过图中的正、斜、间、边这些线条因应交通，都可达到四德皆通。而图中的其他小点，虽偏于一德或二德，但都含仁、义、礼、智四德。颜元说，人是"已凝结之二气四德"，"得天地之中以生"① 者。"天地之中"指的是天道统体的中心，那里元、亨、利、贞四德汇聚。因为人俱有仁、义、礼、智四德，不缺其一，所以是已凝结之四德，乃"得天地之中"，"得天地之全"②。而"仁、义、礼、智，性也"，"非块然有四件也"③。人性之四德不是彼此孤立，而是人性的不同方面。至于为什么会有仁、义、礼、智之名，从来源方面说，以天道四德之"元、亨、利、贞名之"④；从人性之外在表现来看，由恻隐、羞恶、辞让、是非四情而知之。人性之中仁、义、礼、智四德俱有，不是只有一德、二德或三德，故人性偏不是只有恻隐而无羞恶、只有辞让而无是非之类。人性偏只是一德或二德或三德偏胜，其余则相对微弱，四德之间失掉均衡状态，成偏倚之势，不如四德"大中至正"的均衡状态相济适当而已。无论人性偏或全，人性之中都是四德俱在，"偏亦命于天者也，杂亦命于天者也"，"不可谓为恶也"⑤，"偏亦善"⑥。无论人初生以后先天禀受的性如何，都是善而无恶。这就为"人皆可以为尧、舜"预设了可能性。"全体者为全体之圣贤，偏胜者为偏至之圣贤。"⑦ 如尧、舜、周公、孔子为全体之圣；伯夷偏清，柳下惠偏和，他们为偏至之圣。在这里还要重申一下，颜元哲学里，天道之元、亨、利、贞四德是气，兼理气而言；人道之仁、义、礼、智四德只是性。气是善的，气质也是善的，无论天道四德之气的清浊、厚薄、长短、高下等，都不会影响人性所拥有的善的品质，因此，气偏不是恶的来源。

朱熹对于气质偏驳、昏浊造成的对本性之隔蔽而形成的恶，曾以"纸罩灯火"之喻予以说明。他说：

> 且如此灯，乃本性也，未有不光明者。气质不同，便如灯笼用厚纸

---

① （清）颜元：《存性编》卷二《性图》，见《颜元集》，第21页。
② （清）颜元：《习斋记余》卷六《人论》，见《颜元集》，第511页。
③ （清）颜元：《存性编》卷二《性图》，见（清）颜元：《颜元集》，第27页。
④ （清）颜元：《存性编》卷二《性图》，见《颜元集》，第21页。
⑤ （清）颜元：《存性编》卷一《性理评》，见《颜元集》，第10页。
⑥ （清）颜元：《存性编》卷二《性图》，见《颜元集》，第31页。
⑦ （清）颜元：《存性编》卷二《性图》，见《颜元集》，第31页。

糊，灯便不甚明；用薄纸糊，灯便明似纸厚者；用纱糊，其灯又明矣。撤去笼，则灯之全体著见，其理正如此也。①

朱熹以灯罩喻气质，以中间的灯火喻性，以灯喻人。无论有没有灯罩，灯火本身都是一样燃烧散发光和热。但是，灯罩的材质及厚薄，影响了灯火透过灯罩后的照明亮度。同理，气质的清浊、纯驳程度会影响性体发显的效果。气质越清明、纯净，性体发显效果越好；气质越浊暗、驳杂，性体发显效果越差。偏驳、昏浊的气质遮蔽了至善性体，致使性体的作用不能全部施及显发于外，故而产生了恶。颜元批评这是不类之喻，灯罩与灯火显然是二物，可以拆分开来，但是气质与性的关系是"性形不二"，性只是气质的属性，根本不能像灯笼一样拆分为灯火和灯罩。气质与性乃是一体不可分的，何来自身对自身的遮蔽，这也就说明恶不是来源于气质对性体的遮蔽。

在这里还有两个问题有必要说明一下。一是朱子哲学和颜元哲学里的"气质偏驳"具有不同含义。朱熹所谓的"气质偏驳"，指的是气质不纯、不清、驳杂、昏浊之类。颜元虽未对"气质偏驳"予以专门说明，但是通过《颜元集》中四处提到"偏驳"的语句及其上下文本推测，"气质偏驳"与气质如"天则之正"乃是相互区别的两种人之禀受情况，人的气质非此即彼。气质如"天则之正"指的是禀得四德大中至正之人，除此以外的四德成偏倚之势的人，则都属于"气质偏驳"。这是广义上的"气质偏驳"的含义。但颜元有时将气质偏驳和偏胜相区别，气质偏胜或说四德偏胜仅仅指四德中的一德偏胜，狭义的"气质偏驳"则指除四德大中至正和一德偏胜之外的其他气偏的情况。

二是颜元哲学里人与物的本质区别。颜元认为，人是二气四德所凝结，"人则独得天地之全，为万物之秀也。得全于天地，斯异于万物而独贵"②，"其中异万物之偏，故曰，'人得天地之中以生'"③。在气凝结为人时，元、亨、利、贞四德之气或多或少都参与其中，所以人性中仁、义、礼、智四德俱有。人与物相比，人"得天地之全"，"异万物之偏"。万物之偏与人性中

---

① （宋）黎靖德编：《朱子语类》卷六十四《中庸三·第二十三章》，见《朱子全书》第16册，第2117页。
② （清）颜元：《习斋记余》卷六《人论》，见《颜元集》，第511页。
③ （清）颜元：《习斋记余》卷六《人论》，见《颜元集》，第513页。

四德偏胜不一样。物之偏在于，气凝结为物时，元、亨、利、贞四德之气只有一种、两种或三种参与其中，故而不如人禀受得全。朱熹在《孟子集注》中对"牛之性，犹人之性与"一句的注释为："然以气言之，则知觉运动，人与物若不异也。"① 颜元对此说："气亦异。"② 颜元还说："耳目、口鼻、手足、五脏、六腑、筋骨、血肉、毛发俱秀且备者，人之质也，虽蠢，犹异于物也；呼吸充周荣润，运用乎五官百骸粹且灵者，人之气也，虽蠢，犹异于物也。"③ 人与物所禀之气的差异就在于四德之气的全或不全。所以，人与物的差异在于四德俱全还是四德不全，人与人的差异在于俱全的四德之间或多或少。按照颜元哲学的逻辑，朱熹所说的"浑身都是恻隐而无羞恶"则不能是人，而只是物。而物在颜元这里也不是恶的。物之气质是善，物之性也是善。颜元哲学中的善，不仅仅限于道德意义，更多的是指社会价值。宋明理学是道德形而上学的建构，而颜元哲学在为道德寻求哲学根据的同时，更重视人生价值得以实现的哲学基础与实践方法。这种问题意识的差异是颜元批判宋明理学的主要原因。

综上所述，颜元认为，不仅性先天是善的，而且气质也是善的。

四 情才皆善

宋明理学一般认为，性是情的根据，情是性的表现。朱熹在注释孟子"恻隐之心，仁之端也；羞恶之心，义之端也；辞让之心，礼之端也；是非之心，智之端也"时说：

> 恻隐、羞恶、辞让、是非，情也。仁、义、礼、智，性也。心，统性情者也。端，绪也。因其情之发，而性之本然可得而见，犹有物在中而绪见于外也。④

在朱子哲学里，心、性、情三者的关系是性发为情，情根于性，心统性

---

① （宋）朱熹：《孟子集注》卷十一《告子章句上》，见《朱子全书》第6册，第396页。
② （清）颜元：《四书正误》卷六《孟子下·告子》，见《颜元集》，第236页。
③ （清）颜元：《存性编》卷一《性理评》，见《颜元集》，第15页。
④ （宋）朱熹：《孟子集注》卷三《公孙丑章句上》，见《朱子全书》第6册，第289—290页。

第二章 实性

情。性为未发、情为已发的说法则强调了性以情为外在表现，情以性为内在根据。至于才，朱熹说是"人之能"，还说：

> 才便是那情之会恁地者。情与才绝相近。但情是遇物而发，路陌曲折恁地去底；才是那会如此底。
> 情只是所发之路陌，才是会恁地去做底。且如恻隐，有恳切者，有不恳切者，是则才之有不同。……才是心之力，是有气力去做底。……心譬水也；性，水之理也。性所以立乎水之静，情所以行乎水之动，……才者，水之气力所以能流者，然其流有急有缓，则是才之不同。①

才是心的气力，譬如性发为情，其情的表达程度由才决定。才可以说是人本身具有的能力、资质。对于情、才的善恶，朱熹说：

> 情本自善，其发也未有染污，何尝不善。才只是资质，亦无不善。譬物之白者，未染时只是白也。
> 才本是善，但为气所染，故有善、不善。②
> 性如水，情如水之流。情既发，则有善有不善，在人如何耳。才则可为善者也。彼其性既善，则其才亦可以为善。③

情根于性，从情的本来意义上说，情发而没有染污则随性善而善，但发而有染污，就不再善，这样情发便有善与不善的不同表现。从情的表现来看，发而后合乎中节为善，不合乎中节便不善。"人有是性，则有是才，性既善则才亦善。"④ 在善恶方面，才与情一样。本来状态的才是善，为气染污，则不善。

颜元对于性、情、才三范畴之间关系的理解基本上延续了朱熹的思路，

---

① （宋）黎靖德编：《朱子语类》卷五《性情心意等名义》，见《朱子全书》第14册，第233页。
② （宋）黎靖德编：《朱子语类》卷五十九《性无善无不善章》，见《朱子全书》第16册，第1882页。
③ （宋）黎靖德编：《朱子语类》卷五十九《性无善无不善章》，见《朱子全书》第16册，第1881页。
④ （宋）朱熹：《孟子集注》卷十一《告子章句上》，见《朱子全书》第6册，第399页。

只是对情、才善恶的规定有所不同。他在对《孟子性情才皆善之图》的说明中集中阐述了心、性、情、才、气质五个范畴的关系。① 心赅括仁、义、礼、智四德之性。心与外界事物交感，仁、义、礼、智四德之性发动而表现出恻隐、羞恶、辞让、是非之情。情是性的发用表现，才是使性发用为情而彰显于事的能力。如果没有性，固然无所谓情、才；而如果没有情、才，也就不能将性的作用表现出来。颜元称情是性之见，才是性之能。性、情、才是"一理而异名"，统一于性。性是气质的性质，情、才是性的表现和能力，性的作用、情的表现、才的发挥都要通过气质才能完成，所以性、情、才是气质的性、情、才。具体地看四情发显：人见到当爱之物而蓬发恻隐之情，遇到当断之事而产生羞恶之情，邂逅当敬之人而引起辞让之情，面对当辨之事而萌生是非判断的动机。人面对现实事物能将仁、义、礼、智四德发用为恻隐、羞恶、辞让、是非之情的能力，即将情行为化、现实化的机能就是才。颜元还说过："心之理曰性，性之动曰情，情之力曰才。"② "其所以为风处是性，发而动是情。"③ 这些表达的都是一个意思。

情、才是性的表现和能力，性、情、才是气质的性、情、才。性与气质都是善的，那么情、才也是善的。颜元读《性理大全》时看到其中所载张栻之言："以人心言之，未发则无不善，已发则善恶形焉。然原其所以为恶者，亦自此理而发，非是别有个恶，与理不相干也。若别有个恶与理不相干，却是有性外之物也。"④ 他对此评论道："以未发为无不善，已发则善恶形，是谓未出土时纯是麦，既成苗时即成麻与麦，有是理乎？至谓所以为恶亦自此理而发，是诬吾人气质，并诬吾人性理，其初尚近韩子'三品'之论，至此竟同荀氏'性恶'，扬氏'善恶混'矣。"⑤ 若如张栻所言，未发之性为善，已发之情有善、有恶，那么，这就像种的是麦子，而长出来的是麦苗与麻苗

---

① "圈，心也；仁、义、礼、智，性也；心一理而统此四者，非块然有四件也。既非块然四件，何由而名为仁、义、礼、智也？以发之者知之也，则恻隐、羞恶、辞让、是非也。发者情也，能发而见于事者才也；则非情、才无以见性，非气质无所为情、才，即无所为性。是情非他，即性之见也；才非他，即性之能也；气质非他，即性、情、才之气质也；一理而异其名也。"[（清）颜元：《存性编》卷二《性图》，见《颜元集》，第27页。]
② （清）李塨、王源：《颜习斋先生年谱》，见《颜元集》，第757页。
③ （清）颜元：《四书正误》卷二《中庸原文》，见《颜元集》，第168页。
④ （清）颜元：《存性编》卷一《性理评》，见《颜元集》，第12页。
⑤ （清）颜元：《存性编》卷一《性理评》，见《颜元集》，第12页。

一样，完全有悖常识和逻辑。至于将恶的来源归于理，更是为颜元所反对。颜元说："盖性之未发，善也；虽性之已发，而中节与不中节皆善也；谓之有恶，又诬性之甚也。"① 性之已发就是情，性为善，那么情不论中节还是不中节，也都是善的。朱熹以中节与否判断情的善恶，颜元却说忠臣孝子之忠孝之情浓厚，其情不可能因为太强烈、不中节而说是恶的。其实，朱子哲学在性情关系上存在着一个较大的矛盾。如果朱子哲学中的情只是指恻隐、羞恶、辞让、是非四端，那么性发为情，性善情也善，这是不存在问题的。但朱熹又将七情和许多具体思虑也说成性之已发。如在《四书章句集注》中，他说喜、怒、哀、乐是情，是性之未发，"发皆中节，情之正也"②。还引用二程的话说："喜、怒、哀、乐未发，何尝不善。发而中节，即无往而不善；发不中节，然后为不善。"③ 喜、怒、哀、乐是七情，不是四端，所以不全是善的。人肯定有发而不善的情感念虑，这些情感念虑究竟是否也发自天命之性？如果说这些情也是四德之性所发，则善之性发为不善之情，体用便无法一致，这显然存在着矛盾。颜元认为情是善的，那么人有不善的情感念虑怎么解释呢？颜元认为性之已发只有四端之情，而七情和具体思虑不是性之已发，不是情的范畴。故而，不善的情感念虑不属于情，情总是善的。

颜元又从天道方面予以证明情、才皆善：

> 人者，已凝结之二气四德也。存之为仁、义、礼、智，谓之性者，以在内之元、亨、利、贞名之也；发之为恻隐、羞恶、辞让、是非，谓之情者，以及物之元、亨、利、贞言之也；才者，性之为情者也，是元、亨、利、贞之力也。④

情、才皆源于天道的二气四德，情是元、亨、利、贞之已发，才是元、亨、利、贞之力，都是气的作用，故而皆为善。颜元这种推理，是从体用一致的原则出发的。若回顾一下颜元的理气论和人性论，便会发现他特别重视体用一致。从天道到人道，从生成论到人性论，他都坚持体用一致的原则。

---

① （清）颜元：《存性编》卷二《性图》，见《颜元集》，第19页。
② （宋）朱熹：《中庸章句》，见《朱子全书》第6册，第33页。
③ （宋）朱熹：《孟子集注》卷五《滕文公章句上》，见《朱子全书》第6册，第306页。
④ （清）颜元：《存性编》卷二《性图》，见《颜元集》，第21页。

气与理的关系中，理气一致，气为体，理为用。形与性的关系中，形性不二，形为体，性为用。气质与性、情、才的关系中，气质为体，性、情、才为用。在善恶的规定上，体和用也是一致的。体为善，则用也善。体善用恶这种与体用一致相悖的情况在颜元哲学里是不可能发生的。所以，只要设定了天道至善，那么气、理、形、性、情、才都是善的。如果说作为用的性、情、才是恶的，那么作为体的天道、气也必然是恶的；这样推开去，天地之间万事万物势必都是恶的，而无善的存在了。

孔、孟性论原旨，也被颜元用来佐证自己气质、性、情、才皆善的观点。孔子言"性相近，习相远"，孟子言"非天之降才尔殊""为不善非才之罪""乃若其情则可以为善"（《孟子·告子上》）。颜元解释说："性之相近如真金，轻重多寡虽不同，其为金俱相若也。惟其有差等，故不曰'同'；惟其同一善，故曰'近'。"① 真金之间有轻重多少的区别，但其作为真金的本质是一样的。不同人之间，具体人性可能因四德比重的不同而相异，但性之善却是相同的，所以孔子说"相近"，孟子说性有善端。至于恶产生的原因，孔子归于"习"，孟子不责于情、才。而且孟子说"形色，天性也"（《孟子·尽心上》），"形色"即人之气质，孟子说其乃天性，必然不能不善。

颜元从天道至善出发，肯定了气、理、形、性、情、才皆为善。这便彻底割断了恶与先天性的一切联系。颜元于是从后天因素中去寻找恶的来源。

五 恶的来源

既然人的气质、性、情、才皆善，从人的先天因素上不可能找到恶的来源，那么人怎么会有恶的情感念虑、恶的运作施为呢？从性发为情的过程来看，原因只能与外物环境的触动刺激有关。颜元说："误始恶，不误不恶也。"误是"误用其情也"②，简单地说，就是情施用的对象错了。误用其情则产生了恶。颜元更喜欢用"引蔽习染"四字来说明恶的来源："其所谓恶者，乃由'引、蔽、习、染'四字为之祟也。"③ "至于恶则后起之引、蔽、习、染也。"④ 何

---

① （清）颜元：《存性编》卷一《性理评》，见《颜元集》，第7页。
② （清）颜元：《存性编》卷二《性图》，见《颜元集》，第30页。
③ （清）颜元：《存学编》卷一《上太仓陆桴亭先生书》，见《颜元集》，第49页。
④ （清）李塨、王源：《颜习斋先生年谱》，见《颜元集》，第726页。

谓"引、蔽、习、染"呢？颜元说："然其贪溺昧罔，亦必有外物引之，遂为所蔽而僻焉，久之相习而成，遂莫辨其为后起、为本来。"①人受到外物引诱，为之蒙蔽而走入了歧路、产生了恶行，久而久之习以为常，恶便染于其性，形成恶劣的习性。因此，恶不是"本来"的先天具有，而是"后起"的后天形成。对于恶后天形成的具体过程，颜元认为，恶始于误用其情，误用其情源于"引蔽"，"习染"之人便是一直误用其情。②此外，他还有一句话是"祸始于引蔽，成于习染"③。综合起来，颜元哲学中恶的形成问题可从三个层次来分析：祸始引蔽，误用其情，成于习染。在这三个层次中，虽然"引蔽"为始，但最关键的一环是误用其情，而且，只有明了了何为误用其情，才能理解"引蔽"何以作为误用其情的前提条件。因此，我们先来考察"误用其情"。

（一）误用其情

性发为四端之情，具体地说，人见到当爱之物而产生恻隐之情，恻隐之情能直及当爱之物；见到当断之事而产生羞恶之情，羞恶之情能直及当断之事；遇到当敬之人而引起辞让之情，辞让之情能直及当敬之人；面对当辨之事而萌生是非之情，是非之情能直及当辨之事。情的施用必须有适当的对象。人接触不同的对象，性所发用的情应该是有差别的。颜元以"性之仁所发之爱有差等"举例说："其爱兄弟、夫妻、子孙，视父母有别矣，爱宗族、戚党、乡里，视兄弟、夫妻、子孙又有别矣，至于爱百姓又别，爱鸟兽、草木又别矣。"④对于父母、兄弟、夫妻、子孙、宗族、戚党、乡里、朋友、百姓、鸟兽、草木，虽都爱之，但爱的程度、方式必然是不同的。如果爱的方式不适当、爱的程度无节制、爱的表达无理智，那就会产生恶的后果，这就是误用其情。例如，以爱朋友的方式、程度爱父母，以爱鸟兽的方式、程度爱子孙，这就会产生问题。还有，将对父母的爱给了妻子，反而不爱父母，将对人的爱给了草木鸟兽，反而不爱人，这也是误用其情的结果。甚而"贪所爱而弑父弑君，吝所爱而杀身丧国"⑤，皆是误用爱之情之罪。人之性、人之情

---

① （清）颜元：《存性编》卷一《性理评》，见《颜元集》，第9页。
② 《存性编》卷二《性图》："误始恶，不误不恶也；引蔽始误，不引蔽不误也；习染始终误，不习染不终误也。"（《颜元集》，第30页。）
③ （清）颜元：《存性编》卷二《性图》，见《颜元集》，第29页。
④ （清）颜元：《存性编》卷二《性图》，见《颜元集》，第29页。
⑤ （清）颜元：《存性编》卷二《性图》，见《颜元集》，第30页。

俱是善的，恶的产生不能归罪于性或情，而是在于误，将情用错了对象。颜元以"火灼人，水溺人，刀杀人"的比喻来说明问题在于误。火能烹饪取暖也能灼伤人，水能滋润万物也能溺死人，刀能砍恶贼也能杀好人。火灼人不是火的错，也不是火温度太高的错，而是不应该去烧人；水溺人不是水的错，也不是水的性质有问题，而是不应该用来去淹人；刀杀人不是刀的错，也不是刀太锋利的错，而是不应该用来杀人。还有耳听邪声，目视邪色，非耳目之罪，也不是听觉、视觉官能之罪，而是听错了对象，看错了对象。人在误用其情时，表面看上去好像情是恶的，实际上情为善，只是施用到了不适当的对象上产生了恶的现象。如果误用其情的人能"恻其所当恻，隐其所当隐"①，将情施用在适当的对象上，那就复归于性的显发上。恶的产生，非情之罪，只是误用其情而已。

"误用其情"一词虽是颜元的创见，但其理论来源是儒家思想中的"爱有差等"。"仁"是儒家最根本的美德。当樊迟问何为"仁"时，孔子以"爱人"回答（《论语·颜渊》）。孟子直言"仁者爱人"（《孟子·离娄下》）。孟子还说："老吾老以及人之老，幼吾幼以及人之幼。"（《孟子·梁惠王上》）要求将对亲人的爱逐渐推扩至所有其他人。墨者夷子便将儒家之爱理解为"爱无差等，施由亲始"。孟子回应夷子道："夫夷子信以为人之亲其兄之子为若亲其邻之赤子乎？"（《孟子·滕文公上》）这表明了儒家之爱是有差等的。爱有差等不是意味着对不同的人和物要有不同程度的爱，如对亲人有较强的爱，对其他人有较弱的爱；而是强调对不同的人和物要有不同种类的爱，最合适的爱的方式或种类必须考虑被爱对象的特殊性，爱要因人而异、因物而异。程颐曾用"理一分殊"对爱有差等作了很好的解释。程颐的弟子杨时担心张载《西铭》中所讲的天地父母、大君宗子的万物一体境界可能落入墨家兼爱（爱无差等）之流。杨时的疑惑并不是空穴来风。张载在《正蒙》中用到了"兼爱"一词："性者万物之一源，非有我之得私也。惟大人为能尽其道，是故立必俱立，知必周知，爱必兼爱，成不独成。"②为了解答杨时的疑问，程颐提出"理一分殊"：

---

① （清）颜元：《存性编》卷二《性图》，见《颜元集》，第30页。
② （宋）张载：《正蒙·诚明篇第六》，见《张载集》，第21页。

第二章 实 性

《西铭》明理一而分殊，墨氏则二本而无分。（老幼及人，理一也。爱无差等，本二也。）分殊之蔽，私胜而失仁；无分之罪，兼爱而无义。分立而推理一，以止私胜之流，仁之方也。无别而迷兼爱，至于无父之极，义之贼也。子比而同之，过矣。且谓言体而不及用。彼欲使人推而行之，本为用也，反谓不及，不亦异乎？[1]

一方面儒家之爱是普遍之爱，"老幼及人"，爱所有的人和物，此为"理一"；另一方面，因与不同对象的关系不同，爱必须有所差别，此为"分殊"。如果只关注"理一"而忽视了"分殊"，那就犯了"兼爱而无义"的错误：不考虑爱的对象的差异性，爱所有人和物都用一个模式；如果只注意"分殊"而忽视了"理一"，那就犯了"私胜而失仁"的错误：只爱个别的人，对其他人一概不爱。儒家真正的爱应该是以适合于爱的对象的方式去爱不同的人和物，从而构建既有仁爱价值又有差等秩序的合理社会状态。

爱错了对象或用错了爱的方式就一定是恶的吗？爱是情的一种。情是牵系人与人、人与物之间关系的纽带。人与人、人与物之间的关系千丝万缕、千差万别。我们每一个人在生活的不同境遇下面对不同的对象由于关系的差异往往承担着不同的社会角色，如教师、学生、丈夫、妻子、父亲、儿子等。在自我认同这些形形色色的社会角色的同时，我们担负着与这些角色相应的生活职责和道德本分。做一个善的人，就应该根据具体情境、具体对象、具体关系去履行对应角色的义务和责任。以一位厨艺大师为例，在面对饭店的食客时，他是一位厨师，要为客人烹饪健康美味的菜肴；在面对学艺的徒弟时，他是一位老师，要教授弟子厨艺；在面对自己的父亲时，他是一位儿子，要孝顺父亲。如果他错乱了不同角色之间的关系，将为客人烹饪的菜肴给徒弟吃，将应该传授给弟子的厨艺教给了其父亲，将孝顺的对象换成了自己的儿子，那就僭越了本分、无视了义务，甚至会给社会生活带来严重的不和谐。即使其履行孝顺父亲的义务，还要考虑所处的情境，如在酷暑时节，孝顺的行为可以体现为如何使父亲处于凉爽的环境而不是为其保暖，可以体现为给患有糖尿病的父亲奉上一碗冰镇绿豆汤而不是冰镇西瓜。当关系发生错位或用颜元的话说"误用其情"时，的确会产生不好的或不适合的结果。从广义

---

[1] （宋）程颢、程颐：《河南程氏文集》卷九《答杨时论〈西铭〉书》，见《二程集》，第609页。

的善恶价值判断说，这就是恶。

因此，颜元将"误用其情"作为恶产生的直接原因，显示出其对儒家"爱有差等"理念的深刻思考。可是，人为什么会误用其情呢？这就涉及"引蔽"的问题。

（二）祸始引蔽

"引蔽"之意始于孟子。公都子问孟子为什么有大人、小人、大体、小体之别，孟子回答说："耳目之官不思，而蔽于物。物交物，则引之而已矣。"（《孟子·告子上》）孟子的意思是：耳朵、眼睛这类器官不具备思考判断能力，所以与外物环境接触后，只知满足耳目之欲，而不知择取与节制，使人之本性被外物遮蔽；外物环境丰富多彩，一物接一物，为了耳目之欲，人被外物牵引而去，不知内求本心。前面已述，孟子认为恶的产生有两方面的原因：外部环境和感官利欲对人的影响。他的"蔽于物""引之"之语包含了这两方面的因素。孟子这一思想被颜元承继。颜元认为"引蔽"也有内外两方面的原因，内部原因与人的气质中正还是偏胜、偏驳有关，外部原因即外物环境等外在条件。内外原因共同作用，人才会被引被蔽。

倘若"使气质皆如其天则之正，一切邪色淫声自不得引蔽，又何习于恶、染于恶之足患乎"[①]。禀得四德大中至正之人，利欲不得引，外物不得蔽，天生之善性自然发用，不会误用其情，与恶无缘。而大部分人气质偏胜或"本身气质偏驳，易于引蔽习染"[②]。气质偏胜或偏驳之人，其四德成偏倚之势，不如气质中正之人相济适当。其四德间相互作用的协调性、一致性相对减弱，可能会出现四德配合不当的情况。因而，这种天生的缺陷会导致人易于被外物环境影响，从而陷溺于"引蔽"。颜元针对《左传·宣公四年》"楚越椒始生而知其必灭若敖"和《国语·晋语》"晋扬食我始生而知其必灭羊舌"的记录，评论道："子文、向母不过察声容之不平而知其气禀之甚偏，他日易于为恶耳。今即气禀偏而即命之曰'恶'，是指刀而坐以杀人也，庸知刀之能利用杀贼乎！"[③] 气禀偏不会导致人的气质与性为恶，只是相比气秉正的人更容易误用其情而为恶。

[①] （清）颜元：《存性编》卷一《明明德》，见《颜元集》，第2页。
[②] （清）颜元：《存性编》卷一《性理评》，见《颜元集》，第11页。
[③] （清）颜元：《存性编》卷一《性理评》，见《颜元集》，第6页。

第二章 实 性

颜元在对《孟子性情才皆善为不善非才之罪图》的说明中解释了气质偏胜、偏驳之人被"引蔽"的情况：

> 下此者，财色诱于外，引而之左，则蔽其当爱而不见，爱其所不当爱，而贪营之刚恶出焉；私小据于己，引而之右，则蔽其当爱而不见，爱其所不当爱，而鄙吝之柔恶出焉；以至羞恶被引而为侮夺、残忍，辞让被引而为伪饰、谄媚，是非被引而为奸雄、小巧，种种之恶所从来也。然种种之恶，非其不学之能、不虑之知，必且进退龃龉，本体时见，不纯为贪营、鄙吝诸恶也，犹未与财色等相习而染也。斯时也，惟贤士豪杰，禀有大力，或自性觉悟，或师友提撕，知过而善反其天。又下此者，赋禀偏驳，引之既易而反之甚难，引愈频而蔽愈远，习渐久而染渐深，以至染成贪营、鄙吝之性之情，而本来之仁不可知矣，染成侮夺、残忍之性之情，而本来之义不可知矣，染成伪饰、谄媚之性之情与奸雄、小巧之性之情，而本来之礼、智俱不可知矣。[1]

颜元在这里又强调了恶非"不学之能、不虑之知"，并非先天具有的。"爱其所不当爱"即是误用其情。气质偏胜之人被外物引诱，善性明德被遮蔽，情施用到了不适当的对象上，误用其情，故而产生各种恶。可见，"引蔽"是误用其情的前提条件，有"引蔽"才会误用其情，不"引蔽"则不误用其情。

人被"引蔽"之后是不是一定"习染"于恶呢？颜元认为这不是必然的。被"引蔽"之人，尚未"习染"之时，若天赋较强，有的能自己幡然醒悟，有的由师长朋友提醒，意识到所犯的错误而正确施用其情，性的显发就不再被遮蔽。这样看来，"引蔽"是"习染"的前提，"习染"却不是"引蔽"的必然结果。用颜元的话说，就是"不引蔽则自不习染"[2]。气质偏驳之人相比于气质偏胜之人，被外物引诱更为容易，由"引蔽"返归于正常的性之显发更难，被外物引诱的频次越多，性被遮蔽的越严重，习惯于误用其情时间越久，恶对人性的染污越深。于是染成了贪营、鄙吝之性之情，侮夺、残忍之性之情，伪饰、谄媚之性之情，与奸雄、小巧之性之情，等等。颜元

---

[1] （清）颜元：《存性编》卷二《性图》，见《颜元集》，第28—29页。
[2] （清）钟錂：《颜习斋先生言行录》卷上《学人第五》，见《颜元集》，第635页。

在这里说的这些性、情都是恶的,这不就与性善情善相矛盾了吗?这一问题存在两种可能的解释。第一,颜元在言及贪营、鄙吝等之性之情的同时,说了"本来之仁不可知""本来之义不可知""本来之礼、智俱不可知"。观"本来"一词,他似乎有将性、情都分成本来与后来、本然与现实两种状态的嫌疑。本然的气质之性为善,现实的性有善有不善;本然之情为善,现实的情有善有不善。这种区分则与朱熹的观点相一致了。但统观颜元文本,颜元从未承认性恶、情恶,那么这种解释不符合颜元哲学的整体逻辑。第二,颜元在紧接这段文本之后,提到了"习性"一词,解释了"误用其情",而且反复强调性善、情善。"习性"是人后天长期养成的习惯、特性,有好有坏,有善有恶,不同于颜元哲学中人性的范畴。误用其情发生时,情仍然是善的,恶的只是误用其情产生的结果。但从表面上看,很容易误以为情是恶的。以"取财有道"为例,人们对通过正规合法渠道获得的钱财表达喜爱之情是无可置疑的,但若有人觊觎通过不合法不道德手段获取的钱财,人们一般会指责他表露出了贪婪吝啬之情。依照颜元的思维理路,这种喜爱之情是没有错的,错的是不应该将喜爱之情用到通过不合法不道德手段获取的钱财之上。那么,人们所谓的贪婪吝啬之情并非由性所发的情,而是对其行为状态的描述。这种被误以为是恶的"情",我们暂且称为"误情"。这段文本中的"贪营、鄙吝之性之情",可能就是指的"习性"与"误情"。"习性"非性,"误情"非情。颜元并未详细解释这个问题。以上两种可能性只是笔者的推测。不过第二种解释更符合颜元哲学的逻辑。

(三)成于习染

孔子的"性相近也,习相远也"二语,乃自罕言性与天命中偶一言之。颜元以此二语为千古言性之准则。他说:

> 将天下圣贤、豪杰、常人不一之恣性,皆于"性相近"一言包括,故曰"人皆可以为尧、舜";将世人引蔽习染、好色好货以至弑君弑父无穷之罪恶,皆于"习相远"一句定案,故曰"非才之罪也","非天之降材尔殊也",孔、孟之旨一也。[1]

---

[1] (清)颜元:《存性编》卷一《性理评》,见《颜元集》,第7页。

第二章 实 性

"性相近",乃性先天同为一善;"习相远",乃后天之积习善恶不同。

"习"字在颜元哲学中更多地被作为动词使用,基本意思是"长期反复地做,逐渐养成不自觉的活动"。至于长期反复地做什么,便决定了人在道德实践中的善恶方向。《尚书·商书·太甲》中记载商王太甲不能改变恶习,伊尹便对他说:"兹乃不义,习与性成。"颜元认为在孔、孟以前,大概都是将恶的罪源归于习,而不是像程、朱一样归罪于气质。伊尹言语中的"性"在颜元哲学里指的是"习性"、积习,并不是先天的气质之性。无论"习性"善与不善,人之性总之还是善的。虽然人性先天本善,但现实"习性"的善恶都是后天积习渐成的。积习于善则性之善自现,积习于恶则后天之恶染性。即使积习于恶,在此之前还有"引蔽"与误用其情作为前提。假若人能发挥自己的主体能动性,在"引蔽"与误用其情之后改过迁善,返归正常的性之显发,那自然不会有"习染"的发生;倘若"引蔽"与误用其情之后,人不知改过,一错再错,习惯于误用其情,那么便会恶染于性,积重难返。由此可知,在"习染"的过程中,仍有内外两方面的因素共同作用,内部因素是人的主体性能否发挥,外部因素是外物环境的影响。颜元说:"自验无事时种种杂念,皆属生平闻见,言事境物,可见有生后皆因习作主。"① 一是"生平闻见,言事境物",乃外物环境的影响;一是"有生后皆因习作主",乃人的主体性能否发挥。所以,恶的产生,"人与有责也,人可自力也"②,人自身也是有责任的。这种罪责不能归于先天的气质和性,而是在于人的未发挥作用的主体性。

"人可自力","习染"之人也是可以返归于善的。颜元以"衣之着尘触污"为喻。③ 初生之人犹如洁净的衣服,恶犹如衣服上的污渍,恶人如污秽之衣。污渍并不是衣服本身具有的,而是外染尘污所致。衣服再脏,也不能说洁净的衣服本来就有污渍。而人天性良善,至于有恶行乃是后来"引蔽习染"所致,即使"习染"凶极之人亦不可谓其气质有恶。污渍有多有少,有轻有

---

① (清)李塨、王源:《颜习斋先生年谱》,见《颜元集》,第730页。
② (清)颜元:《存性编》卷一《性理评》,见《颜元集》,第11页。
③ "然则恶何以生也?则如衣之着尘触污,人见其失本色而厌观也,命之曰污衣,其实乃外染所成。有成衣即被污者,有久而后污者,有染一二分污者,有三四分以至什百全污不可知其本色者;仅只须烦挪涤浣以去其染着之尘污已耳,而乃谓洗去其襟裾也,岂理也哉!是则不特成衣不可谓之污,虽极垢敝亦不可谓衣本有污。但外染有浅深,则挪浣有难易,差百倍其功,纵积秽可以复洁,如莫为之力,即蝇点不能复素。"[(清)颜元:《存性编》卷一《棉桃喻性》,见《颜元集》,第3—4页。]

重。涤衣可以去污，但有难有易。不过只要下功夫，即使积秽也能复洁。若不去清洁衣服，即使小污点也不可能自己消失。"习染"之人，不管染之浅或染之深，甚至如盗跖一样的极凶大憝之人，只要充分发挥自己的主体性，改过迁善，也是可以祛除恶染而复现正常的性之显发。"乃知系跖囹圄数年，而出之孔子之堂，又数年亦可复善。"[①] 这说明外部环境对恶人复善也会起到辅助作用。"衣之着尘触污"的比喻只是为了说明恶的来源及人可由恶复善的可能性。其中比喻的细节也有不十分恰当的地方。例如人有主体性，误用其情、改过迁善都是人作为主体在行动；而衣服只能是一个客体。还有，恶的发生既有人自身的原因，也有外部原因。颜元的比喻只说明了衣服被污的外部原因。衣之着尘触污的描述好像将污渍都归罪于周围环境中的尘污，污渍就是尘污，尘污就是污渍，似乎意味着恶就普遍存在于人生存的环境中，人与之接触，便沾染其性。这显然与颜元本来想表达的意思是不一致的。颜元认为人和物本来都是善的，人之情误用到不适当的物之上，犹如发生化学反应一样，恶作为一种现象、一种结果便产生了，并不是说恶在不误用其情的情况下就能产生。不过恶具体是何物，为什么能染于人性之上，颜元并未对这些问题予以进一步解答。

"引、蔽、习、染"是颜元常用来说明恶的产生原因的四个字。不过，根据上述分析，更为完整的表述应是"引、蔽、误、习、染"五个字，即祸始引蔽，误用其情，成于习染。"引、蔽、误、习、染"也是一个人从善变恶的由浅至深、由轻而重的过程：外物的引诱使人心蠢动，障蔽了人之性，误用其情而有恶行，恶行积习渐久，恶染之愈深，终成习惯而为恶人。

在本节的最后，有必要再对"习性"做一番说明。颜元曾在《性理评》中说过这样一段话：

> 今即有人偏胜之甚，一身皆是恻隐，非偏于仁之人乎？其人上焉而学以至之，则为圣也，当如伊尹；次焉而学不至，亦不失为屈原一流人；其下顽不知学，则轻者成一姑息好人，重者成一贪溺昧罔之人。然其贪溺昧罔，亦必有外物引之，遂为所蔽而僻焉，久之相习而成，遂莫辨其为后起、为本来，此好色好货，大率偏于仁者为之也。若当其未有引蔽，

---

① （清）颜元：《存性编》卷二《性图》，见《颜元集》，第29页。

未有习染，而指其一身之恻隐曰，此是好色，此是好货，岂不诬乎？即有人一身皆是羞恶，非偏于义之人乎？其人上焉而学以至之，则为圣也，当如伯夷；次焉而学不至，亦不失为海瑞一流人；其下顽不知学，则轻者成一傲岸绝物，重者成很毒残暴之恶人。然其很毒残暴，亦必有外物引之，遂为所蔽而僻焉，久之相习而成，遂莫辨其为后起、为本来，大率杀人戕物，皆偏于义者为之也。若当其未有引蔽，未有习染，而指其一身之羞恶者曰，此是杀人，此是戕物，岂不诬乎？墨子之心原偏于恻隐，遂指其偏于恻隐者谓之无父，可乎？但彼不明其德，无晰义之功，见此物亦引爱而出，见彼物亦引爱而出，久之相习，即成一兼爱之性，其弊至视父母如路人，则恶矣；然亦习之至此，非其孩提即如此也。①

"遂莫辨其为后起、为本来"一句中，"本来"是人先天禀受的气质之性，后来是人后天积习渐久的"习性"。前面已述，在颜元哲学里，"习性"不是性。"非谓无气质之性也，特不杂以引蔽习染而已矣。"② 气质之性与"习性"是有绝对区别的。只是一般人看到人有恶行，以为恶就是人之性所具有的，将人之性和"习性"混而为一，莫能分辨。这才是"遂莫辨其为后起、为本来"。引文中说墨子"即成一兼爱之性"，"兼爱之性"也是"习性"，是"习之至此"。不过颜元在"习之至此"后，紧接一句"非其孩提即如此也"，反而有画蛇添足之嫌。"习之至此"已经说明了兼爱之"习性"的形成。但是再说其幼时并非如此，言语表达上又有将性分为本然之性和现实之性的倾向。颜元并未详细解释"习性"的问题，也未解答恶为何物、如何玷污人之性的问题，这些都是颜元哲学人性论中的罅漏。

六 以喻说性

中国古代哲人在讨论问题时，为了深入浅出地讲述他们的思想，经常就地取材，以我们在生活中随处可见的事物变化来比喻其所要说明的深刻问题。

---

① （清）颜元：《存性编》卷一《性理评》，见《颜元集》，第9—10页。
② （清）颜元：《存性编》卷二《性图》，见《颜元集》，第22页。

特别是在阐释人性问题时,各种比喻随手拈来。颜元也是如此。分析一下颜元在讨论人性时使用的几个主要比喻,有助于理解他的人性论思想。

(一)目喻

颜元在《存性编》开篇的《驳气质性恶》中,以目来喻人,以目能视物来喻人性,基本说明了其人性论中的主要观点:

> 譬之目矣:眶、疱、睛,气质也;其中光明能见物者,性也。将谓光明之理专视正色,眶、疱、睛乃视邪色乎?余谓光明之理固是天命,眶、疱、睛皆是天命,更不必分何者是天命之性,何者是气质之性;只宜言天命人以目之性,光明能视即目之性善,其视之也则情之善,其视之详略远近则才之强弱,皆不可以恶言。盖详且远者固善,即略且近亦第善不精耳,恶于何加!惟因有邪色引动,障蔽其明,然后有淫视而恶始名焉。然其为之引动者,性之咎乎,气质之咎乎?若归咎于气质,是必无此目而后可全目之性矣,非释氏六贼之说而何![1]

眼睛如人,眼睛的机体是气质,视觉功能是性,因此说性只能是气质之性,不能离气质而单独存在。气质与性皆是天之所命,不可能说眼睛之机体为恶,专看邪色,眼睛之视觉功能为善,专视正色,则气质与性皆为善。眼睛看物,视觉功能发生作用,犹如性发为情;视觉功能的强弱能力,犹如性之才;其情其才,不论看得清楚还是不清楚,都不能说是恶的。只有为外部环境中的邪色引动,视其所不当视,则为淫视。人之恶是"引、蔽、误、习、染"形成的,并不能归罪于人之性或人之气质。若说气质有恶,性是善,要人变化气质,那就好似将眼睛的机体去除以后才能返归目之性一样,这就成了佛家以形体为累的观点。

颜元还有关于目和耳一喻:

> 明者,目之性也,听者,耳之性也。视非礼,则蔽其明而乱吾性矣,听非礼,则壅吾聪而乱吾性矣。绝天下非礼之色以养吾目,贼在色,不

---

[1] (清)颜元:《存性编》卷一《驳气质性恶》,见《颜元集》,第1页。

在目也,贼更在非礼之色,不在色也。去非礼之色,则目彻四方之色,适以大吾目性之用。绝天下非礼之声以养吾耳,贼在声,不在耳也;贼更在非礼之声,不在声也。去非礼之声,则耳达四境之声,正以宣吾耳性之用。①

看、听分别是目和耳的功能、目和耳之性,性为气质之性。视非礼之色、听非礼之声,则是目、耳被外物"引蔽",障蔽其性,误用其情,产生了恶。外物是诱因,但不是恶产生的根本原因。目、耳、色、声本身也都是善的,人的气质和外物也都是善的。至于恶,在于视"非礼之色"、听"非礼之声",也就是误用其情。

(二) 水喻

从孟子和告子的"湍水之辩"开始,后世儒者便经常以"水"为喻体来阐释自己的人性论思想。正如徐波所言:"通过这样一种连续的学术讨论,'水喻'事实上已经成为儒家人性论言说话语体系中不可或缺的部分。"② 张载、程颢、朱熹等人都纷纷借此发挥。颜元亦如此。

颜元的"以水喻性"是站在自己的哲学立场上对二程与朱熹的观点进行批驳。先来看程颢与朱熹的"以水喻性"。

程颢以水之清浊来喻性:

> 皆水也,有流而至海,终无所污,此何烦人力之为也?有流而未远,固已渐浊;有出而甚远,方有所浊。有浊之多者,有浊之少者。清浊虽不同,然不可以浊者不为水也。如此,则人不可以不加澄治之功。故用力敏勇则疾清,用力缓怠则迟清,及其清也,则却只是元初水也。亦不是将清来换却浊,亦不是取出浊来置在一隅也。水之清,则性善之谓也。故不是善与恶在性中为两物相对,各自出来。③

程颢已经开始用气质来解释恶的来源。在源头水是清的,这就如"天命

---

① (清)颜元:《存人编》卷一《唤迷途·第二唤》,见《颜元集》,第128页。
② 徐波:《以"水喻"之解读看儒家性善论的多种面向》,《学术月刊》2017年第10期。
③ (宋)程颢、程颐:《河南程氏遗书》卷一《端伯传师说》,见《二程集》,第10—11页。

之谓性"总是一善。水在从源头向海流动的过程中，有的被污浊杂质等混入其中，故而变得浑浊。不管清水还是浊水，都是水。泥沙喻气禀之浊气，清浊喻善恶，源头之水喻"天命之谓性"，出了源头的清水浊水喻气质之性。气质之性有善有恶，但程子认为都是性。就像浊水通过静置沉淀可以变清一样，人也可以通过修养工夫使气质之性变善。

朱熹在《明道论性说》中接着程颢"以水喻性"的形式来讲，并根据自己的人性论有所修正：

> 此又以水之清浊譬之。水之清者，性之善也。流至海而不污者，气禀清明，自幼而善，圣人性之而全其天者也。流未远而已浊者，气禀偏驳之甚，自幼而恶者也。流既远而方浊者，长而见异物而迁焉，失其赤子之心者也。浊有多少，气之昏明纯驳有浅深也，不可以浊者不为水，恶亦不可不谓之性也。然则人虽为气所昏，流于不善，而性未尝不在其中，特谓之性则非其本然，谓之非性，则初不离是。①

以水喻性，性善犹如水之清。气禀清明之人，其气质之性如从源头流至大海而全程没有被污染的水，自幼而善。气禀偏驳之人，其气质之性则如在流动过程中被杂质污浊之水，由善变恶。清水浊水都是水，善性恶性则都是气质之性。浊水非源头至清的本然之水，气质之性也不是至善的本然之性。

由于哲学立场的不同，颜元并不认同程颢、朱熹二人上述的比喻：

> 程子云："清浊虽不同，然不可以浊者不为水。"此非正以善恶虽不同，然不可以恶者不为性乎？非正以恶为气质之性乎？请问，浊是水之气质否？吾恐澄澈渊湛者，水之气质，其浊者，乃杂入水性本无之土，正犹吾言性之有引蔽习染也。其浊之有远近多少，正犹引蔽习染之有轻重浅深也。若谓浊是水之气质，则浊水有气质，清水无气质矣，如之何

---

① （宋）朱熹：《晦庵先生朱文公文集》卷六十七《明道论性说》，见《朱子全书》第23册，第3276页。

第二章 实 性

其可也!①

"流于恶","流"字有病,是将谓源善而流恶,或上流善而下流恶矣。不知源善者流亦善,上流无恶者下流亦无恶,其所为恶者,乃是他途岐路别有点染。譬如水出泉,若皆行石路,虽自西海达于东海,毫不加浊,其有浊者,乃亏土染之,不可谓水本清而流浊也。知浊者为土所染,非水之气质,则知恶者是外物染乎性,非人之气质矣。②

颜元认为,清水犹如人性,水之澄澈如人性之善,浊水如被恶"习染"之性。水在流动的过程中出现浑浊的现象,并不是水的气质本身就有恶浊存在,而是被泥土等杂质污染。浊水中的杂质并不属于水的气质,只是混于其中而已。浊水之污浊并不属于水的特性,只是泥土掺入水中之后才具有的性质。浊水已不是纯粹之水,其表现出来的污浊属性也并非水之本有。人性为善,不论现实中一般所说的善人与恶人,其性都是善的,其气质也是善的。恶人乃是因为受了外物环境的引诱,障蔽其明德,误用其情,积习渐久,恶染其性而成。恶人之积习或"习性"则是恶的。

程颢、朱熹与颜元,三人"以水喻性"主要是为了说明两方面的问题:一是人性本善;二是恶的来源。程颢与朱熹认为恶是由气禀清浊决定的。颜元则反对以气质为恶的来源。同样是借用水来比喻性,同样以水之清浊作为喻体,但颜元与程、朱的解释却存在较明显的差异。至于水和性之间能不能进行类比,二者有没有相似性,我们暂且将这一问题悬置。仅就上述三位哲人的比喻来看,颜元与程、朱对水这一概念的外延的界定并不一致。同样,颜元与程、朱对性这一概念的外延的界定也不一致。程、朱的水和性概念的外延较大,清水浊水都是水,善性恶性都是气质之性。而颜元的水和性概念的外延相对较小,只有清水是水,浊水只是水和杂质的混合物,"习性"不是性,而只是性被恶染污后人所体现出来的特性。由于概念外延边缘的模糊性,人们在交流与对话时,面对同一概念,不可避免地会出现理解差异。颜元与程、朱借水喻性的不同内容,并没有高低对错之分,而只是其不同哲学思想的表达。

---

① (清)颜元:《存性编》卷一《借水喻性》,见《颜元集》,第4页。
② (清)颜元:《存性编》卷一《性理评》,见《颜元集》,第8页。

小 结

颜元认为，天道之气凝结为人与物的形体气质，气之理赋予人与物之性，性只是一个气质之性，是从属于气质的性质。气质与性都是天之所命，无论气质偏驳还是四德偏胜，气质与性都无有不善。对于人来说，人所禀受的元、亨、利、贞天道四德之气俱全，人性中仁、义、礼、智四德俱在。人性中仁、义、礼、智四德发用出来为恻隐、羞恶、辞让、是非四情。情是性的发用表现，才是使性发用为情而见于事的能力。根据体用一致的原则，从天道至善出发，则气质、性、情、才皆为善。颜元反对程朱理学中将气质有恶或气质偏驳作为恶的根源的观点。他将气质、性以及性的发用等恶的可能的先天存在的根源——与恶绝缘，彻底割断了恶与先天性的一切联系。而认为，祸始引蔽，误用其情，成于习染，才是恶产生的原因。

颜元哲学的人性论主要是在批驳程朱理学人性论的立场上展开的。程朱理学从本体论与生成论两方面的结合上，在先天的层面为人性善恶寻找根据，区分了"天命之性"与"气质之性"，将恶的来源归咎于天生气质有恶或气质偏驳。颜元则只从生成论上为人性和气质之善寻找先天根据，认为天命之性和气质之性是同一的，只是从不同角度对人性予以命名；而恶来源于"引、蔽、误、习、染"，是先天后天内外因素的综合作用，外物环境是后天外因，人的气质中正还是偏驳是先天内因，人的主体能动性能否发挥是后天内因。相较来说，程朱理学将恶的来源单纯置于先天层面，必然陷入宿命论的困境。颜元说：

> 程、张于众论无统之时，独出"气质之性"一论，使荀、扬以来诸家所言皆有所依归，而世人无穷之恶皆有所归咎，是以其徒如空谷闻音，欣然著论垂世。而天下之为善者愈阻，曰："我非无志也，但气质原不如圣贤耳。"天下之为恶者愈不惩，曰："我非乐为恶也，但气质无如何耳。"[①]

[①] （清）颜元：《存性编》卷一《性理评》，见《颜元集》，第12—13页。

气质乃先天赋予,其清浊、厚薄、纯杂、偏正并不是人所能决定的。以气质来解释恶的根源,极可能混淆人们对是非、善恶的判断。为恶之人为自己找到了推诿的借口,那就是天生气质有缺陷。如此下去,必将对世道人心造成极大的破坏。颜元将恶的产生归结于内外因的综合作用,但特别强调在"引、蔽、误、习、染"的过程中"人与有责""人可自力",即人能够发挥自己的主体性自觉抵御外界因素的不利影响,以避免被外物"引蔽"、被恶"习染",甚至可以改过迁善、复现善性正常之显发。人性本善只是规定了成圣成贤的可能性,至于后天现实意义上的善恶,除了外物环境的影响外,更多的是由人自主决定的。颜元的人性论丰富和发展了孔子"为仁由己"的思想,激励着人们在人生实践中充分发挥主体理性的自觉。

颜元在对程朱理学人性论的批驳中,提到程朱理学吸收了佛老的思想,这种认知是符合实际的。他说:

> 魏、晋以来,佛老肆行,乃于形体之外别状一空虚幻觉之性灵,礼乐之外别作一闭目静坐之存养。佛者曰"入定",儒者曰吾道亦有"入定"也。老者曰"内丹",儒者曰吾道亦有"内丹"也。借《四子》、《五经》之文,行《楞严》、《参同》之事,以躬习其事为粗迹,则自以气骨血肉为分外,于是始以性命为精,形体为累,乃敢以有恶加之气质,相衍而莫觉其非矣。贤如朱子,而有"气质为吾性害"之语,他何说乎![1]

> 朱子解《大学》"明德",以为"虚灵不昧,具众理而应万事"者,是即为老子"谷神不死"之说先入矣。吾儒所谓"明德",即禀受于天,仁、义、礼、智之德,见父知孝,见兄知弟,以至万善皆从此出。孟子所谓"良知、良能",子思所谓"诚明",尧之"钦明",舜之"浚哲",孔之"一贯",此"明德"也。"虚"之一字,从何来哉?朱子不惟错了尧、舜"和三事,修六府",周、孔习行"三物"路径,即"德、性"二字,早为佛、老蔽之矣。[2]

---

[1] (清)颜元:《存性编》卷一《性理评》,见《颜元集》,第13页。
[2] (清)颜元:《朱子语类评》,见《颜元集》,第276—277页。

周敦颐、二程、朱熹、陆九渊、王阳明等理学大家，都有先学佛老而后折入儒学的经历。他们汲取佛老之学中的理论思维，以弥补儒家形上哲理的不足。程朱理学对道家玄学的继承在理论思维上远超过对佛教的吸收，潘平格所谓"朱子道，陆子禅"[1]一语，确实道出了程朱学说的渊源[2]。颜元所说儒家"内丹"便是指程朱理学援引道家思想而建构一空虚幻灵之性，朱子哲学中的虚灵不昧之性即源自老子的道。颜元认为，援道入儒在逻辑上将性的地位提升到高于气质的程度，似有性可在虚空的形上世界中独立存在的可能，不仅轻视了气质，而且使性虚幻不实。虚幻之性作用的发挥必然要通过人的形体气质，可形上之性与形下之质间有着奇妙的分离，所以理学的工夫更注重向内发用与体验，而不是通过形体对外的实践。颜元反其道而行之，以气质为主，性为属，性只是作为实体的气质之性质，性与气质之间毫无间隔，性的作用的发挥必然要通过形体的实践来完成。所以，相较起来，颜元的性可称为实性。

人性论涉及的问题是极其复杂的。关于人性的定义，当今学界也莫衷一是。美国社会学家埃尔伍德（Charles A. Ellwood）在总结西方思想家的人性论时写道："我们所说的人性，乃是个人生而赋有的性质，而不是后天通过环境影响而获得的性质。"[3] 王海明认为，人性是人生而固有的普遍本性：一方面是人生而固有的自然本性，另一方面是人生而固有的社会本性。[4] 但中国大多数学者都不认同人性是人生而固有属性这一定义。主流的观点是，人性作为人的本质规定性或根本特点，主要包括三方面的内容：一是人天生具有的自然属性，二是人的主体性，三是人在后天实践活动中所形成的社会属性。不过这三方面中，人的社会属性最重要，是人最根本的属性。[5] 由于对人性的定义不同，学者在人性论中的具体观点肯定就有较大差异。程朱理学认为，人先天固有的和后天形成的属性，都是人性。颜元只承认人性是先天具有的，后天实践形成的则不属于人性范围的"习性"。

---

[1] （清）李塨：《恕谷后集》卷六《万季野小传》，见陈山榜、邓子平主编《颜李学派文库》第3册，第769页。
[2] 参见陈来《朱子哲学研究》，第150—154页。
[3] 转引自王海明《伦理学原理》（第三版），北京大学出版社2009年版，第144页。
[4] 王海明：《伦理学原理》（第三版），第145页。
[5] 罗国杰：《伦理学》，人民出版社1989年版，第441—442页。

第二章 实 性

人性先天还是后天的问题，这与人类的科学认知水平和学者理论建构的差异有关。但善与恶的判断，则是纯粹的社会价值问题。本章的开篇已经说过，善与恶是社会实践的产物，是一种价值判断。善与恶是相对的价值判断，而不是绝对的价值判断。倘若只有孤零零的一个人或一个物，没有比较，也就无所谓善恶。只有在群体的社会交往活动中，人与人、人与物互相接触，人们基于共同利益最大化原则才对某些人、事物、行为、现象作出善恶的价值评价。而且还有一点要注意，善恶判断的主体是人。在社会实践活动中，凡促进改变现实世界以满足人的需要的行为、活动和事件，就被评为善，反之，就被评为恶。善表示对行为、活动和事件的肯定和褒扬，恶表示对行为、活动和事件的否定和谴责。简单地说，就是好与坏的评价。在道德意义上，善是指个人或群体的行为、活动和事件符合一定的道德原则和规范，恶是指个人或群体的行为、活动和事件违背一定的道德原则和规范。这是一般意义上人性善恶的评价。颜元在言及善恶时，有时指的是道德意义上的善恶，有时指的是人与物是否具有社会价值。如他说气质是善的，这便不单单指道德意义上的善。颜元反复申明气质为善，一是反对佛教以形体为累的观点；二是承继孔孟性论原旨，驳斥程朱理学理善气恶的说法；三是在其"全体大用"的哲学体系里，赋予形体以潜在价值，为"践形尽性"的成人之道奠定基础。第三点相对来说更为重要。

颜元认为，恶是人与外物接触后，外物环境和人自身综合作用产生的现象，并不是人生而具有的属性。他已经注意到恶是社会实践的产物。而程朱理学将善与恶都规定为先天属性。在这一点上相比，颜元比程、朱等人，无疑有所进步。不过，中国古代思想家习惯于将人的善恶品质规定为先天属性，并力图从先天的方面寻求善恶的根源，但这一思考路线显然是错误的。颜元也说先天性善，终是未能跳出这一传统思路的窠臼。

第三章 实 用

——全体大用成圣贤

颜元极其重视体用一致的原则，认为有体必有用，有用必有体。他多次提到"体用兼全""体用兼优""体用兼该""体用兼长""体用之全""体用一源""全体大用""明体达用"等与体用范畴有关的词语。卢育三先生说，"体用兼全"是颜元哲学体系的中心环节，可将其哲学体系的各个方面连贯起来。[①] 此言不虚。颜元说："盖吾儒起手便与禅异者，正在彻始彻终总是体用一致耳。"[②] 彻始彻终的体用一致体现在他的哲学思想中：气与理的关系中，理气一致，气为体，理为用；气质（形）与性的关系中，形性不二，气质为体，性为用。体用一致的原则也贯穿于颜元的人生哲学中：对于人来说，气质即人的身体，性即人的属性和本能。"耳目、口鼻、手足、五脏、六腑、筋骨、血肉、毛发俱秀且备者，人之质也。……其灵而能为者，即气质也。非气质无以为性，非气质无以见性也。"[③] "气质正吾性之附丽处，正吾性作用处，正性功着手处。"[④] 人的存在就是气质或身体的存在，性只是因气质存在才得以显现的人的属性或本能。没有气质或身体的生命活动，也就无所谓性了。气质或身体乃是人生存、思考以至开展自我与外界联系的起点和媒介。倘若没有气质或身体的活动，性的作用也就无法发用、显露与实现。这便是"非气质无以见性"，"非气质无以为性"，气质乃性的作用处。性之用的发挥必须通过气质之体的活动才能实现。颜元认为人生价值的实现简单说就是

[①] 卢育三：《从"体用兼全"看颜元的哲学体系》，《天津师大学报》（社会科学版）1988年第2期。
[②] （清）颜元：《存学编》卷二《性理评》，见《颜元集》，第55页。
[③] （清）颜元：《存性编》卷一《性理评》，见《颜元集》，第15页。
[④] （清）钟錂：《颜习斋先生言行录》卷下《王次亭第十二》，见《颜元集》，第664页。

《中庸》所谓的"尽其性"①，将天赋予人的性之潜能全部挖掘出来，也就是将人的气质或身体的作用都尽力发挥出来。颜元希冀以经世之学扶危定乱、强国富民，他的人生哲学必然将人的气质或身体的作用落实到现世中，而不是追求出世与内圣。他所希冀的"尽性"的理想状态便是如尧、舜一样：

> 尧、舜之"明四目，达四聪"，"仁如天，智如神"，尽一身之性也；"克谐以孝，敦睦九族"，尽一家之性也；"百姓昭明，黎民于变时雍"，与天下共尽其性也。天地清宁，万世永赖，合古今乾坤通尽其性也。②

"尽一身之性"即《大学》中的"身修"和《中庸》里的"成己"；"尽一家之性"即《大学》中的"家齐"；"天下共尽其性"即《大学》中的"国治""天下平"，也是《中庸》里的"成物"。颜元哲学以成就自己、成就他人和成就世界为目的，即通过"尽其性"，达到身修、家齐、国治、天下平的社会理想状态。

一　人生价值

颜元的《人论》一文，之前并未受到学界的重视，但其中包含了颜元人生哲学的指导思想。下面以《人论》一文为主，结合其他文本材料，对颜元哲学中的人生价值展开讨论。

在前章"气质乃善"一节中，笔者分析了颜元哲学里人与物的先天本质区别。人禀受的四德之气俱全，物禀受的四德之气不全。根据体用一致的原则，作为体的先天气质的根本差异必然导致作为用的具体价值有所不同。颜元说：

> 人则独得天地之全，为万物之秀也。得全于天地，斯异于万物而独贵；惟秀于万物，斯役使万物而独灵。③

---

① （清）颜元：《朱子语类评》，见《颜元集》，第284页。
② （清）颜元：《朱子语类评》，见《颜元集》，第284页。
③ （清）颜元：《习斋记余》卷六《人论》，见《颜元集》，第511页。

虚实之辨

人独得天地之全，即四德之气俱全，这是人与物之间先天本质的差别。人能役使万物、作用万物，这是人与物之间后天价值的区别。人之异于物，固然是因人的先天气质优于他物，但人不应因此而满足，更应高扬主体性，以此灵秀之质、作圣之躯去役使万物、作用万物，这才是人作为万物之灵、万物之秀的真正价值所在。所以，人的气质是"灵而能为者"[1]，"灵"是先天之灵粹，"能为"是后天人生践履中气质作用的发显、人生价值的实现。

颜元进而提出"天地之肖子"与"天地之孝子"的概念。他说：

> 何言乎肖子也？头圆象天，足方象地，两目象日月，股肱、胸臂象山岳，五脏象五行，肠胃、膀胱、经络象江河大海，遍体小孔象星辰，须髭、毛发象草木，三百六十骨节象三百六十度数，十二经络象天地十二运会，是谓形象。飞者游空，近天之运，而羽毛不坐，不肖地之静；潜者鳞介不陆，亦不肖地也。植者踏土，近地之宁而枝业不行，不肖天之动；动者虫、兽不立，亦不肖天也。惟人则两手游空似飞，象天运也，两足踏实似植，象地宁也；宫室舟楫，可陆亦可水也，且鱼游水，人游气，是亦潜也；坐卧起趋，可伏亦可立也，且毛不裸，裸不毛，人则亦毛亦裸，是亦动也。至于寤寐象昼夜，喜怒象春秋，作息象冬夏，声音象雷霆，气液象风雨，呼吸象潮汐，长育男女、造制百工象化生万物，是谓用肖。人君立君纲，能为天下主，则为一世之天地；人父尽父纲，能为一家主，则为一家之天地；人夫振夫纲，能为一室主，则为一室之天地。人而仁，则慈爱惠物，见之于伦，为父子亲也，配德于天地之元；人而义，则方正处事，见之于伦，为君臣义也，配德于天地之利；人而礼，则辞让居心，见之于伦，长幼叙也，配德于天地之亨；人而智，则是非不迷，见之于伦，夫妇别也，配德于天地之贞；人而信，则至诚无妄，见之于伦，朋友信也，配德于天地之太极；是谓理肖。故曰，人者天地之肖子也。[2]

---

[1] （清）颜元：《存性编》卷一《性理评》，见《颜元集》，第15页。
[2] （清）颜元：《习斋记余》卷六《人论》，见《颜元集》，第511—512页。

人的样貌及机体构成与天地万物相类，故曰"形象"；人的作息活动与天地运行变化相类，故曰"用肖"；人道的仁义礼智信"五伦"与天道之元利亨贞"四德"及太极相配，故曰"理肖"。人是天地的肖子，不仅是形躯生理上形象的相仿，而且是人在实践作为上，能长育男女、造制百工的"用肖"，以及能慈爱惠物、方正处事、辞让居心、是非不迷、至诚无妄的"理肖"。人除了是天地化育下的气质形体，更是能主动作为以将气质作用发显出来的主体。

颜元的"天地之肖子"的说法，从表面的语言文字上看，明显有董仲舒"天人相类""人副天数"思想的影子。董仲舒说"天亦人之曾祖父也"[①]，天与人的关系，是曾祖父与玄孙的关系。这与颜元将天地和人的关系说成父母与子女的关系相类似。不过，董仲舒天人类比是出于政治需要。而颜元的目的是从天道方面为保全人的气质（或身体）和性寻找理论根据。颜元说：

> 一体不全则为不肖，……是故人而无目，犹天地无日月也；人而伤手足，犹山崩岳陷也；是谓天地残患之子。人而不仁，是自斩其生机也；人而不义，是自塞其行路也；是谓天地暴弃之子。诸不能全其人体者视此也。[②]

若人不注意保全身体形躯的完整，就是"天地残患之子"；若遮蔽了至善之性的发用，就是"天地暴弃之子"。天所赋予人的气质和性至善至灵，保全这副身体和保证人性正常发用是人的价值得以实现的前提。从保全身体这个角度看，颜元的"天地之肖子"思想来源于医家文化的可能性更大，毕竟颜元也是一名中医。医家关切人身体之结构、运营、健康诸方面，对身体的态度确较儒家更加现实，也更为积极主动。《黄帝内经》认为人体就是天地的摹本，提出了"人与天地相参"（《灵枢·岁露》）的命题，包括三个方面的意思：一是人体形态结构与天地万物相类；二是人体生命运动规律与天地气机变化相类；三是人体生理功能节律随天地四时之气的变化而变化。前两个方

---

① （汉）董仲舒：《春秋繁露》卷十一《为人者天第四十一》，（清）凌曙注，中华书局1975年版，第385页。
② （清）颜元：《习斋记余》卷六《人论》，见《颜元集》，第513页。

虚实之辨

面与颜元所说的"形象"和"用肖"基本一致。《灵枢·邪客》曰：

> 天圆地方，人头圆足方以应之。天有日月，人有两目。地有九州，人有九窍。天有风雨，人有喜怒。天有雷电，人有声音。天有四时，人有四肢。天有五音，人有五脏。天有六律，人有六腑。天有冬夏，人有寒热。天有十日，人有手十指。辰有十二，人有足十指、茎、垂以应之；女子不足二节，以抱人形。天有阴阳，人有夫妻。岁有三百六十五日，人有三百六十五节。地有高山，人有肩膝。地有深谷，人有腋腘。地有十二经水，人有十二经脉。地有泉脉，人有卫气。地有草蓂，人有毫毛。天有昼夜，人有卧起。天有列星，人有牙齿。地有小山，人有小节。地有山石，人有高骨。地有林木，人有募筋。地有聚邑，人有䐃肉。岁有十二月，人有十二节。地有四时不生草，人有无子。此人与天地相应者也。

《灵枢·邪客》中的这段文字和颜元"天地之肖子"中"形象"的文字，的确有不少相似之处。《素问·宝命全形论》中岐伯指出："夫人生于地，悬命于天；天地合气，命之曰人。人能应四时者，天地为之父母；知万物者，谓之天子。"天地为人的父母，人为天之子，这都与颜元的思想相一致。至于"理肖"，即仁义礼智信"五伦"与天地之元利亨贞"四德"及太极相配，则应来源于理学。

颜元还讲人为"天地之孝子"：

> 何言乎孝子也？种树稼穑，修筑宫室，灌溉园池，以增润地形，饮食其母也；燔柴焚积，熏香蒸物，酿酒扬汤，使气臭上腾，以宣濡天气，饮食其父也；至于方泽祀示，圆丘祭郊，埋璧焚脂，太牢少牢，玉瓒纁币，封山告渎，宾春饯秋，此尤其大奉甘旨，而平常菽水不足言矣，是谓养口体之孝。天命五德，奉持不失；富贵贫贱，安而受之，夙夜寤寐，时存惕若，灾苦祸殃，劳而不怨，民胞物与，友于得所，五礼以致中，善敬亲也，六乐以导和，善承欢也。是谓养心志之孝。鸿蒙未辟，文而明之，洪水泛滥，掘而疏之，气数阨在继体，揖让以化之，族类暴于残贼，放伐以救之，乾坤聋瞶，木铎以醒之，禽兽嚣争，好辨以熄之，小

第三章 实 用

而楮鞭草木以宣阳，日食伐鼓以攻阴，"迅雷风烈必变"，冬燃火，夏藏冰，凡可燮理者，无不为之，是谓养疾调剂谕亲于道之孝。继天立极，肇修人纪，迄今不谓之洪荒时也，名之曰"三皇之世"；开物成务，平地成天，迄今不谓之文明渐开时也，名之曰"五帝之世"；礼明乐备，质文互尚，迄今不谓之世运亨泰时也，名之曰"三王之世"；王纲解纽，乱贼接迹，笔削以诛之，迄今不谓之五霸迭兴时也，名之曰"春秋之世"；是天地反因人而著号，谓之显亲扬名之孝。故曰人者天地之孝子也。①

颜元充分发挥想象力，将盖房种地等增润地形之事、升腾烟火水气等宣濡天气之事及大小祭祀都当作养天地父母口体之孝；以安天乐命、遵道守德等作为养天地父母心志之孝；通过有效治理使社会和谐便是养疾调剂谕亲于道之孝；日新月异，功著天地，乃显亲扬名之孝。这些说辞在当今社会看起来似乎有些荒唐，但并非毫无真知灼见。颜元借用"天地之孝子"的身份认同，将孝顺天地父母作为每个人应尽的义务。也就是说，每个人都应该积极地行动起来保护和完善世界，使自然和社会处于和谐有序的状态。同时在这一进程中，人人都实现了作为"天地之孝子"的个人价值。成就世界的同时也成就了自我。

颜元的人为"天地之肖子"与"天地之孝子"的思想，并不能只从先天孕生的关系上来理解，更重要的是：人必须透过广泛的后天实践，使人与自然、人与社会的关系相谐相融。人生成于天地之间，也始终无法逃离于天地之外。天地既是生命的最初起源，也是生命的最终归宿，还是生命在生存展开过程中与之时时相伴、息息相关的环境。生命只有在天地的滋养下才能存在。故而，生命的本质不是超越天地，而是在天地大化流行之中保持天人和谐共生。人作为"天地之肖子"，乃是得之于天地；人作为"天地之孝子"，乃是馈之于天地。人和天地互惠互利，互相滋养，这才是生命的意义，也是生命的长久之道。

颜元接着说，人"得全于天地"，则要"无亏欠于天地"；人"为秀于天地"，则要"有功劳于天地"②。人独得天地之全，成就了一副灵粹秀全的身

---

① （清）颜元：《习斋记余》卷六《人论》，见《颜元集》，第512—513页。
② （清）颜元：《习斋记余》卷六《人论》，见《颜元集》，第511页。

体。有体则有用。这副身体作用的开显,则是人以天所赋予的资质自觉地实践习行、开拓创新,在认识自己与改变自己、认识世界与改变世界的进程中,成就世界且成就人自身,实现每个人的人生价值。这就是作为天地肖子和孝子的人,不辜负天地的给予并且有功劳回报于天地。否则,"不肖天地,非人也;不孝天地,非人也"①。是人还是非人,区别不仅仅在于先天的形躯生理,更重要的是后天实践中生存意义的现实化和人生价值的实现。颜元说:"其肖乎天地者,人之全体也;其孝乎天地者,人之大用也。"② 保全天所赋予的人之气质与性,是全其体;自觉主动地发挥人的气质与性的作用,是大其用。全体大用,便是颜元哲学中的人生价值或人的生存意义之所在。而且,从颜元哲学的整体看,全体大用可以说是颜元哲学的基本逻辑架构。

全体大用人生价值的实现,依赖于人"尽其性"。"尽性"之中的尽字,有两层意思,一是让人将性发用到极致,二是尽力、竭力做到。第一层意思是从结果上说,第二层意思是从过程上说,二者是内在统一的。第一层意思,人将性发用到极致,也就是成就了理想人格。我们在下一节讨论这个问题。而第二层意思,"尽性"尽到什么程度,全体大用的作用发挥到什么程度,这都是"人之自为"③,即个人的主体能动性。"尽性"有尽一身之性,尽一家之性,尽天下之性,甚或古今乾坤通尽其性的分别。那么为人也有分别,有为一人之人,有为万人之人;有为一家之人,有为一国之人,有为天下之人;有为一时之人,有为百年之人,有为同天地不朽之人。至于"尽性"尽力否、尽力几分,为人为何许人,全都由人自己做主。④ 人生价值的实现与否不是仰息于简单的宿命论,而是在于人自己的抉择与作为。

二 理想人格

所谓人格,即人在社会中所处的格位,是对人生形象的综合描述。理想

---

① (清)颜元:《习斋记余》卷六《人论》,见《颜元集》,第513页。
② (清)颜元:《习斋记余》卷六《人论》,见《颜元集》,第513页。
③ (清)颜元:《习斋记余》卷六《人论》,见《颜元集》,第513页。
④ 《习斋记余》卷六《人论》:"而人之自为,则不以是拘焉。有为一人之人,有为十人之人,有为百人之人,有为千人之人,有为万人之人;有为一室之人,有为一家之人,有为一乡之人,有为一国之人,有为天下之人;有为一时之人,有为百年之人,有为千年之人,有为万年之人,有为同天地不朽之人。然则为之者愿为何许人也哉!"(《颜元集》,第513—514页。)

人格是人们塑造的完美人格形象。它具有一种范导的意义，是人们孜孜以求的人生目标，让人们不断地趋向于它。对于理想人格的具体内容，历史上每一位思想家都有不同的答案。即使同为儒家学者，同将圣人作为理想人格的最高境界，但不同的思想家具有不同的圣人观。杨海文以所指和能指来形容这种差异。① 思想家们都以圣人为理想人格，这是所指方面，所指是一；不同思想家的圣人范型的具体内容相异，这是能指方面，能指是多。况且儒家学者经常将理想人格区分为不同的层次，圣人是最高层次、最完美的理想人格，还有较之层次低一些的理想人格。这又增加了理想人格的多样性。颜元说"学为圣人"②，在理想人格最高境界的所指方面与前辈学者一致，但是在能指方面与理想人格的层次划分上，则有其与众不同的特点。

（一）儒家人格的内圣之倾

"仁"是孔子思想中理想人格的核心，同时也包含着对理想人格的多重规定。樊迟问孔子何为仁，孔子回答"爱人"（《论语·颜渊》）。仁的基本要求是爱人，同时蕴含着忠、恕、恭、宽、信、敏、惠等具体品德。"未知，焉得仁？"（《论语·公冶长》）"知"主要不是天生的智力聪颖，更重要的是有理性、有智识。"仁者必有勇。"（《论语·宪问》）"勇"是意志的品格，即"我欲仁"（《论语·述而》）的坚定信念和矢志不渝的精神气质。孔子思想中的理想人格应该具有三种内在品格，即仁、智、勇，"知者不惑，仁者不忧，勇者不惧"（《论语·子罕》）。人格不仅表现为内在的品格，而且有其外在的发显。最直接的表现是，人在承担社会角色（如君、臣、父、子等）的过程中，在与其他社会成员发生联系时，内在的品格便得到了具体的体现。"礼"即内在品格的外在形式和具化展现。内在品格的外化不仅仅表现在社会交往活动中，而且体现在外王的过程中，即自觉地为理想社会的实现而奋斗。这样，孔子的理想人格规定，既包括内在的德性品格，又包括外在的实践品格。理想人格最终要落实到具体的人的形态上，即人格典范。事实上，古代思想家对理想人格内涵的阐述，总是与人格典范脱离不开的，二者一体两面。孔子大致将人格典范分为两类：圣人和君子。"圣人，吾不得而见之矣；得见君子者，斯可矣。"（《论语·述而》）孔子说，我不能见到圣人了，能见到君子

---

① 杨海文：《"仁且智"与孟子的理想人格论》，《孔子研究》2000 年第 4 期。
② （清）钟錂：《颜习斋先生言行录》卷下《学须第十三》，见《颜元集》，第 670 页。

就不错了。由此可见,圣人明显是比君子层次要高的理想人格形态。但圣人似乎是难以企及的。孔子说:"若圣与仁,则吾岂敢?"(《论语·述而》)孔子本人都不敢以圣人自居。即使对于尧、舜这样的上古圣君,孔子也不随便称其为圣人。① 圣人作为最高的人格境界,是一个难以在现实中达到的目标。君子可以看作圣人的现实简化版,《论语》中对其的描述与日用常行相联系,相比圣人而言平易切近。君子虽不如圣人那样完美,但却是人人可以企及的,从而避免了理想人格的玄虚化。不过,圣人的可望而不可即,还是让人有所缺憾。② 孔子为儒家理想人格的思考设定了一个范型。后世儒者的理想人格学说基本都脱胎于此并有所发展。

孟子认为,理想人格的内在品格有仁、义、礼、智四个方面。但他有时只以"仁且智"③来概括。对于内在品格展示于外的人格形象,他分了善、信、美、大、圣、神六个层次。④ 相对于孔子将圣人规定为可望不可即的人格典范,孟子以为历史上尧、舜、禹、汤、伊尹、文王、武王、伯夷、周公、孔子、柳下惠等三代以来凡有德于民、有功于世的圣王贤相都是圣人。他说,圣人是"人伦之至"(《孟子·离娄上》)。圣人之为圣人,首先在于他们的品德高尚。而且,孟子指出,"圣人与我同类者"(《孟子·告子上》),"人皆可以为尧舜"(《孟子·告子下》)。圣人并不是超验的神,而是现实生活中的一员。普通人与圣人一样,都具有成圣的可能性,即四端之心。圣人与普通人之间不再有着不可逾越的鸿沟。"人皆可以为尧舜"的观念无疑大大增加了人们向理想人格奋斗的动力,其影响也是深远的。对孟子来说,内在的品格构成了理想人格的根本特征。于是,相对孔子来说,其理想人格偏向了内圣之维。

到了宋明时期,理学基本上继承了孟子关于理想人格"仁且智"的规定。他们以《中庸》里的"诚"为道德本体,以"明"为理智属性,"诚与明

---

① 《论语·雍也》:"子贡曰:'如有博施于民而能济众,何如?可谓仁乎?'子曰:'何事于仁!必也圣乎!尧舜其犹病诸!'"
② 关于孔子的理想人格,详见杨国荣《从孔子看儒家的人格学说》,《天津社会科学》1992 年第 1 期。
③ 《孟子·公孙丑上》:"仁且智,夫子既圣矣!"
④ 《孟子·尽心下》:"可欲之谓善,有诸己之谓信,充实之谓美,充实而有光辉之谓大,大而化之之谓圣,圣而不可知之之谓神。"

一"①，则体现了仁智统一的理想人格取向。不过，理学实质上又蕴含着重视道德一面强于智识一面的偏向。其理想人格也朝着道德人伦或境界体验一方偏转。周敦颐说："圣，诚而已矣。"② 朱熹曰："太宰以多能为圣，固不是。若要形容圣人地位，则子贡之言为尽。盖圣主于德，固不在多能。"③ 朱熹解释孔子之所以为圣人，关键是道德完备，而非智识聪慧或多才多能。程朱理学讲"性即理"，陆王心学说"心即理"。宋明理学将人的内在品格上升到天理的高度。理想人格也随之演化为人格化的天理或天理的人格化。朱熹说："圣人一身浑然天理。"④ 王阳明说："所以为圣者，在存乎天理而不在才力也。"⑤ 理想人格的基本特征就是具有极高明的内在道德涵养，而不在乎是否具有某些突出的才能。内圣的倾向极其明显。成圣纯粹成为道德领域的事情。这种理想人格的扭曲，无疑是对儒家经世之学的极大削弱，是对经世济民实干人才的严重轻视。

宋明理学在理想人格的基本规定上舍弃了外王事功的追求，专心致力于个人道德修养的完美与实现。单单就"收拾精神，自作主宰"⑥这一方面来说，成圣之路是易简而可达的。人只要发扬主体性，在自我精神领域内作"惩忿窒欲、迁善改过"⑦的工夫，挺立起至善的道德意识，纯乎心中的天理，则圣人境界指日可待。但是，道德本体是先验而超越的，无法诉诸感性经验，天理纯乎与否全凭自身的内心体验。这样，圣人的追寻也就变成了一个无从保证其可能性的永无止境的过程。而且，宋明理学虽然承认人人皆可成圣，但其理想人格更多的是为知识分子设定的。"革尽人欲，复尽天理"⑧的宗旨反而压抑了普通民众追求改善生活条件的正常欲望；"变化气质"的工夫反而压抑了人们独特的气质才情。圣人的境界在为生计劳苦奔波的下层百

---

① （宋）程颢、程颐：《河南程氏遗书》卷二十五《畅潜道录》，见《二程集》，第317页。
② （宋）周敦颐：《周敦颐集》，梁绍辉、徐荪铭点校，岳麓书社2007年版，第65页。
③ （宋）黎靖德编：《朱子语类》卷三十六《太宰问于子贡章》，见《朱子全书》第15册，第1334页。
④ （宋）黎靖德编：《朱子语类》卷五十八《问舜往于田章》，见《朱子全书》第16册，第1851页。
⑤ （明）王守仁：《王阳明全集》卷一《语录一·传习录上》，第32页。
⑥ （宋）陆九渊：《陆九渊集》卷三十五《语录》，第455页。
⑦ （宋）朱熹：《晦庵先生朱文公文集》卷三十六《答陈同甫》，见《朱子全书》第21册，第1581页。
⑧ （宋）黎靖德编：《朱子语类》卷十三《力行》，见《朱子全书》第14册，第390页。

姓眼里显得玄妙高远。于是，这样的理想人格，理论上可以达成，然而在实际上却存在着脱离现实的弊端。

(二) 颜元哲学的理想人格

1. 理想人格内涵

颜元哲学的理想人格是从其全体大用的人生价值衍生出来的。人要"尽其性"，即须将气质与性的作用发挥到极致。颜元所说的理想人格，就是将天赋予人的气质之潜能全部发掘施用出来，也就是说将天赋予人的性之内容全部显露发用出来以后所呈现的人格。他说：

> 吾性所自有，吾气质所自有，皆天之赋我，无论清、厚、浊、薄、半清、半厚，皆扩而充之，以尽吾本有之性，尽吾气质之能，则圣贤矣，非变化其本然也。①

此言乃针对理学的"变化气质"之说。颜元认为，天道给予人的气质是命定的，气质之量或可增益、减损，气质之质却不可更改。"变化气质"之说，犹如挖掘山丘人工造湖、土填河泽人工砌山一样，辜负了天地自然的大好河山。每个人不同的气质和本性，正是这一个体在世界上能独立存在的价值所在，是自主人格形成的基础。人要根据所禀受先天条件的特性，充分发挥所长，通过身体践履尽其性，则人人都能有自己独特的生命境遇，都能彰显自己独特的人生价值，从而成就圣贤②等理想人格典范。"尽吾本有之性，尽吾气质之能"，前提是人要知道自己的性和气质的特点，然后才能有针对性地、有目的地去作为。否则，"尽性"则具有盲目性。可是，人如何得知自己禀受了什么性、什么气质呢？具体来说：

> 兹读翰教，自序："平日喜平易，不立畦畛，列坛坫。十岁以上，听人讲琴、瑟等乐，便愿慕之。读'成于乐'细注，程子所言荡涤邪秽，

---

① (清) 钟錂：《颜习斋先生言行录》卷下《王次亭第十二》，见《颜元集》，第 664 页。
② 由于颜元区分了圣人、贤人及其他人格典范，所以笔者在论述时，为了不出现理解上的混乱，"圣贤"合用以泛指儒家的理想人格典范，"圣"与"贤"分开使用（例如"圣、贤"）用以表示颜元所特指的圣人、贤人。

流通精神，妙不可言清不自知何心，期置一副器物，自己料理铿锵，当下便已受用难言，云云。"岂非天生一副好乐资性，如后稷童时好种植，孔子戏嬉陈俎豆，非人之所能为也。但不精此道，不终此志，便是负天，便是不尽其性。①

后稷孩童时喜好种植，成人后，善于种植各种粮食作物，为尧、舜时期掌管农业之官，教民耕种。孔子年幼时喜欢陈俎豆、设礼容，成人后，则擅长礼仪。颜元认为，何千里自幼喜乐，天生一副好乐的资性，便应在音乐上多下功夫，以尽其性。由此观之，颜元认为，每个人的特质可以在幼时不自觉地显露出来，只要善于观察和发现，扬其所长，在此方面主动扩充，便是对天生资性的尽力发用。但在现实社会中，幼时的特质显露并不是容易被捕捉到的。颜元又说：

> 人各有禀赋之分，如彼农夫，能勤稼穑以仰事俯畜，斯不负天之生农矣；如彼商贾，能勤交易，计折阅，而无欺诈，斯不负天之生商矣；学者自勘，我是何等禀赋？若不能修德立业，便是不能尽其性，便是负天，便是负父母之生。②

农夫、商人、学者都是社会职业，乃是人在后天社会生活中获得的社会分工。颜元说"天之生农""天之生商"，这便有了宿命论的成分在其中。不过，宿命论并未掩盖他想表达的意思。农夫、商人、学者只要尽力做好本职工作，便是不辜负天生资性，尽其职便是尽其性。颜元说："如禹之终身司空，弃之终身后稷，皋之止专刑，契之止专教，而已皆成其圣矣；如仲之专优治赋，冉之专优足民，公西之专优礼乐，而亦各成其贤矣。"③大禹为司空，一生掌管水利、营建之事；姬弃为农师，一生掌管种植、农业之事；皋陶为士官，专心于刑罚之事；子契为司徒，专心于教育之事。仲由擅长政事，冉求擅长理财，子华擅长礼乐。这些古代的圣贤都是以其资性所近而专心致力

---

① （清）颜元：《习斋记余》卷四《答何千里》，见《颜元集》，第459页。
② （清）钟錂：《颜习斋先生言行录》卷下《王次亭第十二》，见《颜元集》，第666页。
③ （清）颜元：《习斋记余》卷三《寄桐乡钱生晓城》，见《颜元集》，第441页。

于此，从而在某一方面获得了高于其他人的成就。他们所擅长的也是他们所从事的职业。他们在实现自身价值、创造社会价值的同时，也成就了理想人格。禹、弃等人终生专司一事一职而成圣贤，都是依自己所处的情境，各尽其资质才性，在本职工作上尽心尽力地躬行践履而有所成。所以，圣贤并非高不可攀，每个人能在自己的职位本分上，努力做好当为之事，完成应尽职责和本分，创造社会价值，便能成为某一领域的圣贤。这可用《中庸》里的君子"素位而行"来概括：居其所当居之位，为其所当为之行，尽其所当尽之责，于此矻矻以求，于此践行工夫，则圣贤之位可期。

颜元人性论中对气质与性皆善的肯定为每个人成就理想人格奠定了基础，提供了可能。颜元说："父母生成我此身，原与圣人之体同；天地赋与我此心，原与圣人之性同。"① 这里的"体同""性同"并不是说人与人之间的体与性完全一个样，而是说，虽然人和人之间天生的形躯与秉性各不相同，但其本质都是善的，都是好的，所以才曰同。据此，人人都具有"天生一副作圣全体"②，都有成圣的根据。那么，成就理想人格并不需要宋儒所言的"变化气质"。人和人的差异性并不妨碍各自成就理想人格。各色各样的人，须顺应其气质、秉性的自然，因势利导地努力发展。颜元说：

> 人之质性各异，当就其质性之所近、心志之所愿、才力之所能以为学，则易成。圣贤而无龃龉扞格终身不就之患，故孟子于夷、惠曰：不同道，惟愿学孔子。非止以孔子独上也，非谓夷、惠不可学也。人之质性近夷者，自宜学夷；近惠者，自宜学惠。③
>
> 伯夷气质近清，柳下惠气质近和，各就所近而使清和，得天理之正，便是圣人。④

在《孟子·万章下》中，孟子提到四种圣人：圣之清者伯夷，圣之任者伊尹，圣之和者柳下惠，圣之时者孔子。四圣之所以能被称为圣人，并不是因为他们天生具备圣人的气质和秉性，而是伯夷、伊尹、柳下惠、孔子分别

---

① （清）钟錂：《颜习斋先生言行录》卷下《学须第十三》，见《颜元集》，第668页。
② （清）颜元：《存学编》卷一《上征君孙钟元先生书》，见《颜元集》，第46页。
③ （清）颜元：《四书正误》卷六《孟子下·离娄》，见《颜元集》，第230页。
④ （清）钟錂：《颜习斋先生言行录》卷下《世情第十七》，见《颜元集》，第684页。

第三章 实 用

在清、任、和、时方面为世人起到了典范作用。颜元由此认为，人根据自己先天的气质秉性、自身的意愿兴趣、具备的才智能力选择奋斗的方向，则易于成就理想人格。颜元的理想人格思想是对孟子"人皆可以为尧舜"的进一步发挥，也是对王阳明"随才成就"理念的继承，其表明了两个观点：一是人人皆可成就理想人格；二是理想人格模式的多样化。

颜元曾指着路上的行人向一朋友提问：孟子说"人皆可以为尧、舜"，那路上这些推车、挑担、驾车和服役的人，经过数十年的学问之功，兼以师友的提携熏陶，是否就能成为和尧、舜一样的人？朋友不能回答。颜元接着说：孟子并非说圣贤必须具备"钦明""浚哲""知如神而仁如天"等和尧、舜一样的德性；也没说圣贤必须成就"时雍""风动""地平天成""万物咸若"等和尧、舜一样的事业。否则，颜回、曾参都达不到圣贤的标准，况且这些平庸百姓。那么如何实现"人皆可以为尧、舜"呢？"只就各人身分，各人地位，全得各人资性，不失天赋善良，则随在皆尧、舜矣。"① 人能依其质性、志愿、才力之所近，就其身份地位，素位而行，尽职尽责，笃行日新，保全其善质善性，发挥自己在社会中的作用，实现自己在社会上的价值，便可成就理想人格，成圣成贤。必须说明的是，颜元所认可的理想人格并没有忽视儒家历来重视的道德标准。"素位而行"中包含着对职业道德的坚守。而且，颜元哲学的人性范畴之中仁、义、礼、智四德俱全，"尽其性"自然也有对道德修养的要求，这也蕴含在其"全体大用"的人生价值中。不管非凡聪慧或平庸愚钝之人，还是王公贵族或平民百姓，人人都可成为圣贤。例如商人不以欺诈手段抬高价格、不卖假货，勤勤恳恳做好商人的本分；役夫不欺蒙上官、不欺压百姓，踏踏实实尽劳役的本分，都能在各自领域成就理想人格。这样成就的理想人格，不再具有整齐划一的固定范型，他可以是道德楷模，也可以是圣王贤相，可以是商场精英，也可以是文坛领袖，甚或工人典范、

---

① 指途人谓之曰："孟子言'人皆可以为尧、舜'。如彼推车者、荷担者、执鞭者、趋役者，虽加数十年学问之功，兼以师友之熏陶，岂即能为尧、舜？"友不能答。先生曰："孟子非谓'钦明'、'浚哲'、'知如神而仁如天'，斯为尧、舜之德也；非谓'时雍'、'风动'、'地平天成'、'万物咸若'，斯为尧、舜之事也；若然，则颜、曾以下恐难言之，况彼碌碌者乎！只就各人身分，各人地位，全得各人资性，不失天赋善良，则随在皆尧、舜矣。如推货者不饰贾，不伪饬；鞭役者不罔上，尽下分，斯皆尧、舜矣。此'人'字，自圣知至庸愚，王公至隶胥，千万人都括尽，'皆可以为'四字，是将生、安、学、利、困、勉，用学问之择执与不用学问之择执，千万等工夫都包尽。"〔（清）钟錂：《颜习斋先生言行录》卷上《吾辈第八》，见《颜元集》，第648—649页。〕

虚实之辨

农民模范，不一而足。相较于朱熹以醇儒律人，颜元更注重因个体天赋差异而形成的不同人格模式。他不再将理想人格的标准囿于道德领域，而是拓展到社会生活的方方面面，使理想人格的内涵更加平实近人，让圣贤真实地贴近现实。

颜元甚至用痴哑之人举了一个极端的例子：

> "人皆可以为尧、舜"，……昔蠹有徐姓，痴而哑，甚慈其子，吾以为尧、舜之一端也。倘能充此，何不可为？盖痴人亦禀元、亨、利、贞之理，而成仁、义、礼、知之性。……只孟子善言学，徐行后长，便是尧、舜，如在父兄前和顺，不反口，便是尧、舜。今教痴人徐行漫语，彼岂不能？①

痴哑之人虽天赋质性较常人为差，但其人性之中也是仁、义、礼、智四德俱全，"甚慈其子"的行为便是其质性的显露。只要扩充此"仁"之一段，教会他遇到长辈时要在长者后面慢慢地走，对父孝对兄恭，这何尝不是痴哑之人理想人格的达成。

从上述来看，颜元对理想人格的规定没有明确的内圣或外王倾向。"尽其性"中包含了对道德修养的要求，但不像理学一样落实到对难以琢磨、玄妙高远的理的体认上。他更多的是要求人们在社会实践中发挥自己的作用，实现自身的价值，从而改变世界，创造社会价值，成己且成物。这十分契合颜元的致思取向，符合其经世实学的要求。所以，颜元说：

> 人必能斡旋乾坤，利济苍生，方是圣贤。②
> 孔子与三千人习而行之，以济当世，是圣人本志本功。③

颜元使用"斡旋乾坤""利济苍生""以济当世""习而行之"等词从经世方面强调儒家圣贤应该如何做，只是为了扭转理学在理想人格方面的内圣

---

① （清）钟錂：《颜习斋先生言行录》卷上《法乾第六》，见《颜元集》，第644页。
② （清）钟錂：《颜习斋先生言行录》卷下《教及门第十四》，见《颜元集》，第673页。
③ （清）颜元：《四书正误》卷一《大学·大学章句序》，见《颜元集》，第157页。

倾向，并不代表其思想中的理想人格彻底偏向了外王的维度。

2. 理想人格典范

一般来说，儒家最高层次的理想人格典范是圣人，稍次一级的是贤人。颜元曾说"下之为秀民，中之为豪杰，上之为圣贤"①，将人格典范分为圣贤、豪杰、秀民上中下三个层次。此外，他在其他地方还将人格典范区分为圣人、贤人和豪杰：虞廷五臣大禹、姬弃、皋陶、子契、伯夷，只各专一事终身不改，便成为圣人；孔门弟子中的七十二贤，各专一事，不必多长，便成为贤人；汉室三杰张良、萧何、韩信，各专一事，未尝兼摄，乃是豪杰。②虞廷五臣为圣人，孔门诸贤为贤人，这是对之前历代儒家学者圣人观的直接继承。而张良、萧何、韩信何以为豪杰？豪杰这一人格典范最初由孟子提出，主要指道德上的自我挺立。程、朱等未将豪杰列入人格典范之列。王阳明却强调和重视豪杰人士，为这一人格典范赋予更多的意义：自我独立的意识，强烈的社会责任感，不沉沦于世俗等。晚明时，豪杰为许多士人所追慕。明末清初之际，豪杰精神在人们心中分外彰显，此时豪杰人格除了要具有主体独立的意识和强烈的社会担当，还要有经天纬地的实践，即外王事功。颜元认为萧何是"仁者不忧"，张良是"知者不惑"，韩信是"勇者不惧"③。仁、智、勇"三达德"乃儒家至高的品德。颜元认为它们是个人立德、立业的根基④，是实现齐家、治国、平天下的保障⑤。汉初三杰在分别具备仁、智、勇品德的基础上，成为汉代开国功臣，实现了外王事功。这样，通过三人内外两方面的表现，颜元将张良、萧何、韩信列入豪杰之列。

上述颜元文本对于圣人、贤人、豪杰的区分还是很模糊的。在《颜习斋先生言行录》中有一段话说得相对清楚：

---

① （清）钟錂：《颜习斋先生言行录》卷下《教及门第十四》，见《颜元集》，第672页。

② 《颜习斋先生言行录》卷下《学须第十三》："试观虞廷五臣，只各专一事终身不改，便是圣；孔门诸贤，各专一事，不必多长，便是贤；汉室三杰，各专一事，未尝兼摄，亦便是豪杰。"（《颜元集》，第667页。）

③ （清）钟錂：《颜习斋先生言行录》卷上《吾辈第八》，见《颜元集》，第649页。

④ 《颜习斋先生年谱》："仁、知、勇，古今之达德也，立德、立业俱在于此。"（《颜元集》，第760页。）

⑤ 《颜习斋先生言行录》卷上《法乾第六》："古之人惟'三达德'、'五达道'，此外更无道德。一身智、仁、勇，足以整理一家，是谓'修齐'；一家智、仁、勇，足以型式一国，是谓'齐、治'；一国智、仁、勇，足以镇抚四海，是谓'明明德于天下'。"（《颜元集》，第643页。）

谓文升曰："事变猝来，当下仁智骈集，便看透始终，自然合义者，圣人也。蔽于事物，仁智不及，便欲乱行，忽然觉非，即迁于义，所谓'不远复'者，大贤也。当下蒙蔽，行事错乱，仁智皆伤，悔悟，自怨自艾，或师友提撕，即改前非，更图新是，所谓'闻过则喜'，'改过不吝'者，贤人也。下此利害判然，能脱其所蔽，而勉于仁智，如汉高、世民者，豪杰也。至于始终滞锢，义理、利害俱蒙蔽焉，斯为下矣。"[1]

颜元用其人性理论来解释不同层次人格间的差异。人性之中仁、义、礼、智四德俱有，但不同的人四德分布的比例和调适机制的灵活性可能存在差异。最完美的分布状态是四德均衡，其余的则是一德或二德或三德偏胜。关于四德之间的调适机制，颜元说："仁不足以恃者即以义济之，义不足以恃者即以仁济之。或用三德并济一德，或行一德兼成四德，当视即视，当听即听，不当即否。使气质皆如其天则之正，一切邪色淫声自不得引蔽，又何习于恶、染于恶之足患乎！是吾性以尊明而得其中正也。"[2] 这是颜元在人性内部设定的在一定程度上保证不误用其情的机制。我们姑且称之为"四德相济"。四德相辅相成，如仁德由义德节制，则恻隐之情发用适当；若仁而无义，则不当恻隐者而恻隐之，误用其情，即成不宜之恶。不同人格的区别就在于四德相济机制发挥作用的程度不同。圣人四德中正均衡，相济适当，总能根据具体境遇自然迅速地采取最适宜的行为方式，不会出现恶的行为或做得不适当的地方。大多数人四德分布并不均衡，导致"四德相济"的机制运行不畅。人格典范所处的层次越低，其调适机制的灵活性越差。大贤之人相比圣人，"四德相济"的机制启动有所迟缓，但在其不好的意志或欲望尚未转化为实际行动前，能够及时发觉，从而根据具体境遇再做出适宜的决定。贤人虽有行事错乱之时，但能通过自觉悔悟或师友提撕痛改前非、弃过图新。豪杰以利害关系为行事尺度，在被外物"引蔽"后一旦察觉其害处，即能果断从中脱离出来，"四德相济"虽不如圣贤，但也在勉力而为。再下一层次的人则很难摆脱被"引蔽"。这样的人格典范特征之区分并不表示圣贤乃先天造就、不需后天努力，而是强调了先天质性对人格成就上限的制约。

---

[1] （清）钟錂：《颜习斋先生言行录》卷下《学问第二十》，见《颜元集》，第695页。
[2] （清）颜元：《存性编》卷一《明明德》，见《颜元集》，第2页。

第三章 实用

颜元还有一段话是从另一个角度阐述人格典范的：

> 人须常自衡：天之生我，父母之成我，其中人乎，中人以下乎，抑中人以上乎？果中人以下，则凿井、耕田，已无负于生我矣；或中人也，则随世波流，亦何负；傥中人以上也，则上当为五臣、十乱，中当如三杰、二十八人，下之亦须主城、贰郡，实求辅挽气运，利济生民。不然，则负我资性，为天地父母之罪人矣！①

虽然这段话没有明确提及圣人、贤人、豪杰等人格典范的称谓，但其中所言的"中人以上"之上则当指圣人和贤人，"中人以上"之中则当指豪杰。质性普通之人，耕田凿井，勤力养家，安居其位，尽职尽责，就是其理想人格的成就和人生价值的实现。质性出众之人，则要以经世为目标，勉力自强，以才德见于世，利济生民，辅挽气运，根据创造社会价值的大小，下为士，中为豪杰，上为圣人贤人。

综合来看，相较于程朱理学中醇儒的人格典范，颜元思想中理想人格典范的类型较为多样，但他更为欣赏的则是圣人、贤人和豪杰。他说："谓乾坤中关世运之转移、苍生之休戚者，惟圣贤与豪杰耳。"② 从经世的角度讲，他认为只有圣人、贤人与豪杰才能对社会安稳、国家发展、百姓幸福产生重大的作用。颜元口中的圣人，主要有唐尧、虞舜、大禹、姬弃、皋陶、子契、伯夷、柳下惠、夏启、商汤、周文王、伊尹、周公、孔子等，这些人物大多是上古三代的圣君贤相，有出色的外王事功。而贤人，如"十乱"之中除周公外的召公奭、太公望、毕公、荣公、太颠、闳夭、散宜生、南宫适、文母，还有孔门七十二贤，要么有显著政绩，要么有实干才能，也与经世有关。所以，颜元说："三代圣贤，躬行政绩多实征。"③ 至于豪杰，在《颜元集》中共提到了45次，而将圣贤与豪杰一并提及的有15次。可见豪杰虽不如圣人、贤人完美，但也是颜元所高扬的人格典范。列入豪杰行列的除了汉初三杰外，还有汉高祖刘邦、唐太宗李世民、汉光武帝刘秀麾下的云台二十八将等，他

---

① （清）钟錂：《颜习斋先生言行录》卷下《教及门第十四》，见《颜元集》，第672页。
② （清）颜元：《习斋记余》卷八《哭汤阴李宁居》，见《颜元集》，第543页。
③ （清）颜元：《存学编》卷三《性理评》，见《颜元集》，第76页。

们最明显的特征还是与外王事功有关。颜元所树立的理想人格典范，虽然也有道德方面的规定，但是他把对经世之实践、实用、实绩的要求提高到了更主要的位置。

圣、贤和豪杰还有其他的特征吗？孔子曾说，不能与合乎中庸的人结交，那么就和"狂者"或"狷者"在一起吧（见《论语·子路》）。颜元对此说道：

> 天地间惟此两种人（笔者按：指狂者和狷者）遇大圣人济世，鼓动得起，造就得成，驾驭得出。虽不及"中行"稳当，皆可同心共济，有益生民，辅扶气运。不得大圣人济世，自己犯手在上、在下，亦能鼓动得人，造就得人，驾驭得人，虽不及"中行"无破绽，然亦能各成一局，领袖一时。总之，"中行"外除此两者，更无圣贤，并无豪杰矣。①

"中行"之人是指符合中庸之道的人，一言一行谨守中道，无过无不及。"狂者"积极进取，勇往直前，富有开拓精神，或有所过。"狷者"有所不为，谨厚守节，善于职守本分，或有所不及。"狂""狷"虽不如"中行"无所不当，但"狂者"和"狷者"都不合流俗，不做随波逐流的"乡愿"，他们也能超凡脱俗，成就一番事业。颜元认为只有这三种人才能成为圣、贤和豪杰。他对"狂者"和"狷者"还有进一步的注解：

> 拙见"狂者进取"是状他那一段勇敢有为意思。凡存心遇事，都要向前铺张去做，常常打起精神，故谓之"进"。凡取道德，取人物，取功名事业，好提挈到手做一番，故谓之"取"。每好进而不好退，每好取而不好舍。偶有退时，亦是进处，舍时亦是取处，是"狂者"真面目也。……"狷者有所不为"是状他那一段谨饬方板意思。凡存心遇事，都向里收敛，将来常常把定门闑，莫道非道、非义断断不做，即遇人物，亦若有不轻交、不愿交、不敢交意。即遇道德功名事业，亦若有不轻做、不愿做、不敢做意。故谓之"有所不为"。当其进时，亦好急流勇退；当

---

① （清）颜元：《四书正误》卷四《论语下·子路》，见《颜元集》，第216页。

其取时，却亦得舍便舍，是"狷者"真面目也。①

将颜元对"狂者"和"狷者"的解释两相比较，"向前铺张"的"狂者"对道德功名事业都喜欢亲自下手做一番，而"向里收敛"的"狷者"对道德功名事业不轻做、不愿做、不敢做。这样的阐释可能对孔子的原意有所曲解，但却表明了颜元的态度。颜元更倾心于"狂者"，因为"狂者"有为，"狷者"无为。"狂者"志气高昂，勇于任事，大胆实干，体现出重实践、重实用的意向，是经世致用的人才。颜元在五十三岁时曾摘录许三礼《河洛源流》中的一段话："但自孔子没，而中行绝，狂、狷两途，分任圣道，乃气数使然，不可偏重。狂者进取，如张良、韩信、房、杜诸人，皆能开辟世界，造福苍生，然求其言行之尽规规圣道，不能也。狷者不为，如程颢、朱熹、陆九渊诸人，不义不为，主持名教，然欲其出而定鼎济变，如古圣之'得百里而君之，朝诸侯，有天下'，不能也。"②依照颜元的归类，"狂者"张良、韩信等人可扭转乾坤、造福苍生、经世济民，而"狷者"程颢、朱熹等人却不能定鼎济变，造就外王事功。颜元曾讥讽朱熹等理学家只知静坐和读书，却无实际办事能力，而将张良、韩信等列入豪杰之列，相形之下倾向立判。

圣、贤和豪杰都具有"中行"、狂或狷三者之一的品质。不过在"中行"以下，狂、狷之间，颜元更推崇狂。他自己经常以"狂者"自居：

> 仆少年狂妄，辄欲希古圣贤之所为。③
> 天生元无用之人，……其一点狂妄，务不失天之所以生我。④
> 某生于世，狂妄特甚，弱冠余，便弃八股，欲求所谓圣人之道者。⑤

颜元的好友王法乾也曾对他说："吾近狷，兄近狂，李妹夫近中行也。"⑥颜元不愿做理学的拥趸，不愿做同流合污的"乡愿"。他立志成圣，勇于进

---

① （清）颜元：《四书正误》卷四《论语下·子路》，见《颜元集》，第215—216页。
② （清）李塨、王源：《颜习斋先生年谱》，见《颜元集》，第760页。
③ （清）颜元：《习斋记余》卷一《送安平杨静甫作幕序》，见《颜元集》，第406页。
④ （清）颜元：《习斋记余》卷四《答陈端伯中书》，见《颜元集》，第460页。
⑤ （清）颜元：《习斋记余》卷七《祭李孝悫文》，见《颜元集》，第531页。
⑥ （清）冯辰、刘调赞：《李塨年谱》卷一，第3页。

取,实干实行。他为了倡导经世之学,言论激扬高昂,常有惊世骇俗之见。梁启超评价其"举朱、陆、汉、宋诸派所凭藉者一切摧陷廓清之,对于二千年来思想界,为极猛烈极诚挚的大革命运动"①。梁任公的评语完全契合颜元的"狂者"气质。颜元对"狂者"类型圣、贤、豪杰的期待,可能就是对自己人生的期许;或者说,颜元自己就是他理想人格典范中"狂者"一面的具现。

三 以义为利

颜元哲学中,人生价值的实现是将气质与性的作用尽力发挥出来。理想人格的成就也就是人生价值的实现,但目标更为具体:人依其质性之所近,就其身份地位,素位而行,尽职尽责,创造应有的社会价值。个人作用发挥与社会价值创造的目的是经世济民。这就使人对自己、对他人、对社会、对世界产生了实际的效用。颜元特别重视行为的效用,即实用。他认为有体有用之用,既包括用的过程,又包括用的结果。用的过程如果不产生结果,那么此用则为无用。所以,无用之事、无用之学等都是颜元所反对的。

南宋陈亮曾说:"人才以用而见其能否,安坐而能者不足恃也;兵食以用而见其盈虚,安坐而盈者不足恃也。"②陈亮所言针对的是行军打仗的兵将和粮草,兵将是否纸上谈兵,粮草是否充足,只有以打仗之后的效果来判别。颜元借此发挥说:"吾谓德性以用而见其醇驳,口笔之醇者不足恃;学问以用而见其得失,口笔之得者不足恃。"③人的德性如何,不是通过口才和文笔的优劣体现出来的,而是通过德行实践来判断;评价一人孝顺,是因为他有孝行,而不是他口中说孝顺。学问也是一样,知识只有转化为行动才能验证真伪得失。不以用,无以见效果;不以用,德性和学问只是无用之德性、无用之学问。颜元还说:

学必求益。凡举步,觉无益就莫行;凡启口,觉无益就莫言;凡起

---

① 梁启超:《中国近三百年学术史》,第117页。
② (宋)陈亮:《陈亮集》卷一《上孝宗皇帝第一书》,第3页。
③ (清)李塨、王源:《颜习斋先生年谱》,见《颜元集》,第747页。

念，觉无益就莫思。①

学教……务期实用。②

王法乾在对颜元说"读书万卷，若无实得实用，终是无益"③时，颜元也表示赞同。脚迈一步、口说句话、心起念头，都要先想想有用还是没用再决定是否行动。至于读书学习更是如此，只学习文墨浮文，口头讲授，心头玩弄，却无实用价值，那便无益。"实用"一词向来是颜元思想的标签。但如果一味地坚持实用，重视效用，追求效果，那么就会陷入极端的功利论，而轻视道德原则。颜元虽然强调实用，但更注意道德原则。由此，他针对义利问题展开了讨论。

义利之辨是中国古代哲学史上的重要议题。由于"义"和"利"两个范畴的广泛意涵，从而使"义利之辨"包括丰富的内容。从一般常用的意义上讲，"义"指道德原则或当然之则，"利"指利益、功利或功效，"义利之辨"主要讨论的是二者的关系问题。

先秦时，孔子义利观的基本原则是"见利思义"（《论语·宪问》）。孔子虽然不讳言"利"，而且也肯定实际功利的价值，但是"利"必须受到"义"的限制。如果"利"不合乎"义"的规范，那么便不可取。孟子相比孔子，更加重视"义"。他甚至说："大人者，言不必信，行不必果，惟义所在。"（《孟子·离娄下》）这就使道德原则具有了至上的性质，不宜过多考虑"利"。荀子则提出"以义制利"的命题。他指出，人有了"义"便可以控制"利"，将之纳入礼的规范，就能妥善处理各方面的利益。

西汉时，董仲舒认为在道德原则和个人私利之间，要行仁义而弃谋利。他在《春秋繁露》的《对胶西王越大夫不得为仁》篇中说了一句"仁人者，正其道，不谋其利；修其理，不急其功"④，可作为其义利观的总结。不过，班固在《汉书·董仲舒传》中记载的是董仲舒对江都王说了一句"正其义不谋其利，明其道不计其功"⑤，这句话后来盛传于世。前后两句话对"功"的

---

① （清）钟錂：《颜习斋先生言行录》卷上《理欲第二》，见《颜元集》，第622页。
② （清）颜元：《存学编》卷三《性理评》，见《颜元集》，第75页。
③ （清）钟錂：《颜习斋先生言行录》卷上《法乾第六》，见《颜元集》，第640页。
④ （汉）董仲舒：《春秋繁露》卷九《对胶西王越大夫不得为仁第三十二》，第328页。
⑤ （汉）班固：《汉书》卷五十六《董仲舒传第二十六》，第2524页。

态度由"不急"变为了"不计"。一字之差,天壤之别。后者的"不计"突显了对功利的排斥。"正其义不谋其利,明其道不计其功"这句话后来成为理学家义利观的宗旨。

宋代王安石提出了"理财乃所谓义"的观点,认为求利本身就含有合乎道德价值的内容。他虽然主张一定限度的个体利益的正当性,但仍将道义放在了首位。陈亮则认为,"义"不能脱离"利","义"必须达到一定的功效,实现一定的社会利益。"义"与"利"相统一,"义"通过"利"而体现。"义"离开了"利"并与"利"相对立,就成了无用的道德教条。朱熹将陈亮的观点概括为"义利双行,王霸并用",不过陈亮对此并不同意。①

学者多认为颜元的义利观是承接和发展了陈亮的观点。这一论断是失之偏颇的。颜元虽重实用,但在义利关系问题上,秉持着先秦儒学"义利之辨"的基本态度。颜元肯定了《大学》中"以义为利"的命题。《大学》曰:"此谓国不以利为利,以义为利也。"意思是,国家不应该通过直接聚敛财货来获利,而是应该通过仁义治国以获利。其表达的内容是治国理念。颜元将此治国理念的义利观扩展到更大范围的伦理学意义上的义利观,说"以义为利"是儒家圣贤们对义利关系最公平正直的判定。② 这就定下了义利关系的基调,"义"为上,"利"次之。虽然重"义",但不是不讲"利","义中之利"还是被提倡的,但是"义"与"利"发生冲突时,则要行"义"舍"利"。颜元的义利观与孔子的"义以为上""见利思义"的观点相一致。因为孔子并非不言"利",而是推崇通过"义"来获得"利"。颜元认为,孔子所说的"先事后得""先难后获""敬事后食",正是主张在道义的原则下通过合理行动获得利益。③ 只不过孔子更偏重对"义"的优先性的阐述,而颜元更多的是证明"义中之利"的合理性。孟子虽然有将"义"绝对化的倾向,但是他也讲"恒产",只是厌恶不正当地聚敛钱财。颜元还说,《尚书》中将"利用"和"正德""厚生"并为三事,《周易》中言及"利"更多,如"利贞"

---

① 参见邓广铭《朱陈论辨中陈亮王霸义利观的确解》,《北京大学学报》(哲学社会科学版)1990年第2期。
② 《四书正误》卷一《戴本大学》:"以义为利,圣贤平正道理也。"(《颜元集》,第163页。)
③ 《颜习斋先生言行录》卷下《教及门第十四》:"惟吾夫子'先难后获'、'先事后得'、'敬事后食'三'后'字无弊。"(《颜元集》,第671页。)

"利用刑人""利用安身""无不利""利者，义之和也"，等等①，以经典文本进一步证明"义中之利"的正当合法性。

"义"作为道德原则或当然之则，总是以理性要求的形式出现；"利"在广义上即指需要的满足，而需要首先表现为感性需要，或者说生理欲望。所以，理欲关系也是"义利之辨"的题中应有之义。生理欲望是人最基本的利益诉求。颜元从其人性论上肯定了生理欲望的必然性。性是人与物先天具有的功能、属性、品德、规律等对自身的规定性。人性与物性（包括动物）的本质差异在于仁、义、礼、智四德俱全还是不全。颜元对人性的规定中已经包含了身体的生理欲望，禽兽之性中自然也有其生理欲望。所以，人有生理欲望的诉求、有利益的诉求是必然的。人性中的生理欲望发出需要被满足的诉求，只要不误用其情，那么就是合理的、正当的，符合理性要求或道德原则的。但是如果出现"紾兄之臂而夺之食"或"逾东家墙而搂其处子"（《孟子·告子下》），那便是误用其情。这样的生理欲求不符合"义"。顺着颜元的思路可以得出，人和禽兽都有"利"的层面，但是只有人有"义"的层面；没有"利"，人和禽兽无法生存，人类社会没有发展的动力，而没有"义"，人就和禽兽无异。"义"和"利"都很重要，都不能舍弃，当二者发生矛盾的时候，作为人，自然应该以"义"为重。由此看来，追求"义中之利"完全符合颜元哲学的整体逻辑。与孟子的"义利之辨"相比较，孟子建立在人禽之分意义上的"义利之辨"思想就隐含在颜元的思维理路中。不过，孟子有"大体"（理性要求）和"小体"（感性欲望）之分，强调"惟义所在"，似乎又表现出贬抑感性欲望和功利利益的倾向。颜元则又进一步明确了欲望的合理性。从最基本的生存来说，人作为生物的存在，如果维持生命延续的基本生理欲望得不到保障和满足，生命将受到威胁。而且人的生理欲望毕竟属于人性的一部分，如果要"尽其性"，其中符合道义原则的需求就应当被满足。如男女之爱，是人类普遍的欲望，是人的真实情感的体现，是人性至深的反映。"凡主生者皆曰男，主成者皆曰女，妙合而凝，则又生生不已焉。"② 男女之爱还是人类生养、繁衍的前提。所以欲望本身并不都是不合理

---

① （清）颜元：《四书正误》卷一《戴本大学》，见《颜元集》，第163页。
② （清）颜元：《习斋记余》卷六《人论》，见《颜元集》，第511页。

的，但不"义"的欲望则是需要遏制的。颜元说："圣贤之欲富贵，与凡民同。"① 人人都可以拥有追求富贵的欲望。圣贤不只是颜渊一样的"一箪食，一瓢饮，在陋巷"，也可以像虞舜一样富有天下，像周公一样富有一国。但在对财富的追求和使用上，则要遵循道义原则。这便与孔子的"富与贵，是人之所欲也；不以其道得之，不处也"（《论语·里仁》）的观点相一致。颜元还说："今夫心天理，阳念也，常令刚；人欲，阴念也，常令柔，吾心有不定乎！天理虽为主，而常合乎人情，阳下也；人欲虽无能绝，而常循乎天理，阴上也，吾心有不和乎！"② 天理为阳，人欲为阴，阳下阴上，阴阳交泰才是最理想的状态。欲望虽有合理性，但是还要遵循道义的主导；道义原则的规定，也要考虑合理欲望的被满足、不能被过分压迫的诉求。由此，颜元在人的理性要求和感性欲望之间，即"义"与"利"之间构建了对立统一的关系。但"义利并举"这一词并不适合用来概括他的义利观，因为"义"和"利"二者之间毕竟还有主次之分。

  对于极端的道义论或者极端的功利论，颜元自然是反对的。逐"利"忘"义"自不必说，即使在道德原则下急切地追求短期效果而不顾长远影响，或追求眼前的小利而不顾全局的利益，急功近利，结果只能是欲速则不达，也是不可取的。对于只讲"义"而不谋"利"的人，无欲无求，那便如空寂的佛徒或是腐儒。③ 颜元还举例说，世上之人，耕田种地有不求收成的吗？撒网捕鱼有不求得鱼的吗？你对别人恭敬，难道不希望对方不轻慢你吗？你对别人宽容，难道不希望得到对方的支持吗？④ 他的例子中所说的"利"是指目的、预期效果。人的行为都是有目的、有意图的，没有目的或意图的行为是不存在的。行为的效果虽然不一定能达到预期，但是没有目的或意图就没有行为过程的产生，更何谈行为的效果。现代心理学研究表明，需要是一切行为产生的源泉，需要转化为动机则成为推动和维持个体行为的内部动力。⑤ 颜元看到了"利"（需要的满足）对行为动力产生的根本作用。如果不谋利、

---

  ① （清）钟錂：《颜习斋先生言行录》卷上《学人第五》，见《颜元集》，第640页。
  ② （清）钟錂：《颜习斋先生言行录》卷上《理欲第二》，见《颜元集》，第622—623页。
  ③ 《颜习斋先生言行录》卷下《教及门第十四》："盖'正谊'便谋利，'明道'便计功，是欲速，是助长；全不谋利计功，是空寂，是腐儒。"（《颜元集》，第671页。）
  ④ 《颜习斋先生言行录》卷下《教及门第十四》："世有耕种，而不谋收获者乎？世有荷网持钩，而不计得鱼者乎？抑将恭而不望其不侮，宽而不计其得众乎？"（《颜元集》，第671页。）
  ⑤ 李铮、姚本先：《心理学新论》，高等教育出版2001年版，第47页。

不求功，那么人就没有行动的动力，也更不会产生实用的效果。颜元认为，理学家之所以津津乐道"正其义不谋其利，明其道不计其功"这句话，就是为了文饰其空疏无用之学。他批评汉、宋、元、明以来诸多腐儒不谋利、不求功、不实用的观念，对社会发展不仅无益，甚至有害。他针对刁包《用六集》中的《刘晏论》评论道：

> 以某观汉、宋、元、明来，儒未有不腐者，天下事既不能做，又任放其口笔，说坏其必当举之政，必当用之人。如理财自是《周官》、《大学》所必举，腐儒恶闻之，目刘公为言利之臣。夫"利者，义之和也"。论中"不有晏左军兴，李、郭诸公无所施其补浴"。快哉言乎！宋人道学辈出，一代所欠智、勇两班，孔子所称"达德"也。见一赵次张曰"用之必为曹操"；见一陈文达，又曰"用之必为曹操"。噫！赵家三百年中，袖手静坐，谈天说性，把笔著作者，车载斗量；求一谋国定难，如子房、淮阴者固不可得；即料敌制胜仿佛孟德一二者，谁乎？惟丞相周葵言于朝曰："天下事吾辈既不能为，又忌人为之，是使天下事皆废矣！"卒之一代文人误国，坐此三言，其祸焰流今日而益甚也。①

如果要"革尽人欲""不谋其利"，人的欲求被压抑，那么行为的动力也就不足。人不作为、不实践，那么"天下事皆废"，经世之说只能成为纸上空谈。所以，颜元按照自己的观点，将《汉书》中的"正其谊不谋其利，明其道不计其功"改动了两个字，将两个"不"字分别改为"以"和"而"，即"正其谊以谋其利，明其道而计其功"②。"不"表示否定，"以"和"而"则表示递进关系。"谊"和"道"为"利"和"功"的前提。道义是原则，功利是动机；没有原则的动机是盲目的，没有动机的原则是无效的。在颜元这里，"义"与"利"是对立统一的，但不是平等的，"义"具有对"利"的主导性。另外，颜元并非为"义"以求"利"，他说："作事有功快，有功而不居更快；为德见报佳，为德而不见报更佳。"③"功""报"只是作事、为德等

---

① （清）颜元：《习斋记余》卷六《读刁文孝用六评语集八卷》，见《颜元集》，第 503 页。
② （清）颜元：《四书正误》卷一《戴本大学》，见《颜元集》，第 163 页。
③ （清）钟錂：《颜习斋先生言行录》卷上《法乾第六》，见《颜元集》，第 645 页。

行义之事的副产品，有之则锦上添花，无之心中自慊之情更甚，切不可将得利作为行义的必然关联，更不可以得利为目的、以行义为手段。"更快""更佳"表达了行义之后内心满足、愉悦的情感，这种情感往往比实际的功利更能让人感受到幸福，还能在新的实践过程中转换为继续行义的激励力量。

"义利之辨"作为价值观的导向，规定了人们的价值取向或行为方针，指导着人们选择何种行为规范和追求什么样的利益。义利观对人生价值的抉择有着重要的影响。颜元从发挥人的作用的角度出发，肯定利欲的正当性，提倡合理的利欲，以增强人们积极实践的动力，但这一切必须有道义的保障。

小　结

颜元认为，天道生生之气化生万物，人禀受的四德之气俱全，乃为万物之秀、万物之灵。这副灵秀的身体如果不能发挥作用，那便成了无用之体。他将人比作天地的肖子和孝子。所谓肖子，即天人相类，若一体不全则不与天相肖，其目的是要人保全天赋的人之形与性，谓"全其体"；所谓孝子，即人奉养天地，主动地发挥人的形与性的作用，为天地造实绩，为社会做贡献，谓"大其用"。颜元以为，体不全，用不大，则不再为人，把"全体大用"定位到人生要旨的高度。"全体大用"是颜元哲学中的人生价值、生存意义所在。

"全体大用"的另一种表达方式是《中庸》所提到的"尽其性"。其意思是尽力发用天赋予人的质性，通过实践将人的作用发挥到极致。天赋予人的气质之潜能全部挖掘施用出来、天赋予人的性之内容全部显露发用出来以后，人所呈现的人格，即颜元哲学所规定的理想人格。具体来说，人只要能依其质性、志愿、才力的情况，就其身份地位，素位而行，尽职尽责，笃行日新，保全其善质善性，发挥自己在社会中的功能，实现自己在社会上的价值，就可以成就理想人格。这就不再将理想人格的标准囿于道德领域，而是拓展到社会生活的方方面面，使理想人格的内涵更加平实近人，让圣贤更加贴近现实。"尧、舜、孔子总是人世上底圣人。"[①] 理想人格典范不是高高在上，而就在现世生活中。人人皆有成为圣贤的潜质，圣贤也是可通过努力成就的。

---

① （清）颜元：《朱子语类评》，见《颜元集》，第253页。

颜元关注到了不同个体之间天赋质性与成长境遇的差异对人的发展的影响，因此，颜元哲学的理想人格形态不是单一的，而是多样化的。颜元曾说："'道'即'率性'之谓。是人之所以生，了悟的此道，便完却了此生。长寿的百年千载，夭折的一时亦千载。"①"天命之谓性，率性之谓道"，天所赋予每个人的质性不一，人人都要坚持自己本有的质性并循此扩充，所以人人都有自己的道。每个人按照自己的质性去发展，走自己的道，这就是"率性之谓道"。成就理想人格便是了悟此道。每人有各自的道，各自的理想人格形态。既然在日用人伦的实践中，在日常生活里，就能实现人生价值，就可以成人（成就理想人格），人若不去追求成人（成就理想人格），便是自我的陷溺，是对自己人生意义的无视，是对自己人生价值的践踏。"人须知圣人是我做得。"② 不过，追求成人（成就理想人格）还是无视成人（成就理想人格），成人（成就理想人格）成功与否，重点还在人的理性自觉程度。"人之自为""人可自力"，人的潜能能否变成现实，关键还是要看每个人自己的抉择与努力。

颜元哲学的理想人格内涵使其认同多样的人格典范类型。但颜元更为欣赏圣人、贤人和豪杰。这三类人格典范具有"中行"、狂或狷的品质之一。从颜元对理想人格和人格典范的描述中，我们看到，与理学的人格典范具有内圣的倾向不同，颜元更多的是要求人们在社会实践中发挥自己的作用，实现自身的价值，也就是创造社会价值。这符合其经世实学的要求，从而使颜元的理想人格和人格典范更加突出外王的维度。

颜元将发挥人的社会效用提升到人生大义的高度，那么他必然极其注重实用。不过，他虽然强调实用，但是在义利问题上，更多的是承接孔子，主张"以义为利"，追求"义中之利"。他还进一步肯定了"利"的必然性和合理性，注意到了"利"（人的需求）促进社会发展的积极作用。不过，"利"的求取必须以"义"为原则。

---

① （清）颜元：《四书正误》卷三《论语上·里仁》，见《颜元集》，第183页。
② （清）钟錂：《颜习斋先生言行录》卷下《学须第十三》，见《颜元集》，第668页。

第四章 实 行

——身心外内一致功

每个人都有达到理想人格的可能，但这种可能性能否转变为现实性，除了与人的理性自觉程度有重要关系外，还要依靠成人之道。成人之道也就是成就理想人格的道路、方法，宋明理学中习惯称之为"工夫"。理想人格的培养在某种意义上就是自我价值的实现，即使本然的我成为理想的我。由于不同学者对本然之人和理想人格的设定不同，即人生的基点和目标是多样的，故而他们提出的成人之道也不可能完全相同。从学者对待本然之我的态度上，大致可把成人之道分为三种类型。第一种是将人格的培养理解成自我潜能的实现，即完全肯定本然之我并进一步将自我潜能发用出来；第二种是将人格的培养理解为自我扬弃，即部分肯定和部分否定本然之我，发扬肯定之处，抛弃否定之处；第三种是将人格的培养理解为自我否定，即完全否定本然之我，通过外部社会灌输而塑造一个理想的我。第三种的典型代表是荀子的"化性起伪"。荀子认为，人的本性是恶的，必须通过礼义法度的指导和教化，从而将人性由恶向善转变。第二种成人之道的代表为朱熹的工夫论。朱子哲学中，天命之性纯善，气质之性有善有恶，践行工夫的过程，就是消解那些遮蔽天命之性的气质中的因素，从而复现本性。他肯定了天命之性，而在一定程度上否定了天生气质。藤井伦明注意到了这一问题，说："所谓'工夫'，即为一自身试图消灭自身，此种有着非常曲折之性质的行为。"[1] 第一种则强调人格的培养不应当是一个否定本然之我的过程。颜元的成人之道就属于这一类。

在颜元哲学中，气质之善与天性之善的意义在于其为达到理想人格提供

---

[1] ［日］藤井伦明：《朱熹思想结构探索——以"理"为考察中心》，台北：台湾大学出版中心2011年版，第45页。

了可能性。这一先验论的设定构成了人自我价值实现的内在根据与出发点。颜元强调，理想人格的培养不应当是一个否定天赋质性的过程，即不是对本身气质和性的否定。如果完全无视人的本有质性，片面突出外在社会的强制灌输，那么，人格的培养过程便会伴随着对人先天质性的扭曲，可能造成对人的身体或心灵的摧残。理想人格的塑造应该是对天赋潜能的展开和先天质性的顺导。向理想人格的迈进过程，是将内在的质性之善外化为行为之善。行为之善不仅仅指的是道德意义上的德行之善，更指的是任何人类行动在价值意义上的广义之善，也就是好。质性之善外化后的落实处必须对自己有益，对他人有益，对社会有益，对天地有益。这样成就的理想人格，如果用通俗且简洁的话概括一下，那就是有德、有用之人。

根据颜元对本然之人、理想人格以及人生价值的设定，他在成人之道中必须要解决三个问题：一是如何实现"全体大用"的全"体之性"，即怎样保持性不被遮蔽及"四德相济"机制的正常运转，防止误用其情、引蔽习染的发生；二是如何实现"全体大用"的全"体之形"，即怎样维护并增强身体的健康水平，因为身体是人与人、人与世界建立联系的唯一媒介，也是成人工夫甚至人类一切行动得以展开的基本前提；三是怎样让"全体"发挥"大用"，也就是《中庸》的"尽其性"，即如何充分发掘每个人的质性潜能，在实现自身价值的同时创造社会价值，让每一个"全体"都有其"大用"。相对于理学将工夫论贯穿于形上与形下世界之间，并主要关注道德领域，颜元的成人之道则只游走在现世生活中，但关注的领域宽泛了许多。

杨儒宾教授说过，理学的工夫是一种和身心实践有关的技术。[①] 其实不止理学的工夫，所有儒家学说的工夫都是和身心密不可分的。但是，由于不同学者面临的问题不一样、致思取向不一样等，在工夫论中对身和心的关注程度也差异很大。在颜元哲学里，身和心的关系影响到具体工夫的择取倾向及对上述成人之道三个问题的解答，所以在本章中先行讨论。

一 践形尽性

"践形尽性"是颜元哲学成人之道的一个基本原则。为了更清楚地解释

[①] 来源于杨儒宾在2014年华东师范大学"儒学与中国传统社会"首届思勉人文跨学科暑期学校上的讲稿《未蹑天根岂识人——〈理学工夫论〉导论》。

"践形尽性"的含义及说明颜元工夫论采取的具体实践方式，我们先辨析一下志、气、心、身、性、形六个范畴。

(一)志气、心身、性形

颜元对孟子的志气之说颇为留意，他曾说："庸人苦无气，气能生志；学者患无志，志能生气。志气环相生，孟子志气之说，真体验语。"①《孟子》中并没有直接说"志气环相生"，那么孟子的志气之说是否表达了志气"相生"的观点呢？

《孟子·公孙丑上》曰："夫志，气之帅也；气，体之充也。夫志至焉，气次焉。故曰：'持其志，无暴其气。'""气"究竟何所指，学者对此的注解也不尽相同。我们不妨以颜元哲学中的"气"来理解。"气"是指人身体中的实然之气。"体之充"则指人的身体乃由"气"凝结而成。"志"为心志，即人内心的动机、意志等，有的学者也将其等同于"心"。"志"与"气"之间，"志"指挥着人的形躯以行动，故而"志"为"气"的统帅，是具有主导倾向的角色。在对"志至焉，气次焉"的注解中，赵岐说："志为至要之本，气为其次焉。"②朱熹在《孟子集注》中写道："若论其极，则志固心之所之，而为气之将帅；然气亦人之所以充满于身，而为志之卒徒者也。故志固为至极，而气即次之。"③所以说，在孟子这里，"志"是主要的，"气"是次一等的。相较于形躯，心志居于主导性的地位。不过，形躯与心志之间的作用是双向互动的，孟子在说"志壹则动气"的同时，也说"气壹则动志"，并举了一个例子："今夫蹶者趋者，是气也，而反动其心。"(《孟子·公孙丑上》)"志壹"和"气壹"是理解这句话的关键。赵岐将"壹"解释为"志气闭"，并说："志闭塞则气不行，气闭塞则志不通。蹶者相动，今夫行而蹶者，气闭不能自持，故志气颠倒。颠倒之间，无不动心而恐矣，则志气之相动也。"④志气之间如果闭塞了，那便失去了互动的作用，又何来"动气""动志"，此注恐有失偏颇。与颜元同时代的毛奇龄认为"志"可壹而"气"

---

① (清)钟錂：《颜习斋先生言行录》卷下《学须第十三》，见《颜元集》，第668页。
② (汉)赵岐注，(宋)孙奭疏：《孟子注疏》卷第三，见《十三经注疏》整理委员会《十三经注疏·孟子注疏》，北京大学出版社1999年版，第74页。
③ (宋)朱熹：《孟子集注》卷三《公孙丑章句上》，见《朱子全书》第6册，第281页。
④ (汉)赵岐注，(宋)孙奭疏：《孟子注疏》卷第三，见《十三经注疏》整理委员会《十三经注疏·孟子注疏》，第74页。

第四章 实 行

不可壹,"志壹动气,自然之理……若气壹动志,则帅转为卒所动,反常之道"①。毛奇龄的解释,在明代陈祖绶的《近圣居三刻参补四书燃犀解》中已经提过:"志本不动,不壹则涣散无其帅;气本周流,不动则枯槁无其充。故志可壹而气不可壹,气可动而志不可动。如无心而蹶,是所壹指气也,而反动其心,非气壹动志之明验欤?"② 陈祖绶、毛奇龄二人,均对"志壹则动气"予以正面的肯定,而对"气壹则动志"则予以了否定。朱熹在《孟子集注》中也表达了同样的意思,但不如陈、毛二人说得更为明晰。朱熹说:"孟子言志之所向专一,则气固从之;然气之所在专一,则志亦反为之动。如人颠踬趋走,则气专在是而反动其心焉。所以既持其志,而又必无暴其气也。"③ 上述三者都将"壹"解释为专一,肯定了心志的专一,但反对形躯之"气"的专一。心志专一,则人的精神清明,不为杂情所扰,能正常统帅和鼓动形躯之"气",使人保持旺盛的生命力。依中医和中国古代哲学的看法,健康之人的"气"处于平衡流转的状态,若"气"偏一,则形躯之"气"的平衡被打破,将会扰动心志。譬如突然跌倒或快步疾走的人,气血流动加速,连带着也搅扰了心绪的平稳,可能会导致暴怒、狂喜、惊恐、多虑等失常的情绪反应。所以,人应当在"敬守其志"的情况下"致养其气","气"顺"志"而行,"养气"则能充实其"志",此即朱熹所言的"交相培养"④。那么,志气也就是"环相生"了。

对于志气间的相互作用,颜元的理解也大致如此。他在描述人生病的情况时曾引用了"志壹则动气,气壹则动志"这句话:

> 何意故病再发,形貌顿减,候其晬际,竖子作祟,殆不为轻。劝以饵药,令子谓无须,将终身以此疾作师。盖谓疾作则警惕,警惕则葆摄,而病自除也。某闻之实复增一心病焉。夫疾病之生,原起失养,迨病之既久,腠理松懈,精道已滑,始之君火动而相火随者,久之君火不动,而相火亦炽矣,所谓"志壹则动气,气壹则动志"也。故养疾之道,葆

---

① (清)焦循:《孟子正义》卷六,沈文倬点校,中华书局1987年版,第198页。
② (清)焦循:《孟子正义》卷六,第198页。
③ (宋)朱熹:《孟子集注》卷三《公孙丑章句上》,见《朱子全书》第6册,第281页。
④ 《孟子集注》卷三《公孙丑章句上》:"人固当敬守其志,然亦不可不致养其气。盖其内外本末,交相培养。"(《朱子全书》第6册,第281页。)

慑为主，而药饵辅之。果主不足乎，得辅则易力；即主已足乎，得辅则益强。葆慑之人而可不服药，是谓尧、舜之君，当无宰相也，岂可，岂可！①

我们先来简单解释一下君火和相火，再来看君相二火与志气的关系。《素问·灵兰秘典论》说："心者，君主之官也。"君火为心火，心主神志，故君火也可说为神志之火，用来感知和思维。相火是人与生俱来的先天之火，人之机体的运转皆依赖相火，相火守中节而动则人体康健。君火以相火为存在的基础，但君火又作用于相火。人的思虑、行为虽为神志支配，但不是君火直接完成。君火为统帅发布命令，相火为兵卒执行命令。《素问·上古天真论》曰："恬淡虚无，真气从之，精神内守，病安从来。"君火应主之以静，依照相火的运动规律顺势而为，不可因情欲等妄动。君火主一不动，则相火炽热不妄，正常运作。君火妄动则会导致相火异动，引起人的气血运行失常。若相火偏一，则亢进或虚衰，就会扰乱心神，出现君火异常的症状。由此可知，颜元用"志"来说君火，用"气"来说相火，君火相火的关系就是"志壹则动气，气壹则动志"。不过，君火和相火往往相互为病，互为因果，所以，颜元建议在疾病治疗上当君相同治，以精神保摄为主，药剂治疗为辅。

以上从孟子的"志""气"分析到中医的君火、相火，仔细分辨会发现颜元对"志"和"气"的理解与孟子稍异。孟子谈"志"和"气"的重心在"志"上。因为孟子将走向理想人格的过程概括为"求其放心"，他的工夫论的重心也在心志之上，即使"养气"之说，也是从心志着手。而通过君火与相火的关系来看，相火（"气"）为人的生存之本，君火（"志"）为人的生存之机，君相和谐，方能形与神俱，以尽天年，故而颜元不只重视"志"，也绝不忽视"气"。而且君相二火和谐，还能协同促进，互相加强。② 颜元认为，学者平时用心神较多，以君火促进相火，此谓"志能生气"；庸人平时用气力较多，以相火促进君火，此谓"气能生志"。但切不可一味地只耗"气"或只用"志"，那样只有"气生志"或"志生气"的半环，终将导致君火亢盛

---

① （清）颜元：《颜习斋先生记余遗著》之《上廷翁王老伯》，见《颜元集》，第598页。
② 参见戴琪、朱明《从朱丹溪君火与相火的关系论中医心理调节机制》，《北京中医药大学学报》2002年第2期。

第四章 实 行

或相火炽盛之病。只有志气循环促生，人才能体健心康。

笔者讨论志、气范畴，实则想说明志、气与身、心、性、形的关联。性与形两个范畴，在理气论和人性论中已有涉及。"身"与"心"，则是中国古代哲学工夫论中必然涉及的范畴。在中国传统思想中，"心"一直扮演着多重而重要的角色。张立文先生将中国先哲对"心"范畴的种种规定归纳为了四种：主体意识；心理活动或心理状态；道德伦理观念；天地万物的本原或本体。① 张艳婉将儒家的"心"分为形下层面之心、形上层面之心和中观层面之心。② 在颜元哲学里，"心"只具有形下层面的意义。"心"既是具体的器官——心脏，宰制全身的血脉；同时作为精神性或观念性的存在，又有思虑的功能，可以作理性的思考，还能行感性的反映。③ "志"作为意志、志向，则是"心"的一种表现形态或存在方式。故而可将"志"等同于"心"。而"性"由"心"所统。颜元还做了一个形象的比喻："吾心，朝廷也；统四端兼万善之仁，天子也。"④ "天子"指的是"性"，"性"在"心"内。

"身"在现代语汇中一般称为"身体"，指人或动物的整个生理组织，有时特指躯干和四肢。而在中国传统思想里，"身"不仅仅指血肉之躯。杨儒宾教授在《儒家身体观》一书中认为，传统儒家理解的身体包含了意识的身体、形躯的身体、自然气化的身体与社会的身体四个向度。⑤ 蔡璧名在考察了先秦典籍中关于"身体"的意涵后指出："传统思想'身体'的义界，一方面兼摄有形的躯体感官与无形的心意气志，一方面又延伸至人文化成的范畴。身体本身既是有机、有生命的整体，无法藉由肢解作定性的分析；身体同时又非孤立的存有，与身外的一切绝缘，因此也不能就其自身自修自养而成。"⑥ 颜元哲学中的"身体"范畴，也涉及了上述杨儒宾的"身体"四个向度和蔡

---

① 参见张怀承、岑贤安、徐荪铭等《中国哲学范畴精粹丛书——心》，中国人民大学出版社1993年版，第4—5页。
② 参见张艳婉《儒家身心观研究》，博士学位论文，湖南师范大学，2012年，第25—29页。
③ 杨国荣先生强调与感性之"身"相对的"心"是精神性或观念性的存在。从理性、情感、意志，到直觉、想象、体悟，精神的不同形态和能力体现了"心"的不同存在方式。就动态的层面看，"心"又展开为直观、推论、分析、综合、判断、选择、权衡等等各种样式的活动。(杨国荣：《成己与成物：意义世界的生成》，人民出版社2010年版，第238—239页。)
④ (清)钟錂：《颜习斋先生言行录》卷下《赵盾第十六》，见《颜元集》，第680页。
⑤ 杨儒宾：《儒家身体观》，台北："中央研究院"中国文哲研究所筹备处1999年版，第9页。
⑥ 蔡璧名：《身体与自然——以〈黄帝内经素问〉为中心论古代思想传统中的身体观》，台北：台湾大学出版委员会1997年版，第89页。

163

璧名的"身体"义界。形躯的身体和自然气化的身体较易理解。至于意识的身体或身体的含义中包括无形的心意气志,乃是颜元沿用中国传统思想,将"心"归属于"身"的范畴中,以"身"意指整体的人;不过,颜元有时将"身"和"心"对举,"身"只是指形躯之身。在不特别指出的情况下,笔者使用"身体"一词,都表示兼摄"心"的"身"。如颜元说:"吾身,天下也;吾心,朝廷也。"① 则是将"心"安在"身"中。社会的身体或者身体的人文化成,简单地说,是指人是现世的存在,也是社会的存在,"身体"的一言一行都要内在地彰显构成人的本质的社会性。在颜元这里,社会的身体体现在人的德性修养和社会实践二者之中,或者说,身体的社会性体现在身体的道德性和实践性中。颜元曾说:"衣冠不是要妆象好看,乃所以敬身,冠以敬吾首,衣以敬吾体也。"② 颜元将人穿衣戴帽提升到"敬身"的高度。其要表达的意思为何呢?钟錂对此注释道:"人衣冠则文采典雅,不衣冠则鄙俗野陋。孔子讥子桑伯子不衣冠而处,同人道于牛马。是人之所以异于禽兽者,衣冠也。人不衣冠,其亦不思也,亦不敬其身也。"③ 若人不衣冠,则与禽兽无异。但关键不在衣冠,而是人的身体与禽兽的身体有本质的不同。人的身体具有人之所以为人的道德属性,或进一步说,具有社会属性。由此可以看出,在颜元哲学中,相对于"心","身"的含义则更为丰富。至于"形",与"身体"的意义浑言无异,析言有别。"形"侧重于言人的物质性,与"性"并提,一般指的是不具备社会性的"身体";而"身体"则有主体性、社会性的意蕴。"身体"是由"气"凝结而成的,气质也就是"身体"。不过,"气"强调的是本质方面或指中医中的"真气""体气","身体"则有社会的向度。

厘清了颜元哲学中的志、气、身、心、性、形范畴,再来讨论工夫论问题则不会有概念上的含混与误用,理解起来也更加容易。例如,颜元以"持其志"为"敬心之学",持志即保持"志壹",从心上做工夫;以"无暴其气"为敬身之学,"暴其气"即气壹,乃体气偏离正常情况的妄动,"无暴"即"气不壹",乃保持体气的正常运转,从身上做工夫。

---

① (清)钟錂:《颜习斋先生言行录》卷下《赵盾第十六》,见《颜元集》,第680页。
② (清)钟錂:《颜习斋先生言行录》卷上《齐家第三》,见《颜元集》,第627页。
③ (清)钟錂:《颜习斋先生言行录》卷上《齐家第三》,见《颜元集》,第627页。

（二）践形以尽性

"践形"一词出自《孟子·尽心上》，孟子曰："形色，天性也；惟圣人，然后可以践形。"朱熹在《孟子集注》中训"践"为"如践言之践"，即"实现"的意思。他又引用程子之言说："此言圣人尽得人道而能充其形也。……既为人，须尽得人理，然后称其名。众人有之而不知，贤人践之而未尽，能充其形，惟圣人也。"[①] 程子乃以为，只有圣人才能将"人道"充斥于整个形躯，而贤人犹未全尽。那么，"践形"就不是一个作为过程的工夫，而是作为效验的境界，即人通过工夫实践最终才能达到"践形"的效验。

孟子的大体和小体[②]、贵体和贱体[③]之分，明显有凸显并重视心的态度。但孟子并没有将形躯和心异质化，心只是身之一官能，但心有主宰和统帅义。心的作用必须通过形躯得以实现，心的活动也不只具有精神的意义，而必然与形躯的生理活动相关联。这一点在前述志气关系时已经谈过。用孟子的话讲，即"有诸内必形诸外"（《孟子·告子下》）。孟子更说："君子所性，仁义礼智根于心。其生色也，睟然见于面，盎于背，施于四体，四体不言而喻。"内心的修为可以通过形色发见于外。于是，孟子的成人之道便体现了这样一个由内而外的过程：由"尚志"出发，经"存心"以"尽心"，到"集义养气"，最终落脚点是"践形"。"践形"是"尽心"工夫究极的产物，乃是对修养达到一定程度后充分显现于外在形色上这一现象的描述。

关于孟子"践形"之说，颜元曾谓："孟子一生苦心，见人即言性善，言性善必取才情故迹一一指示，而直指曰：'形色，天性也，惟圣人然后可以践形。'明乎人不能作圣，皆负此形也，人至圣人乃充满此形也；此形非他，气质之谓也。以作圣之具而谓其有恶，人必将贱恶吾气质，程、朱敬身之训，

[①]（宋）朱熹：《孟子集注》卷十三《尽心章句上》，见《朱子全书》第6册，第439页。
[②]《孟子·告子上》："公都子问曰：'钧是人也，或为大人，或为小人，何也？'孟子曰：'从其大体为大人，从其小体为小人。'曰：'钧是人也，或从其大体，或从其小体，何也？'曰：'耳目之官不思，而蔽于物，物交物，则引之而已矣。心之官则思，思则得之，不思则不得也。此天之所与我者，先立乎其大者，则其小者弗能夺也。此为大人而已矣。'"
[③]《孟子·告子上》："孟子曰：'人之于身也，兼所爱。兼所爱，则兼所养也。无尺寸之肤不爱焉，则无尺寸之肤不养也。所以考其善不善者，岂有他哉？于己取之而已矣。体有贵贱，有小大。无以小害大，无以贱害贵。养其小者为小人，养其大者为大人。今有场师，舍其梧槚，养其樲棘，则为贱场师焉。养其一指而失其肩背，而不知也，则为狼疾人也。饮食之人，则人贱之矣，为其养小以失大也。饮食之人无有失也，则口腹岂适为尺寸之肤哉？'"

又谁肯信而行之乎？"① 颜元在这里的确将"践形"作为圣人才具备的身体现象。不过，他这段话的重点，显然是借孟子的"践形"之说来批评程、朱以为气质有善有恶的说法。颜元在另外一段话中，更是有意曲解孟子之言，来证明自己的观点。他说：

> 观告子或人三说，是孟子时已有荀、扬、韩、张、程、朱诸说矣，但未明言"气质"二字耳。其未明言者，非其心思不及，乃去圣人之世未远，见习礼，习乐，习射，习书、数，非礼勿视听言动皆以气质用力，即此为存心，即此为养性，故曰"志至焉，气次焉"，故曰"持其志无暴其气"，故曰"养吾浩然之气"，故曰"惟圣人然后可以践形"。②

孟子之言的原意是"尽心以践形"，由内而外地展开，"尽心"为因，"践形"为果。而颜元却说，习行礼、乐、射、书、数，循礼而视听言动，这便是"存心养性"。这就有了"形诸外而存诸内"之意。颜元又对《孟子·尽心上》中"汤、武，身之也"一句加以发挥：

> 尧、舜、周、孔之言性也，合身言之，故曰"有物有则"，"尧、舜性之；汤、武身之"。尧、舜率性而出，身之所行皆性也，汤、武修身以复性，据性之形以治性也。孔门后惟孟子见及此，故曰"形色天性，惟圣人然后可以践形"。形，性之形也；性，形之性也，舍形则无性矣，舍性亦无形矣。失性者据形求之，尽性者于形尽之，贼其形则贼其性矣。③

"有物有则"表示性为身体之性，离身无以言性。"尧、舜率性而出""汤、武修身以复性"这两句释义与朱熹的注释相比④，含义未有不同。关键在于后面两句。依照颜元哲学，人性皆善，尧、舜依照性的顺导而展开行动，"身之所行"即身体的作用、功能在实践中的具化，也就是人性于外的显发，

---

① （清）颜元：《存性编》卷一《棉桃喻性》，见《颜元集》，第3页。
② （清）颜元：《存性编》卷一《性理评》，见《颜元集》，第13页。
③ （清）颜元：《存人编》卷一《唤迷途·第二唤》，见《颜元集》，第128页。
④ 《孟子集注·尽心章句上》："尧舜天性浑全，不假修习。汤武修身体道，以复其性。"[（宋）朱熹：《孟子集注》卷十三《尽心章句上》，见《朱子全书》第6册，第436页。]

故而"身之所行皆性也"。汤、武二人之性被遮蔽，因此需要通过身体的修行以求去蔽而复现性的正常显发，故谓"据性之形以治性也"。在朱子哲学里，成人的过程乃是通过后天的工夫返归先天的本然之性的过程，即"复性"是修行工夫的目的。颜元不止于"复性"[1]，而是以"尽性"为修行工夫的目的，即将先天质性的潜能转化为现实世界中实质的价值。颜元最后强调，寻求天性的"复性"过程不仅要以身体为媒介和起点，价值实现的"尽性"过程也要通过身体的实践，即所谓"尽性者实征之吾身而已"[2]。这样一来，颜元所言的"践形"和《孟子》中的"践形"乃为二义。颜元所言"践形"的"践"是践履、实行的意思，"践形"就是身体力行、身体实践。那么是否可以认为，"践形"即"践行"呢？二者还是略有区别的。在《颜元集》的文本中并未出现"践行"一词。"践行"的释义是实践，用实际行动去做某些事。颜元所理解的"践形"的确包含了"践行"的意思，但除此之外，还多出了两层含义：一是以"形"字突出了实践的主体是包含心的身体，而不只是心；二是"践形"之后必然也有形于外的身体现象。下面一段文本体现了颜元思想中"践形"的完整含义：

> 思内笃敬而外肃容，人之本体也，静时践其形也；六艺习而百事当，性之良能也，动时践其形也；絜矩行而上下通，心之万物皆备也，同天下践其形也。[3]

"内笃敬而外肃容"，此言人之内心状态和外表形色体态；"六艺习而百事当"，乃言身体的践行及"践形"的效果；"絜矩行而上下通"，意为以自身的"践形"结果影响周围的人甚至社会上更大的范围。那么，"践形"可以理解为人类实践及实践效果。颜元虽然赞同孟子"践形"之言，但孟子以"践形"为修行"尽心"工夫的最终境界，而颜元以"践形"为实现"尽性"目的的手段。这一差异也反映出二者在工夫论上的侧重点不同。孟子重在心上做工夫，颜元重在包含心的身上做工夫。

---

[1] 颜元和朱熹所言的"复性"有同有异。相同之处是都要求祛除对性的遮蔽。不同之处是朱熹认为气质遮蔽了本然之性，故须由气质之性返归本然之性；颜元对此并不认可。
[2] （清）颜元：《存人编》卷一《唤迷途·第二唤》，见《颜元集》，第129页。
[3] （清）李塨、王源：《颜习斋先生年谱》，见《颜元集》，第766页。

虚实之辨

傅惕若曾问颜元，如何以气质为着手处来做工夫。颜元回答："如敬之功，非手何以做出恭？孝之功，非面何以做愉色婉容？"① 德性的工夫必须落实到身体的具体行为上，方可体现德性的作用；否则只是心中想，口上说，而不去行孝、行敬，那只是虚假的孝、敬。为了突出"身"的地位，申明"身"在成人之道中的重要性，颜元在《季秋祭孔子文》中，以为向孔子学习就应该学习孔子之"身"。颜元说：

> 惟神诞生周季，以一**身**立极于天地、帝王、古今民物中。"律天时"，非徒以文也，而一**身**之仕、止、久、速，皆天时也；"袭水土"，非徒以文也，而一**身**之时行、物生，皆水土也；"祖尧、舜，宪文、武"，非徒以文也，而一**身**之府、事、行、艺皆尧、舜、文、武也。故以**身**教及门，而七十子皆几备夫子之**身**，三千人亦分肖夫子之**身**。以**身**示天下，庶周列辟、卿士大夫、行路杖末者，皆叹息仰慕，醉心夫子之**身**。以**身**范万世，则学夫子之**身**者即学尧、舜、文、武者也，即保民物，辅相天地者也；而天地以泰，帝王以盛，民物以治。不学夫子之**身**者即叛帝王，贼民物，得罪天地者也；而天地以否，帝王以衰，民物以乱。
>
> 故学夫子之周游，非学夫子者也，使当日鲁侯用之，宰治一国；或周天王聘之，仪型天下；夫子之**身**固不周游也。学夫子之删定纂辑，非学夫子者也，使当日周游而有所遇合，于**身**亲见之，夫子固不删定纂辑也。故周游为夫子之不得已，删述尤夫子之大不得已也。苏、张者流，舍夫子为学为教之**身**，而学其不得已，实学不至，徒祸天下。两汉以及赵宋诸儒，舍夫子为学为教之**身**，而学其大不得已，实学不至，徒长浮文。故学夫子不得已之**身**，非学夫子者也。况违夫子之学习，而**身**不亲礼、乐、射、御，托名静敬，或称顿悟，以自文其安逸怠惰者乎！况叛夫子庸德之教，而灭绝人伦，虚无其**身**，空寂其**身**者乎！其叛帝王，贼民物，得罪天地，又何如也！
>
> 元生也晚，既不得事夫子于洙、泗，而见夫子之**身**而学之；又不得上如七十子，下如三千人，学夫子之**身**者而私淑之。怅望于二千载后，学夫子之**身**者，何寥寥也！童时感于世俗，荡逾为非，尝甚羡叛夫子之

---

① （清）钟錂：《颜习斋先生言行录》卷下《王次亭第十二》，见《颜元集》，第664页。

第四章 实 行

道教而得罪天地者，欲学之。弱冠后，又羡乎违学习而学夫子之大不得已者，力学之，设夫子主如家斋，奉如父母，出告反面，朔望、令节必拜。既而悟夫子之道在夫子之**身**也，学者学夫子之**身**也。故曰"躬行君子"，故曰"道不远人，人之为道而远人，不可以为道"，则知以气质为杂恶，以无善无恶为心体者，非夫子之性道也；离去六艺，而求明理，"半日静坐，半日读书"，或直捷顿悟者，非夫子之学也；遂尽弃其学，而从吾夫子之所谓"博文、约礼"者。六艺全文虽不可考，而必勉学其一二；三千、三百虽不敢知，而亦一二勉行其粗迹。于是讲习祭义，而知事夫子如亲之亵也，年来不敢烦渎矣。①

颜元认为，学习孔子的成人之道，就是学习孔子一生的实践实行。他批评汉宋诸儒，虚文为学或静敬顿悟，心上工夫多，而身上工夫少，舍弃了孔子以"身"实行的经世之学。颜元之所以重视"身"，就表层意义来看，形躯是人存在的基础，没有了形躯，生命即凋零，更何况人的思维；心虽指挥形躯，但心的指令必须通过形躯才能执行。就颜元哲学来看，"全体大用"的自我实现里，保卫有涯之"身"乃"全体"之一义；"大用"中人性作用的发用、显露与实现，必须以"身"为根本；理想人格的成就，经世济民的实践，都须身体的作为和行动。总之，身体乃是人思考、生存以至开展自我与外界联系的起点和媒介。②

颜元重视"身"，但并不是完全忽视"心"，毕竟他自己也说："见心也、身也，一也。"③"心"本就归属于"身体"的义界之中，二者难以分离。而且"心"（志）和形躯（气）之间也彼此相涉，互相作用，统一在每个个体之中。人的各种行动，都是"身"与"心"互融互动的结果。再者，儒家的传统工夫中，《中庸》的"慎独"、《大学》的"正心"都是从"心"上作。所以，颜元的成人之道乃是"身""心"都要做工夫。颜元曰：

---

① （清）颜元：《习斋记余》卷七《季秋祭孔子文》，见《颜元集》，第522—523页。因祭文稍长，为了凸显其中的"身"字，特意将"身"字字体加粗。
② 杨国荣先生认为："在个体之维上，个人首先以'身'为表征。'身'既具有物理的属性，也包含生物学意义上的规定，它从不同的方面赋予个人以实在的品格，使之不同于抽象的观念而呈现为有血有肉的具体存在。……作为个人的本体论表征，'身'构成了个人与世界联系的直接中介。"（杨国荣：《成己与成物：意义世界的生成》，第237页。）
③ （清）颜元：《四书正误》卷三《论语上·述而》，见《颜元集》，第195页。

虚实之辨

"持其志",敬心之学也,"无暴其气",敬身之学也。然每神清时,行步安重,自中规矩,则"持志"即所以"养气"也;每整衣冠端坐,则杂念不来,神自守舍,则"无暴"即所以"持志"也。[①]

"持志"就是人的全部心思保持凝定、涵敛、精纯的状态,身体内部之"气"循于中道而行,一切和谐有序;显发于外则神志清爽,气态平稳,身体行动时守礼有节。此可谓以"心"养"身"之工夫。"无暴"就是外观形色上要体态端庄,安而不乱,有规有矩,于内则"气"不放任自流、不揠苗助长、不逆势抑制;血气平和则自然心思内敛,精力集中。此可谓以"身"养"心"之工夫。颜元认为,"身"与"心"的工夫并不能截然分开,而是要"外整九容,内顾明命"[②],外内"身心一致加功"[③]。不过,颜元所说的"身"的工夫,自然不只上述文本中端庄体态等静中工夫,而是几乎囊括了人生实践中所有与经世济民和德行修养有关的内容,即他所提倡的"三事"(正德、利用、厚生)、"三物"(六德、六行、六艺)。[④] 因此,程朱理学中整齐严肃和主一无适的"主敬"工夫,即要求人在外在容貌举止和内在思虑情感两方面约束自己,并不等同于颜元所说的外内"身心一致加功"的全部内容,而只是其中的一部分。虽然"身""心"之间相互作用,但工夫毕竟有一个着手处,从"心"上还是从"身"上下手还是有较大区别的。颜元强调要"身心一致加功",一方面是因为自身的工夫论中身体的习行是主要部分,即"身"是工夫的主要着手处;另一方面是因为理学在"身""心"二者之间偏于在"心"上做工夫,而在"身"上习行少。如理学工夫中的涵养、察识、静坐、体验未发等,无一不是以心头上的光景为主;即使"格物穷理",也不像阳明一样去"格"竹子,而主要指的是读书,耗用的还是人的心思。颜元以"身范万世"的孔子之教为标准,批评宋儒专于"心"、专于内、专于静上用功。他说:

敬字字面好看,却是隐坏于禅学处。古人教洒扫即洒扫主敬,教应

---

① (清)钟錂:《颜习斋先生言行录》卷下《禁令第十》,见《颜元集》,第656页。
② (清)李塨、王源:《颜习斋先生年谱》,见《颜元集》,第794页。
③ (清)颜元:《存学编》卷四《性理评》,见《颜元集》,第91页。
④ 关于颜元成人之道的具体工夫内容,在本章后面的小节中会展开讨论。

第四章 实 行

对进退即应对进退主敬；教礼、乐、射、御、书、数即度数、音律、审固、磬控、点画、乘除莫不主敬。故曰"执事敬"，故曰"敬其事"，故曰"行笃敬"，皆身心一致加功，无往非敬也。若将古人成法皆舍置，专向静坐、收摄、徐行、缓语处言主敬，乃是以吾儒虚字面做释氏实工夫，去道远矣。①

孔门教人，以礼、乐、兵、农，心意身世，一致加功，是为正学，不当徒讲；讲亦学习道艺，有疑乃讲之，不专讲书。盖读书乃致知中一事，专为之则浮学，静坐则禅学。②

"执事敬""敬其事""行笃敬"，身体在实践的过程中表现出来的"敬"，乃是"身""心"一起作用。而如果为了达到"心"上的"敬"，限制了"身"的正常作用，那么便像佛教以身体为累一样，不再是孔门的工夫。进一步讲，"心"是"身"的一部分，并不具备独立性，"心"的工夫的直接效果只能体现在自身上；即使读书的工夫也是一样，其直接效果只是增进自己的智识。若想这些工夫继续对外、对他人、对社会发挥作用，必须经由身体的实践。所以，过分专于"心"上的工夫向内发力，虽然提升了自我精神境界与智力水平，但不通过身体有所作为，那就会使人有脱离社会的虚浮感。身体是直接与外界接触的媒介。身体的工夫不仅能改变自身，而且还可以作用外物、影响他人、波及社会，向内向外都可发力。这样，内与外、"身"（身体）与"世"（世界）便通过工夫连通起来。"身世打成一片，一滚做功，近自几席，远达民物，下自邻比，上暨庙廊，粗自洒扫，精通燮理，至于尽伦定制，阴阳和，位育彻，吾性之真全矣。"③颜元认为，"尽其性"才能达到理想人格的境界，成就理想人格的目的是经世，而经世也只有通过身体的工夫才能实现。故而，"率性之谓道"的"道"必须在"身""世"上显现，既"成己"，也"成物"。颜元还曾说，"心意身世，一致加功"④，"精粗内外，一致加功"⑤。他以"身"为媒介，将"身—心""身—世"内外贯通一致，

---

① （清）颜元：《存学编》卷四《性理评》，见《颜元集》，第91页。
② （清）李塨、王源：《颜习斋先生年谱》，见《颜元集》，第730页。
③ （清）颜元：《存人编》卷一《唤迷途·第二唤》，见《颜元集》，第129页。
④ （清）李塨、王源：《颜习斋先生年谱》，见《颜元集》，第730页。
⑤ （清）李塨、王源：《颜习斋先生年谱》，见《颜元集》，第771页。

形成了"(正)心—(修)身—(经)世"一体的工夫论进路，也就是"合身心事物而一之之道"①。

二 立志用功

工夫在现实世界中的落实表现为一定行动的具体展开。行动总是始于人的观念之域，并最终作用于外部对象和现实世界，也就是始于"心"而成于"身"。颜元关注到了这一过程中"志"对于工夫行为展开的重要影响。颜元说："圣人亦人也，其口鼻耳目与人同，惟能立志用功，则与人异耳。故圣人是肯做工夫庸人，庸人是不肯做工夫圣人。试观孔子是何等用功，今人孰肯如此做？"②人人都具备成就理想人格的潜质，至于能否成圣，关键的第一步在于是否意图去做工夫，即"立志用功"。"立志用功"中"志"的作用大体有两层：一是将作圣确立为行动的目标，赋予人的活动以定向性和专一性；二是克服在做工夫过程中的意志软弱，赋予人坚毅的意志以切实持久地用功。

关于"志"为何，颜元曾引用其友王法乾注解《中庸》"无恶于志"的话："志乃吾心所之。如志在千里，住一步，迟一步。因吾志之所恶，即行到九百九十里，终是吾志之所恶。吾兄弟初志作圣，即令到的贤人位次，终是自恶。"③以"志"为"吾心所之"，那就表示作为行为心理结构中一个部分的"志"必然具有方向性，其指向（志向）就是立志时确立的行动目标。但"志"又不同于偶发之"念"。颜元直接道出了"志"与"念"的区别："人有好善的念，是天生秉彝之偶动，不可谓之志；日夜专向一事用力，终身不倦者，乃是志。"④"念"作为偶然迸发的愿望、动机、思考、喜好等，虽然也有方向性，但停留的时间并不长久。而"志"具备不达目的不罢休的坚毅专一的品格，赋予人不为艰难险阻所屈服以持续行动的内在力量，是克服行动中意志软弱⑤的重要因素。颜元提到的"不能作圣，不敢作圣，皆无志

---

① （清）颜元：《习斋记余》卷六《阅张氏王学质疑评》，见《颜元集》，第490页。
② （清）钟錂：《颜习斋先生言行录》卷上《齐家第三》，见《颜元集》，第627—628页。
③ （清）颜元：《四书正误》卷二《中庸原文》，见《颜元集》，第173页。
④ （清）钟錂：《颜习斋先生言行录》卷下《赵盾第十六》，见《颜元集》，第681页。
⑤ 行动中的意志软弱主要表现为当行而不行或知其应行却未行。（杨国荣：《人类行动与实践智慧》，生活·读书·新知三联书店2013年版，第105—135页。）

也"①,"志不真则心不热,心不热则功不紧"②,"人无志不前"③,都是强调"志"的这种作用。因此,成就理想人格的过程,必须以立定志向作为工夫实践发动的前提,以坚定意志作为工夫实践能够持续开展的保证。

不过,"志"毕竟还属于观念之域。修行工夫的落实,理想人格的实现,还有赖于在现实世界中的具体实践。因此,颜元强调人不能"以所志认作所能"④。志向的确立和意志的挺立,只需在"心"上完成。而能力的确证必须经由"身"之实践的检验。成就理想人格的过程以及对人是否具备理想人格能力的确证,都必须以具体实践为保证。这也是颜元更重视"身"的原因之一。

三 改过迁善

在道德修养的实践中,颜元提及或尝试了许多儒家经典文本和宋明理学中的工夫,如《孟子》中的"操存",《大学》的"诚意""正心",《中庸》的"慎独",理学中的"省察""克治""涵养"等,但他并未对此一一展开深入阐述,而是突出了"改过迁善",以其为"吾儒做圣贤第一义"⑤。

人性乃善,恶来源于人受外物的"引蔽"而误用其情,如果不及时改正,便会养成恶的习性。脱离外物环境的人是不存在的,而只有气质大中至正的圣人才不受外物"引蔽",那么其他绝大多数人则免不了会误用其情,有所过错。过还只是无意的作恶行为,若有过不改,日久便会恶染其身,从而产生有意的作恶行为。因此,改过的工夫便凸显了其重要性。颜元说:"吾学无他,只'迁善、改过'四字。日日改迁,便是工夫;终身改迁,便是效验。世间只一颜子'不贰过',我辈不免频复。虽改了复犯亦无妨,只要常常振刷,真正去改。久之不免懈怠,但一觉察,便又整顿。"⑥圣人无过;贤人如颜渊则有过即改,所以"不贰过";普通人虽知有过,若不主动去改正,时日一久,岂不变成了自觉无过的恶人。人有所过错或频繁犯错,也是情有可原

---

① (清)钟錂:《颜习斋先生言行录》卷下《学须第十三》,见《颜元集》,第668页。
② (清)钟錂:《颜习斋先生言行录》卷下《教及门第十四》,见《颜元集》,第673页。
③ (清)钟錂:《颜习斋先生言行录》卷上《法乾第六》,见《颜元集》,第640页。
④ (清)钟錂:《颜习斋先生言行录》卷上《言卜第四》,见《颜元集》,第632页。
⑤ (清)钟錂:《颜习斋先生言行录》卷下《王次亭第十二》,见《颜元集》,第665页。
⑥ (清)钟錂:《颜习斋先生言行录》卷下《王次亭第十二》,见《颜元集》,第666页。

之事，但须真正地去改过迁善。有过即改，依然能复现至善之性。即使某个过错改正之后，在偶尔懈怠之下又发生了同样的过错，亦是可以体谅的。"忽忘昏惰，古今学者通患，除时常振刷，无他法矣。"① 改过迁善的工夫不是一劳永逸的，人的精神稍一怠惰，便可能有过。因此，颜元要求日日改过迁善、终身改过迁善，坚持不懈。他说这便是成汤的"日新"之功②，日日无间断地改过迁善，甚至为了加强效果，应当"时新，时时新，又时新"③。道德修养的实践是永无止息的改过迁善的历程，日日、时时用功才能无有荒怠，否则就是道德的陷溺。

迁善改过也可谓好善恶恶，不过二者之间，好善恶恶凸显了最初的意向性，迁善改过则突出了中间的过程性。颜元在他六十岁的某个春夜自讼过失的时候，忽而对好善恶恶有所悟："心之动曰意，意不过好恶两念，好恶不过好善、恶恶两路。其诚意实下手处，要好恶真挚。好善'如好好色'，心极笃，不浮慕，念极专，不旁杂，功极紧，不松散；恶恶'如恶恶臭'，望而拒之，闻而避之，去而远之，疾掩耳塞鼻，不时刻停待。总之，好善务必得好方真，恶恶务必去恶方真，纯是一番不自瞒、不自缓、不自恕、不自放的工夫，谨之至也。此意是他人不及见不容替代底，故谓之'自谦'。谦者，谨也，不自满假也。此'自'字便是'独'，'谦'字便是'慎'，故紧承之曰：'君子必慎其独也。'"④ 好善恶恶是《大学》中"诚意"工夫的下手处。人心的意向只有好、恶两类，诚意则要真切地好善恶恶。好善恶恶真挚，必然自慎不自恕，也就是《中庸》里的"慎独"之功。好善恶恶真挚或迁善改过"日新"，便能"觉"能"断"。"觉"是知善知恶，"断"是"知一善则断然为之，知一恶则断然去之"⑤。"觉"则明辨是非，不会放纵自身；"断"则果断果敢，不会懈怠昏惰。时时刻刻知善知恶，为善去恶，迁善改过。迁善改过或好善恶恶不仅是诚意的下手处、个人道德修养的手段，颜元还将其扩展到家、国、天下。他说：

---

① （清）李塨、王源：《颜习斋先生年谱》，见《颜元集》，第765页。
② 《颜习斋先生言行录》卷下《学须第十三》："学者须振萎惰，破因循，每日有过可改，有善可迁，即成汤'日新'之学也。"（《颜元集》，第669页。）
③ （清）钟錂：《颜习斋先生言行录》卷下《刁过之第十九》，见《颜元集》，第692页。
④ （清）颜元：《四书正误》卷一《戴本大学》，见《颜元集》，第161页。
⑤ （清）钟錂：《颜习斋先生言行录》卷上《理欲第二》，见《颜元集》，第622页。

第四章 实 行

看一部《大学》，自诚意、正、修、治、平，总是个好恶工夫到底。①

迁心之善，改心之过，谓之"正心"；改身之过，迁身之善，谓之"修身"；改家之过，迁家之善，谓之"齐家"；改国与天下之过，迁国与天下之善，谓之"治平"。②

改过迁善的工夫便贯穿了《大学》"诚意""正心""修身""齐家""治国""平天下"六个条目。迁意、心、身之善，改意、心、身之过，乃是修己；迁家、国、天下之善，改家、国、天下之过，乃是治人。

至于改过迁善的具体方式，主要还是从己做起，大体有三种。

其一乃"静存动察"。"静时存养，动时省察"是朱熹在与张栻讨论湖湘学派"先察识，后存养"这一观点的基础上确立的"持敬"工夫，并被后世儒者所继承。颜元也坚持用静存动察在"心"上做工夫，但工夫的内涵并不与朱熹完全一致。颜元说：

予素用力，静则提醒、操持，动则明辨、刚断，而总以不自恕。③

静之存也，提醒操持；动之察也，明辨刚断。二者之得力，又有三字，曰"不自恕"。④

存养是无事时人要保持警觉的状态，如履薄冰，兢兢慎独；省察是有事时迅速明辨善恶是非，果断做出为善去恶的决定。不管是静存还是动察，其紧要处就是在严格要求下使自己无过，及时遏制心中不善的欲望、念头等，所以内心须时刻谨慎、明觉，不容一丝松懈。"静存动察"的工夫就是制欲之法。颜元将"制欲"称为"吾儒第一工夫"⑤，便是让人们时刻警醒在意念之处就把欲望控制在符合伦理纲常的范围内。

其二乃"立日谱"。"日谱"也就是修身日记。立日谱者规定每日将自己

---

① （清）颜元：《四书正误》卷一《戴本大学》，见《颜元集》，第162页。
② （清）钟錂：《颜习斋先生言行录》卷下《学须第十三》，见《颜元集》，第669页。
③ （清）李塨、王源：《颜习斋先生年谱》，见《颜元集》，第764页。
④ （清）钟錂：《颜习斋先生言行录》卷下《鼓琴第十一》，见《颜元集》，第659页。
⑤ （清）钟錂：《颜习斋先生言行录》卷上《法乾第六》，见《颜元集》，第644页。

的所思所行纤毫不遗、实事求是地记录下来，特别是严格记录每天的功过善恶是非，以供自我反省或朋友间的规过劝善。王汎森先生认为在明末出现了一股可以名之为"儒门功过格运动"①的风潮，涌现了大量修身日记，不过大多没有留存下来，现可见的如高攀龙的《日鉴篇》、黄淳耀的《自监录》、陆世仪的《志学录》、陈瑚的《圣学入门书》、孙奇逢的《日谱》等。颜元私淑孙奇逢，推崇陆世仪，因此，可能受他们的影响，在三十岁时开始立日谱。日谱中所记的内容是全面的，心中的念头、身体的行动、口出的言语均涓滴不漏地记录下来。颜元说："岂惟言哉！心之所思，身之所行，俱逐日逐时记之，心自不得一时放，身自不得一时闲。"②从隐微的心中所思所想到显现的视听言动，即使"暗室有疚不可记者，亦必书'隐过'二字"③，丝毫不遗，俱录纸上。因此，人时刻保持着警醒的状态，心不怠身不荒，坏的念头不敢想，恶的事情不敢做。颜元的妻子曾对他表示"隐过"不可记录下来，因为"隐过"可能包括男女之事，但却遭到他的反对。颜元认为在日谱上有所隐讳，便是对过错的遮掩，自欺欺人则放弃了改过迁善的机会。日谱除了可供自我检省之外，还可与友人互质互评。

通过互评日谱、定期会晤而与朋友互相规过劝善是改过迁善的第三种方式。《颜习斋先生年谱》记载，颜元在二十八岁时与人结文社，"各据所闻，劝善规过"，或"商质经史"，"拈题为文"④。三十岁时，与王法乾约定十日一会，互评日记，互质学行，劝善规过⑤；后又增加频次，改为五日一会。颜元说："迨康熙甲辰得交法乾王子，相期以圣人之道，订五日会，各为日记，逐时自检言行课程之得失，相规过而劝善焉。"⑥后来李塨也与颜元约定每月

---

① 关于"儒门功过格运动"及"明末清初的日谱"，请参见王汎森《日谱与明末清初思想家——以颜李学派为主的讨论》，见王汎森《晚明清初思想十论》，复旦大学出版社2004年版，第117—186页。
② （清）李塨、王源：《颜习斋先生年谱》，见《颜元集》，第717页。
③ （清）李塨、王源：《颜习斋先生年谱》，见《颜元集》，第723页。
④ （清）李塨、王源：《颜习斋先生年谱》，见《颜元集》，第714—715页。
⑤ 正月四日，王法乾来答拜，约十日一会。会日，焚香拜孔子四，乃主东客西再拜，主人正客座，客一拱，主人下同客揖，客为主人亦然，乃就坐。质学行，劝善规过。三月，与王法乾为日记。先生序之曰："月之十七日，法乾王子谓予：'迩者易言，意日记所言是非多少，相191质之，则不得易且多矣。'予曰：'岂惟言哉！心之所思，身之所行，俱逐日逐时记之，心自不得一时放，身自不得一时闲，会日彼此交质，功可以勉，过可以惩。'王子喜，于是为日记。"［（清）李塨、王源：《颜习斋先生年谱》，见《颜元集》，第716—717页。］
⑥ （清）颜元：《习斋记余》卷十《题记前示钟錂》，见《颜元集》，第588页。

三、五日见面质学规过。① 会晤规过之时，众人互无回护，毫不隐忍，遇过随即指出。譬如颜元四十六岁那年八月，李塨对颜元提出，"言躁而长"的问题还未改正。颜元感叹道："仆正赖良友夹扶耳。"随后拿出日记让李塨质评。② 由于朋友能够指出自己所没有察觉或已觉知但不愿改正的错误，所以颜元十分重视朋友在改过迁善中的作用。他说："君子所求者仁也，非友无以辅之；……既无友以辅之，则观摩无人，幽独易于自恕；进修无助，志气每至中衰，何以为仁！君子所以亟亟于会之者，而以辅之也。"③ 人在独处之时，容易懈惰自恕，所以《中庸》强调"慎其独"；若经常有朋友在旁提醒辅助，则自身警醒，有助于道德修养的进益。这就是颜元所说的"诤友在前，可无大失"④。所以，规过劝善便成为颜元交友的基本原则，即"吾儒交朋友第一义也"⑤。

颜元的日谱已经不存于世，我们只有通过《年谱》以管窥其改过迁善的工夫。从内心隐微的意念，到自我的反省自讼，再到朋友的规劝提撕，时刻保持着警醒的心态，全面彻底地展开了其严密苛责的改过迁善工夫。一直到去世之前，颜元坚持"日日改过，时时省躬"⑥，毫无懈怠，日新时惕地践行着改过迁善的道德修养工夫。

四 习行事物

程朱理学工夫论的理论目标可以说是"复性"，即返归先天的本然之性，其现实目标是使人达至道德无瑕的内圣之境。目标决定了手段，因此，程朱理学的工夫重心都落在心上。颜元哲学的理论目标为"尽性"，将人的质性（气质与性）潜能发挥到极致，也就是将人的作用和价值体现出来，其现实目标为经世济民。那么，其工夫重心就不能落实在心上了。相比之下，程朱理学意图通过内圣开出外王，而颜元认为一味地追求内圣而忽视外王是虚而不实的，内圣与外王均有成就才是"尽性"。由此，颜元哲学在道德修养的工夫

---

① （清）李塨、王源：《颜习斋先生年谱》，见《颜元集》，第754页。
② （清）李塨、王源：《颜习斋先生年谱》，见《颜元集》，第751页。
③ （清）钟錂：《颜习斋先生言行录》卷上《齐家第三》，见《颜元集》，第627页。
④ （清）李塨、王源：《颜习斋先生年谱》，见《颜元集》，第722页。
⑤ （清）钟錂：《颜习斋先生言行录》卷下《王次亭第十二》，见《颜元集》，第665页。
⑥ （清）李塨：《颜习斋先生年谱·凡例》，见《颜元集》，第699页。

上可以借鉴理学,但在其他方面的工夫则要重新寻找理论来源。于是,他关注到《尚书》中的"三事""六府",《周礼》中的"三物"和《论语》中的"四教",并将三者贯通为一,互相支撑,以之来证明自己学说中"习行"工夫的合法性。

(一) 三事三物

颜元在三十四岁为养祖母居丧时,发现朱子《家礼》删修失当。之后思考理学之失,乃为禅学、俗学所浸淫。他追溯原始儒学,明悟"尧、舜之道,在'六府'、'三事',周公教士以'三物',孔子以'四教'"①。

"三事""六府"来源于《尚书·大禹谟》,其中记载:

> 禹曰:"於!帝念哉!德惟善政,政在养民。水、火、金、木、土、谷,惟修;正德、利用、厚生,惟和;九功惟叙,九叙惟歌。戒之用休,董之用威,劝之以九歌,俾勿坏。"帝曰:"俞!地平天成,六府三事允治,万世永赖,时乃功。"

"六府"指水、火、金、木、土、谷六者,为人类生活中必需的基本物资,是人类养生之本。"府"的本义是府库、府藏,即收藏财物的地方。水、火、金、木、土、谷六者可谓养民生息的财货聚敛之所,故称为"六府"。"三事"指正德、利用、厚生三件自治与治人之事,关乎道德、效用、生活或生命。"三事"为人之行为,"六府"为客观之物,客观之物是人之行为的实践对象,所以颜元将"六府"归为"三事"的实施处,囊括在"三事"之中。他说:

> 昔唐、虞之治天下也,三事、六府而已,君臣朝野之修、齐、治、平,和三事,修六府而已。六府亦三事之目,其实三事而已。修身者,正身之德,利身之用,厚身之生;齐家者,正家之德,利家之用,厚家之生;推而错之治、平,出其修、齐者,与国、天下共之而已。"敷奏以言",令敷其正德、利用、厚生之言也;"明试以功",明试其正德、利

---

① (清) 李塨、王源:《颜习斋先生年谱》,见《颜元集》,第702页。

用、厚生之功也；夫然后"车服以庸"。故理天下之事，惟正德之事，利用之事，厚生之事，此事之外无事；取天下之人，取其正德之人，利用之人，厚生之人，而此人之外非人。盖一人所立，天下可共法也。天下智愚、贤不肖、男女、少壮，无不可行；行之而天下之德日正，用日利，生日厚，是之谓大道，是之谓正道。禹、启、汤、文相率而修之、和之，未之有改也。①

颜元以"三事"为《大学》中修身、齐家、治国、平天下四个条目的实施方式。正德、利用、厚生就包括了个人的打理、家庭的管理和社会的治理。自治、治人与治世，全都是正德之事、利用之事、厚生之事。这样，"三事"就统括了有关个人生存与发展、社会存在与完善的一切事务。②

"三物"源自《周礼·地官司徒第二·大司徒》"以乡三物教万民而宾兴之"一句。"三物"分别为"六德""六行"和"六艺"。"六德"即知、仁、圣、义、忠、和，"六行"即孝、友、睦、姻、任、恤，"六艺"即礼、乐、射、御、书、数。从字面意义上看，"六德""六行""六艺"是周朝时教化万民的道德标准、行为标准和基本技能。不过，与对"六府三事"的解释方式一样，颜元也将"三物"的囊括范围扩大化。他说："盖周先王以三物教万民，凡天下之人，天下之政，天下之事，未有外于物者也。"③ 这就有以"三物"代指"万物"之意。而且他还说：

至周武王光有天下，周公相之，创制显庸，以新天下之耳目，而用其身心，于是"以三物教万民而宾兴之"，使天下皆毕力于此以成学，天

---

① （清）颜元：《习斋记余》卷九《驳朱子分年试经史子集议》，见《颜元集》，第564页。
② 李塨曾在《瘳忘编》中曰："六府三事，此万世亲民之至道也。言水，则凡沟洫、漕挽、治河、防海、水战、藏冰、榷醝诸事统之矣。言火，则凡焚山、烧荒、火器、火战，与夫禁火改火诸燮理之法统之矣。言金，则凡冶铸泉货，修兵讲武，大司马之法统之矣。言木，则凡冬官所职，虞人所掌，若后世茶榷抽分诸事统之矣。言土，则凡体国经野，辨五土之性，治九州之宜，井田、封建、山河、城池诸地理之学统之矣。言谷，则凡后稷之所经营，田千秋、赵过之所补救，晁错、刘晏之所谋为，屯田、贵粟、实边、足饷诸农政统之矣。至三事，则所以经纬乎六府者也。正德，正此水、火、金、木、土、谷之德也。利用，利此水、火、金、木、土、谷之用也。厚生，厚此水、火、金、木、土、谷之生也。"（陈山榜、邓子平主编：《颜李学派文库》第4册，第1087页）。李塨所说的"六府三事"，内容极其丰富，囊括了一切国计民生的事务，乃是对颜元"六府三事"概念的详细阐释。
③ （清）颜元：《习斋记余》卷九《题哀公问》，见《颜元集》，第555页。

下皆共力于此以成俗,曰六德,曰六行,曰六艺。其实六德,即所正之德也,六行即所以厚其生也,六艺即所以利其用也。周公之修其身,齐其家者,不外乎此,治其国,平其天下,至于化行俗美,比户可封,泰和宇宙,皆不外乎此也。①

颜元认为,"三物"与"三事"的名目虽不一样,但内涵是相同的。"六德"即是"正德"所正的德性,"厚生"是"六行"的结果,"利用"是"六艺"的结果,那么,也可以说"六德""六行""六艺"分别对应于或等同于"正德""厚生""利用"。② 此外,"六德""六行""六艺"之间也存在着一定的关系。颜元曰:"盖三物之六德,其发现为六行,而实事为六艺。"③"六德"内据于心,只有通过"六行"的表现才能让人觉察到;"六行"即是"六德"发用出来的外在表现。从狭义上看,如果"六德""六行"分别作为道德标准和行为标准,而"六艺"作为基本技能,那么相对来说,"六艺"则更为基础和实际,更容易上手操作和掌握,可以作为践行"三物"工夫的着手处。颜元依据《论语·述而》中的"志于道,据于德,依于仁,游于艺"一句对此进行了更为详细的解释:

> 吾凡与朱、陆两派讲学先生言周公、孔子三物之道,即言以六艺入手,再无不举此章"游艺"作辩柄者,渠亦不是果志道据德依仁了方学艺,只艺学是实下手功夫,渠不肯落袖手高谈空架,做此下学事,且以道德仁可以念头口头笔头热混者自己涂抹,并与朋友弟子交相涂抹耳。吾谓之曰:古圣人之为教也,六岁便教之数与方名,七岁便教别,八岁便教让,九岁教数、日,十岁学书计、幼仪,十有三岁学乐舞,学射御,二十学礼。又曰"博学",兵、农、水、火、工、虞无不学矣,明载《内则》,是志道之初已精艺学。夫子正恐德立仁熟之后便视艺为粗迹,不复理料,故又说个"游于艺",盖如游玩景致,不大费力耳。三物之学,贯

---

① (清)颜元:《习斋记余》卷九《驳朱子分年试经史子集议》,见《颜元集》,第564页。
② 《习斋记余》卷三《寄桐乡钱生晓城》:"六德即尧、舜所为正德也,六行即尧、舜所为厚生也,六艺即尧、舜所为利用也。"(《颜元集》,第439页。)
③ (清)李塨、王源:《颜习斋先生年谱》,见《颜元集》,第771页。

第四章 实 行

始彻终，不相离者也。①

他还说：

> 六德是成德事，急难作成。六行是施为处，急难如法。先之以六艺，则所以为六行之材具、六德之妙用，艺精则行实，行实则德成矣。临城乔百一言："实行敦，而性命自在其中。"又云："性无置力处。"真有见于此也。然皆一串事，皆一滚做去事。②

颜元将"六艺"作为所有技能的统称，除了礼、乐、射、御、书、数之外，还包括兵、农、水、火、工、虞等。他以"六艺"为"三物"之道中实际下手的工夫和必须掌握的基本才能。"六德"为人性的内容，可谓性之体；"六行"是人性的行为表现，可谓性之用；"六艺"则为性之才。"艺"（技能）习练精熟了，"行"（行为）才会符合标准，中规中矩，实行日久，则"德"（美德）也就自然成就。如果先去追求道德境界，而不动手做实事，那么就像理学醇儒一样只是袖手空谈。所以，当彭好古问颜元何为实学时，颜元回答"学自六艺为要"③。在"三物"之中，"六艺"虽然为工夫下手处，但不是说可以轻视"六德"和"六行"，三者由外而内，贯穿成人之道的始终，性之体、用、才缺一不可。

"四教"出自《论语·述而》中的"子以四教：文，行，忠，信"。对"四教"的理解，关键在于对"文"的解释。邢昺疏："文谓先王之遗文。"④朱熹注"文"为"《诗》、《书》六艺之文"⑤。现代注家也释"文"为"历代文献"。颜元对此有不同的观点。他认为，汉、宋以来的学者以"文"为经书文字，是误解了上古三代时期"文"字的含义。《论语》中孔子赞美唐尧"焕乎其有文章"（《论语·泰伯》），欣赏周朝"郁郁乎文哉"（《论语·八

---

① （清）颜元：《四书正误》卷三《论语上·述而》，见《颜元集》，第192—193页。
② （清）颜元：《四书正误》卷三《论语上·述而》，见《颜元集》，第194页。
③ （清）钟錂：《颜习斋先生言行录》卷上《理欲第二》，见《颜元集》，第624页。
④ （魏）何晏注，（宋）邢昺疏：《论语注疏》卷第七《述而第七》，见《十三经注疏》整理委员会：《十三经注疏·论语注疏》，北京大学出版社1999年版，第93页。
⑤ （宋）朱熹：《论语集注》卷一《学而第一》，见《朱子全书》第6册，第70页。

俗》），自信高呼"文不在兹乎"（《论语·子罕》），颜渊感叹孔子"博我以文"（《论语·子罕》），还有《国语·周语下》中所言"经之以天，纬之以地。经纬不爽，文之象也。文王质文，故天祚之以天下"，这些"文"都不是文献典籍、经书文字的意思。① 颜元解释道：

> 夫"文"，不独《诗》、《书》六艺，凡威仪、辞说、兵、农、水、火、钱、谷、工、虞，可以藻彩吾身、黼黻乾坤者，皆文也。②
> 盖《诗》、《书》六艺以及兵农、水火在天地间灿著者，皆文也。③

"文"不仅仅是文献典籍或《诗》《书》《礼》《易》《乐》《春秋》六经之文，而是所有促进个人和社会发展的有益因素。如此一来，在颜元这里，"文"和"艺"是同义而异名，"孔之'文'即周之'艺'"④。而"四教"之"行"即"三物"之"六行"，"四教"之"忠、信"概言"三物"之"六德"。⑤

统而观之，"三事"即是"三物"，"四教"也是"三物"，尧、舜"三事"、周公"三物"、孔子"四教"的内容是统一的。"古者师以是教，弟子以是学；居以养德，出以辅政，朝廷以取士，百官以举职。"⑥ 上自治国、平天下，下至修身、齐家，一切实现个人人生价值和促进社会和谐发展的事务都无出其外。这种实位天地、实育万物的学问和工夫正与颜元成人的目标相契合。

（二）习且行之

不管是尧、舜"三事""六府"，还是周、孔"三物""四教"，工夫不可空言，必须亲身践履方显成效。颜元认为，尧、舜之道以"事"命名，周、孔之学以"物"命名，也许正是为了防范和杜绝后世学者离事离物而为"心

---

① 《颜习斋先生言行录》卷下《学须第十三》："儒道之亡，亡在误认'文'字。试观帝尧'焕乎文章'，固非大家帖括，仰岂'四子'、'五经'乎！文王'经天、纬地'，周公'监二代'所制之'郁郁'，孔子所谓'在兹'，颜子所谓'博我'者，是何物事？后世全误。"（《颜元集》，第669页。）
② （清）颜元：《四书正误》卷三《论语上·雍也》，见《颜元集》，第190页。
③ （清）颜元：《存学编》卷二《性理评》，见《颜元集》，第59页。
④ （清）颜元：《朱子语类评》，见《颜元集》，第281页。
⑤ 《习斋记余》卷三《寄桐乡钱生晓城》："孔门之儒，以四教教三千人而已；文即六艺，行即六行，忠、信二者即记者隐括其六德也。"（《颜元集》，第439页。）
⑥ （清）颜元：《习斋记余》卷一《删补三字书序》，见《颜元集》，第401页。

第四章 实　行

口悬空之道，纸墨虚华之学"①，避免以虚代实之误。然而汉、宋之儒，摒弃"事""物"，多在"心内惺觉，口中讲说，纸上议论"②三者之上耗用精神，致使尧、舜、周、孔的儒家正学不存。颜元说：

> 吾谓道之乱，道之亡，病根全在一"说"字。尧、舜之世，道不外"六府"、"三事"，学不外"和其事"、"修其府"。周、孔之宗，道不外"三物"、"四教"……此外无道，学即学此，习即习此，时习即时时习此也。"无行不与"，即与三千人同行乎此行义，"达道"即与四海之民同达乎此也。尧、舜、周、孔岂哑人哉，全不事乎说。至汉人以书说，晋人以口说，圣人之道，乱而亡矣。宋人书、口兼说，开坛虎座，动建书院，曰大明道法也；抑知实晦之尽乎？③

如果工夫专以心中思考、口上讲说和纸上书写的方式展开，则偏离了原始儒学的成人之道，也不可能达到颜元的成人目标。

工夫的践履应该是以《论语》开篇第一句话"学而时习之"为宗旨。不过，颜元觉得，"学"固然重要，但"习"更为重要。他说："思过，读过，总不如学过。一学便住也终殆，不如习过。习三两次，终不与我为一，总不如时习方能有得。"④"学"的途径和方式除了"思"与"读"外，还有受教与实践。不同类型的知识，有其最适合的"学"的途径和方式。不能用"思"与"读"替代受教与实践。有人因眼疾不能读书学习而懊恼，颜元以"岂必多读而后为学"反问之，且言："学乃随人随分可尽，无论贵贱贫富，老幼男女，智愚聋瞽，只随分尽道，便是学。"⑤ 在天赋质性和理想人格多样的前提下，为学手段必然也不是单一的。"学"是对人类已有认识成果、思维方式和行为方式的了解甚至把握，是形成、提升人的能力的必要前提条件。所谓能力⑥，是指人在实践过程中所具备的综合素质和所展示的现实力量，构成了人认识和变

---

① （清）颜元：《习斋记余》卷三《寄桐乡钱生晓城》，见《颜元集》，第439页。
② （清）李塨、王源：《颜习斋先生年谱》，见《颜元集》，第771页。
③ （清）颜元：《朱子语类评》，见《颜元集》，第281页。
④ （清）钟錂：《颜习斋先生言行录》卷下《学须第十三》，见《颜元集》，第668页。
⑤ （清）钟錂：《颜习斋先生言行录》卷下《刁过之第十九》，见《颜元集》，第690页。
⑥ 杨国荣先生对人的能力进行了哲学分析，包括其多重形式与精神结构。（杨国荣：《成己与成物：意义世界的生成》，第77—123页。）

革自己、认识和变革世界所以可能的内在条件。每一个体的能力不是一成不变的，它植基于个体天赋，并随着生命历程和实践过程的推进而发生变化。主动提升能力的主要途径是领会并运用人类已有的知识。知识如果离开了实际的运用过程，往往只呈现出可能的形态，并不能转化为人的现实能力；正是在广泛的实践过程中，获得的知识才逐渐转化为自身的能力，能力的提升又促进新的知识的产生。所以，颜元认为，只"学"（获得知识）并不能真正让知识内化于己。如果获得了知识便不再理会，那么日久便会忘却，更何谈知识向能力的转化。这就是"一学便住也终殆"。若想将获得的知识最终化成自身的能力，与我为一，便要"学"之后"习"，而且要反复地"习"，时时地"习"，知识才能被记忆和理解。颜元释"习"为"重习其所学，如鸟数飞以演翅"①。"习"字的最初意思是指雏鸟不断振动翅膀练习飞行，后又延展出"反复地学"等义。过目不忘、一学就会的天才毕竟是个例，绝大部分人都要通过数遍学习之后才能达到对知识的记忆、理解和把握。对于学习"怎么做"的知识，"习"的重要性更加凸显。以学习舞蹈、武术为例。首先通过阅读、观摩、受教等方式获得关于舞蹈、武术的基本知识，包括分解动作、整套动作、动作口诀等。之后要将这些动作进行实际的操演。在早期的动作操演中，必须有意识地去控制、调整身姿，纠正错误的姿态以使动作更为标准；也必须有意识地去选择每一个后续动作，但也可能会出现动作衔接得不连贯或动作衔接错误。当经过反复练习达到动作熟练以后，舞蹈或武术动作形成身体记忆，整套动作就越来越流畅自然。此时意识并不像最初的时候时刻关注着自己的一举一动，身体"不由自主"地完成一套平时演练的固定习惯动作，整个过程如行云流水。这样，反复做一件事而习得了做此事的能力，也就是养成了一个习惯②，同时学习的知识获得了现实的品格和具体的生命。颜元曾释"习"为"欲罢不能，进而不止"③。"欲罢不能"形容习练成熟以后身体和思维演练知识的自然流畅以及对所演练知识的喜好之情；"进而不止"则表明在此基础上进一步习练，能力还有提升的空间。

另外，在实践中运用已获得的知识，还可以验证知识的效力和自身对知

---

① （清）颜元：《四书正误》卷三《论语上·为政》，见《颜元集》，第178页。
② 托马斯·里德说："习惯通常被定义为通过经常做一件事而习得的做此事的能力。"（［英］托马斯·里德：《论人的行动能力》，丁三东译，浙江大学出版社2011年版，第114页。）
③ （清）颜元：《存学编》卷四《性理评》，见《颜元集》，第97页。

识的掌握程度。即使"是什么"和"为什么"的知识在早期的学习过程中不需通过实践以习练纯熟，但最终也要化"知"为"行"，否则，终为无用之知。颜元说："书房习数，入市便差。则学而必习，习又必行，固也。"① 在书斋里反复练习数学知识，但在市场上买卖货物遇到实际的数学问题，还是可能不知道用什么和怎么用数学公式来解决问题。那么，"习"与"行"应该交替为之，在反复练习（习）和实践检验（行）中提升自身相关能力以及实事、实务的践履效果。或者说，"习"与"行"融贯为一体，"习"有反复地学、反复地做的意思，"行"为实际地做，"习行"就是不断地运用所学知识行实行、干实事、作实务。颜元多次强调习行"三物"，因"三物"代指成己与成物过程中的一切事务，故习行"三物"表现为人们不断开展成己与成物的各种行动。在这一过程中，不仅人的能力得到了提升，逐步向理想人格迈进，而且世界也在向愿景状态改变。

颜元通过"习行"还将学、教、治统贯了起来。他说："不如学而时习，用全副精神，身心道艺，一滚加功，进锐不得，亦退速不得。即此为学，即此为行，即此为教，举而措之，即此为治，真尧、舜宗子，文、周功臣，万世圣贤之规矩也。"② 学即获得知识和钻研知识（学习和学术），教即教化百姓，治即治理社会。颜元之所以将学、教、治统合于习行"三事""三物"，是因为他认为上古圣贤的学、教、治是一致的。他说："尧、舜之治，即其学也，教也……文、周之治，亦即其学也，教也……孔、孟之学教，即其治也。"③ 颜元提出学、教、治一致，其目的是将当时学者所学、教者所教和治国理政、经世济民的隔阂打通，扭转汉学和宋学只在书斋里训诂讲读的局面。人的成长、理想人格的塑造过程中对人的能力的培养，应该是全面的，且要因材施教、随才成就。所学、所教应该包括与治理社会有关的知识和技能，而不能只是在文墨世界中的"心口悬空之道，纸墨虚华之学"。

儒家有道统一说。道统是儒家圣人之道的核心思想及其人物传承谱系。学统是道统思想在学术方面的体现；对道统的追问、思考、理解和体证，从而最终形成的知识系统，即为学统。治统是道统思想在社会治理方面的体现；

---

① （清）钟錂：《颜习斋先生言行录》卷下《世情第十七》，见《颜元集》，第685页。
② （清）颜元：《存学编》卷三《性理评》，见《颜元集》，第87页。
③ （清）颜元：《存学编》卷一《明亲》，见《颜元集》，第43页。

治国理政的道理和具体措施，即为治统。道统是学统和治统的最高原则，学统是求道的工具，治统是达道的工具。孔子以前，道统、学统与治统的传承主体基本是一致的，尧、舜、禹、汤、文、武都是有位的君王，皋陶、后稷、伊尹、傅说、周公也是有位之人。孔子之后，道统和学统的传承主体是儒家学者，而治统的传承主体是帝王将相。正是因为掌握学统与治统的主体相分离，所以汉宋之儒的儒家之道很难落实到现实的国家治理中。他们不得已只有在学术上不断地求道，而无法实现达道的目标。为了跳出只能求道而不能达道的窠臼，实现经世济民的最终目的，颜元提出习行"三事""三物"，希冀儒家学统中所学与治统中所用紧密衔接起来，化知识为行动，以实行、实事变革人生和世界，将学统与治统通而为一。

（三）格物新释

《大学》和《中庸》原来均为《礼记》中的一篇，后被朱熹单独抽取出来，与《论语》《孟子》合称"四书"。《大学》作为"四书"之首，备受程、朱的重视。而其中的"八条目"，乃是朱熹以后儒家学者讨论成人之道绕不开的话题。从"格物"至"平天下"，"八条目"层层递进。"格物"作为第一条目，是后面七个条目展开的基础，历代学者根据自己的学术主张对它进行了不同的诠解。

东汉郑玄注"格"为"来"，以"物"犹"事"，解"致知在格物"曰："其知于善深则来善物，其知于恶深则来恶物，言事缘人所好来也。"[1] 其意乃知善行善则有善报，知恶行恶则有恶报。这种解释，将"致知在格物"颠倒了因果，"格物"便成了"致知"的结果，而不是"致知"的基础了。疏不破注，唐代孔颖达的疏基本依照郑玄的注进行诠释；但他提到"'致知在格物'者，言若能学习招致所知"[2]，即通过学习才能获得知识，先"格物"后"致知"，这又理顺了"致知在格物"的因果关系。

朱熹对《大学》的改造规模极大，其《大学章句》的影响也极其深远。他训"格"为"至"，继承了程颐的"格物"即"穷其理"的观点，解"格

---

[1] （汉）郑玄注，（唐）孔颖达疏：《礼记正义》卷六十《大学第四十二》，见《十三经注疏》整理委员会《十三经注疏·礼记正义》，第1592页。
[2] （汉）郑玄注、（唐）孔颖达疏：《礼记正义》卷六十《大学第四十二》，见《十三经注疏》整理委员会《十三经注疏·礼记正义》，第1595页。

第四章 实 行

物"为"穷至事物之理,欲其极处无不到也"①。古本《大学》中本无一"理"字,朱熹也说"物,犹事也",但他对"格物"的解释突兀地在"事物"之后添了"之理"二字,稍有勉强。他认为古本《大学》有佚文,于是填补了一段《格物致知补传》。在这段《补传》中,朱熹说:"所谓致知在格物者,言欲致吾之知,在即物而穷其理也。……是以大学始教,必使学者即凡天下之物,莫不因其已知之理而益穷之,以求至乎其极。"②那么,"格物"的字面意思就是"即物",其深层内涵则是"穷理"且"至极",总起来讲,"格物"就是接触事物并且穷究事物之理至其极。而"致知"是"穷得物理尽后我之知识亦无不尽处"③,乃是"格物"的目的和效验。人在即物穷理以至其极之后,反映在人的主观上,就是知识有所扩充进而达到无所不尽。在朱熹这里,"格物"与"致知"不是并行的两种工夫④,而是工夫的过程与效验的关系。所以,朱熹有时就简略地说:"格物致知只是穷理。"⑤ 对于如何"格物",朱熹并不认同"存心于一草木、一器用之间",从具体事物中获得知识,而是要"穷天理、明人伦、讲圣言、通世故"⑥。此类学问的获得途径便是读书。朱熹曾言:"至论天下之理,则要妙精微,各有攸当,亘古亘今,不可移易。唯古之圣人为能尽之,而其所行所言,无不可为天下后世不易之大法。……是其粲然之迹,必然之效,盖莫不具于经训史册之中。欲穷天下之理而不即是而求之,则是正墙面而立尔。此穷理所以必在乎读书也。"⑦ 文献典籍之中记载有古之圣人的言、行、迹、效,"即物"主要是接触书籍,"穷理""格物致知"最重要最基本的方式便是读书学习以讲明义理。

王阳明误解了朱熹的"格物"理论,面对竹子耽思其理而不可得,还因

---

① (宋)朱熹:《大学章句》,见《朱子全书》第6册,第17页。
② (宋)朱熹:《大学章句》,见《朱子全书》第6册,第20页。
③ (宋)朱熹:《晦庵先生朱文公文集》卷五十一《答黄子耕》,见《朱子全书》第22册,第2377页。
④ 朱熹说:"致知、格物,只是一事,非是今日格物,明日又致知。"[(宋)黎靖德编:《朱子语类》卷十五《经下》,见《朱子全书》第14册,第473页。]
⑤ (宋)朱熹:《晦庵先生朱文公文集》卷五十一《答黄子耕》,见《朱子全书》第22册,第2378页。
⑥ (宋)朱熹:《晦庵先生朱文公文集》卷三十九《答陈齐仲》,见《朱子全书》第22册,第1756页。
⑦ (宋)朱熹:《晦庵先生朱文公文集》卷十四《行宫便殿奏札二》,见《朱子全书》第20册,第669页。

劳累过度而病倒了。他在龙场悟道之后提出"格物"不应向外求理，而应反求于心。阳明在《传习录》中解"格"为"正"①，"物"为"意之所在"②，"格物"是"去其心之不正，以全其本体之正"③，即将不正的人心恢复为无所不正的心之本体。这样一来，"格物"的意义就是"正心"。不过，阳明在晚年的时候又以"事"训"物"，以"正事"训"格物"，并在"四句教"中说"为善去恶是格物"，其意是在实事上为善去恶。④ 他认为，《大学》中的格物、致知、诚意、正心、修身这五条目，虽名称不同，但其实只是一件事，那就是为善去恶。⑤ 此为善去恶的工夫，"从良知方面看，即致知；就随事随物而言即格物；意念之实落好善恶恶即诚意"⑥。那么，"格物"便可诠释为在为善去恶中即事即物、随事随物。

上述郑玄、朱熹、王阳明三家有关"格物"的解释，颜元觉得都不妥当。他认为"格物致知"是在实践中通过实际操弄事物以获得知识的过程。主体通过实际接触事物依靠感觉对事物进行充分的了解是"格物"，"格物"之后主体知识扩充的效验是"致知"。颜元举例说，对于梅子和枣儿，如果不去亲眼观察梅子和枣儿的形色，不去亲手触摸梅子和枣儿的实物，不去亲口品尝梅子和枣儿的果肉，怎么能够建立对它们的认知，甚或说穷尽梅、枣之理。即使通过读书获得了关于梅、枣"是什么"的知识，也要通过实践去检验一番书上的记录是真知还是谬误。况且因为梅、枣的品种和个体差异，若不亲自去尝一尝，又何以得知具体梅、枣的味道是酸是甜。他还以学习礼、乐为

---

① 《传习录》："问'格物'。先生曰：'格者，正也。正其不正，以归于正也。'"[（明）王守仁：《王阳明全集》卷一《语录一·传习录上》，第28页。]
② 《传习录》："意之所在便是物。如意在于事亲，即事亲便是一物；意在于事君，即事君便是一物；意在于仁民爱物，即仁民爱物便是一物。意在于视听言动，即视听言动便是一物。"[（明）王守仁：《王阳明全集》卷一《语录一·传习录上》，第6—7页。]
③ （明）王守仁：《王阳明全集》卷一《语录一·传习录上》，第7页。
④ 《传习录》："然亦不是悬空的致知，致知在实事上格。如意在于为善，便就这件事上去为；意在于去恶，便就这件事上去不为。去恶固是格不正以归于正，为善则不善正了，亦是格不正以归于正也。如此，则吾心良知无私欲蔽了，得以致其极，而意之所发，好善去恶，无有不诚矣！诚意工夫，实下手处在格物也。若如此格物，人人便做得。"[（明）王守仁：《王阳明全集》卷三《语录三·传习录下》，第136页。]
⑤ 《大学问》："盖身、心、意、知、物者，是其工夫所用之条理，虽亦各有其所，而其实只是一物。格、致、诚、正、修者，是其条理所用之工夫，虽亦皆有其名，而其实只是一事。……何谓修身？为善而去恶之谓也。"[（明）王守仁：《王阳明全集》卷二十六《续编一·大学问》，第1069页。]
⑥ 陈来：《有无之境：王阳明哲学的精神》，北京大学出版社2013年版，第146页。

例。即使把礼书倒背如流，与人多次讨论如何行礼，甚至在心中想象演练许多回，但没有经过身体的操演，理论知识还是不能转化为实践能力。习礼须经过一番亲身践履，跪拜起居、周旋进退、捧玉爵、执币帛，等等，才知道礼是如此。学乐也是一样的道理，须亲身手舞足蹈、吹拉弹唱一番，才知乐是如此。这便是"手格其物，而后知至"[1]。所以，颜元训"格"为"犯手捶打搓弄"[2]，当如"手格猛兽""手格杀之"之"格"，解"格物"为"犯手实做其事"[3]。他站在这一解释的视角，审视了朱熹和阳明的诠解。他认为，朱熹所注的"穷至事物之理"，"穷至"乃一"致"字，"事物之理"乃一"知"字，"致知在格物"解释成了"致知在致知"。这一看法是符合朱子哲学观点的。前文已述，在朱子哲学中，"格物"和"致知"是获得知识的同一认识过程，只是表现为不同方面，"格物"是从主体作用于事物对象而言，"致知"是从这一过程在主体方面引起的效验而言。那么，颜元批评朱熹将"格物"解释成了"致知"，就不是无的放矢。颜元又说，阳明所言的"为善去恶是格物"，乃是即事物下手做工夫，入手处是无误的。不过，将"格"训为"正"，以及朱熹将"格"释为"穷"，都没有经典依据。至于颜元自己的注解，并非空穴来风，《史记·殷本纪》中有"手格猛兽"[4]，《史记·司马相如列传》中有"手格此兽"[5]，《汉书·李广苏建传》中有"格杀猛兽"[6]，《后汉书·申屠刚鲍永郅恽列传》中有"手格杀丰"[7] 等。可见，以"格"为"犯手捶打搓弄"不是颜元臆造的。

与朱熹的读书穷理相比，颜元将"格物"解释为"犯手实做其事"，似有轻视读书之意，但实际上，他不反对读书[8]，认为"读书乃致知中一事"[9]，也是求知学习的一种手段。在颜元看来，人们获取知识的途径不应只限于读书，而且知识的获取途径并不是他所关心的，重要的是知识的内化，或者说

---

[1] （清）颜元：《四书正误》卷一《戴本大学》，见《颜元集》，第159页。
[2] （清）颜元：《习斋记余》卷六《阅张氏王学质疑评》，见《颜元集》，第491页。
[3] （清）钟錂：《颜习斋先生言行录》卷上《刚峰第七》，见《颜元集》，第645页。
[4] （汉）司马迁：《史记》卷三《殷本纪第三》，第105页。
[5] （汉）司马迁：《史记》卷一百一十七《司马相如列传第五十七》，第3009页。
[6] （汉）班固：《汉书》卷五十四《李广苏建传第二十四》，第2439页。
[7] （南朝宋）范晔：《后汉书》卷二十九《申屠刚鲍永郅恽列传第十九》，第1019页。
[8] 颜元在《存学编》卷一《学辨二》中说："周公之法，春秋教以礼乐，冬夏教以《诗》《书》。岂可全不读书！"（《颜元集》，第54页。）由此可见，颜元并不是反对读书。
[9] （清）李塨、王源：《颜习斋先生年谱》，见《颜元集》，第730页。

知识向能力的转化，即通过反复习行以将知识转化为人的能力。颜元关注到实践和行动既是知识的来源，也是将知识化为个人能力的途径，更是检验真知的唯一标准，所以，相对于知识的获取，颜元更注重实践和行动的开展。知识的获取是通过各种途径学习人类已有认识成果，将外界纷繁复杂的信息归纳为自身精炼的记识，体现为由外而内的路径；而实践和行动的展开呈现为更为复杂的结构①，既以身心互动统一为特点，又以不同的方式作用于外部对象和现实世界，将人所具备的知识演绎为杂多的信息，体现为由内而外的路径。在颜元哲学里，人的价值的实现、理想人格的成就或者说"尽性"的过程不单纯是一种内在观念之域智识的增加和境界的提升，更是人的能力在现实世界中的外在展现。如此一来，"致知"并非颜元哲学成人之道的重心和目标。正如《大学》的格物、致知、诚意、正心、修身、齐家、治国、平天下"八条目"里，按其先后顺序，致知只是第二种工夫，获得的知识应运用于修、齐、治、平的实践中。颜元说："盖四书、诸经、群史、百氏之书所载者，原是穷理之文，处事之道。然但以读经史、订群书为穷理处事以求道之功，则相隔千里；以读经史、订群书为即穷理处事，曰道在是焉，则相隔万里矣。"② 如果以知识的获得为最终目的，那么就与成人的目标相距太远了。知识具有指导实践的作用，还可以克服实践活动的盲目性，对于这一点，朱熹极其重视③，所以他强调读书穷理。但如果只是一味地获得知识，而不将抽象知识运用在实践中，那就是不切实际的虚浮之学。颜元以中医为例予以说明④，熟读医书是为了明白中医的理论，但人纵使博览了所有的医书且熟读详说，而不去练习诊脉、制药、针灸、摩砭等临床医疗手段，自以为是中医国

---

① 杨国荣先生对行动的结构进行了考察，认为行动的结构展开于动态的过程："从动态之维看，行动的结构不仅体现于从意欲到评价，从权衡到选择、决定的观念活动，而且渗入于行动者与对象、行动者之间的关系，并以主体与对象、主体与主体（主体间）的互动与统一为形式。"（杨国荣：《成己与成物：意义世界的生成》，第53页。）
② （清）颜元：《存学编》卷三《性理评》，见《颜元集》，第78页。
③ 江求流讨论了朱子哲学中的格物致知与实践盲目性的克服，详见江求流《朱子哲学的结构与义理》，中国社会科学出版社2020年版，第190—204页。
④ 《存学编》卷一《学辨一》："辟之于医，《黄帝素问》、《金匮》、《玉函》，所以明医理也，而疗疾救世，则必诊脉、制药、针灸、摩砭之为力也。今有妄人者，止务览医书千百卷，熟读详说，以为国手矣，视诊脉、制药、针灸、摩砭以为术家之粗，不足学也。书日博，识日精，一人倡之，举世效之，岐、黄盈天下，而天下之人病相枕、死相接也，可谓明医乎？愚以为从事方脉、药饵、针灸、摩砭，疗疾救世者，所以为医也，读书取以明此也。若读尽医书而鄙视方脉、药饵、针灸、摩砭，妄人也，不惟非岐、黄，并非医也，尚不如习一科、验一方者之为医也。"（《颜元集》，第50页。）

手，贸然去行医便会害了病人。真正的中医不仅要熟读医书明白医理，更重要的是具备精熟的临床医疗手段。徒读医书的人并非医生，尚不如只"习一科、验一方"的人能够解决病人的痛苦。于是，颜元在"格物"和"致知"之间，更重视的是作为实践的"格物"。而在朱子哲学里，"复性"才是理想人格的达成，体现在"格物致知"上便是"知"和"理"的获得，即在"格物"和"致知"之间，更重视的是作为知识获得效验的"致知"。

颜元将"格物致知"解释为在实践中通过实际操弄事物以获得知识的过程，其实也就是《论语》首篇的"学而时习之"。他曾说，"孔门'学而时习之'即此也，所谓格物也"①，还说"格物"之"物"即"三物"之"物"②。那么，"格物致知"的内容也就和修、齐、治、平一样，统一到"三物"上来。"三物"包括德、行、艺，道德修养和道德践履的内容自然也在其中。习行"三物"便囊括了"改过迁善"的道德修养工夫。而"改过迁善"贯穿于诚、正、修、齐、治、平六个条目。如此一来，在颜元这里，《大学》中的格、致、诚、正、修、齐、治、平"八条目"均统归于习行"三物"之内。格物、致知是学习"三物"的阶段，诚意、正心是内心中的改过迁善，修身是个体能力的全面提升，齐家、治国、平天下是广泛习行"三物"的实践，最终达到成就理想人格和成就理想世界的目的。格、致、诚、正、修是成己工夫，齐、治、平是成物工夫。那么，学习是习行"三物"的起点，治世或经世是习行"三物"的终点。在习行"三物"的统领之下，《大学》"八条目"逻辑上呈现为由内向外的逐层扩展，但实际上交织在一起，是在成己与成物过程中人类实践的多维呈现。

五 身心规训

颜元在反思明朝灭亡的原因时，认为静坐、空谈甚或禅悦的成人方式造就了士人"文弱"的气质，从而助长了"无事袖手谈心性，临危一死报君王"的不实学风。而追索明代军民难以形成对清军侵略的有效抵抗的根源，除了缺乏军事理论学习和实战演练外，还有就是不实学风蕴养出人们普遍柔

---

① （清）李塨、王源：《颜习斋先生年谱》，见《颜元集》，第771页。
② （清）李塨、王源：《颜习斋先生年谱》，见《颜元集》，第785页。

虚实之辨

弱的身体与意志。颜元说:

> 孔门以兵、农、礼、乐为业,门人记夫子慎战,夫子自言"我战则克",冉求对季氏,战法学于仲尼,且夫子对哀公,亦许灵公用治军旅者之得人,岂真不学军旅乎?偶以矫其偏好耳。后儒狃于妇女之习者,便以此借口,误矣。①

《论语·卫灵公》中记载,卫灵公向孔子请教军事,孔子答以"军旅之事,未之学也"。孔子实际上并非不重视军事,他把"足兵"列为治国的条件之一,主张必须教民作战。但军事必须放在礼治、德政的统帅之下。因卫灵公热心于战争,不关注礼治德政,"军旅末事,本未立,不可教以末事"②,所以孔子敷衍了事。颜元慨叹后儒误解孔子真意,将兵学战法置之一旁不理而习惯于在书斋里做学问,好静恶动,缺乏对身体的锻炼和对意志的磨炼,一旦战事来临,又何以做到战时为兵。

"兵"只是"三事""三物"之一业。习行"事""物"的顺利开展离不开健康的身心。"全体大用"中的"全其体"本就要求人保全质性和强健身心。颜元曾对友人王法乾说:"我辈多病,不务实学所致。古人之学,用身体气力,今日只用心与目口,耗神脆体,伤在我之元气,滋六气之浸乘,乌得不病!"③ 健康的身心是习行得以展开的基础条件,而习行"事""物"的实学、实行又能兼顾身心的锻炼。但身体和心理素质的提升并非一蹴而就,更需要长期持久的有针对性的水磨工夫。颜元主要是通过习恭与习礼对身心进行严厉的规训。

所谓"习恭",是反复练习《论语·子路》中的"居处恭",即平日生活起居要端庄严肃、谨言慎语。"习恭"之"恭"分为自身之恭与居处之恭两种。习自身之恭乃要求以"尧之允,舜之温,孔之安"为典范,"整修九容工夫"④。"九容"乃《礼记·玉藻》中所言的"足容重,手容恭,目容端,口容止,声容静,头容直,气容肃,立容德,色容庄",指的是君子之言谈举

---

① (清)颜元:《四书正误》卷四《论语下·卫灵公》,见《颜元集》,第220页。
② 程树德:《论语集释》,程俊英、蒋见元点校,中华书局1990年版,第1050页。
③ (清)李塨、王源:《颜习斋先生年谱》,见《颜元集》,第732页。
④ (清)钟錂:《颜习斋先生言行录》卷下《王次亭第十二》,见《颜元集》,第665—666页。

第四章 实 行

止、行住坐卧应有的仪度。详细来说，即脚步稳重，手不乱动，目不斜视，口不妄开，杂声不出，昂首挺胸，屏气敛息，不倚不靠，气色庄重。容庄体端，则悚提神志，人心持敬，不敢在举止意念上有丝毫的缺失。故而，习练"九容"能够使人在日常生活中保持良好的心态、健康的体魄和高雅的姿态。所以颜元说："时时习恭，心神清坦，四体精健。"① 习居处之恭即要求人的穿着冠正衣舒，所居之处干净整洁，室内物品整齐严肃。有一处狼藉，即是不恭。② 自身与居处均是一恭，身心内外均是一恭才可谓"习恭"。此外，"习恭"的工夫还可有针对性而为，如"觉萎怠，习恭庄；觉放肆，习恭谨；觉暴戾，习温恭；觉矜张，习谦恭；觉多言，习恭默；觉矫揉，习恭安"③。以"习恭"和理学的"静坐"工夫相比较，"习恭"乃身心俱动而敬，而"静坐是身心俱不动之谓"④。不过，"习恭"虽与"静坐"不同，但与程朱理学的"主敬"工夫却极其相似。钱穆先生曾说："凡此所谓'习恭'、'习端坐'者，纵谓与静坐不同，却不能不说与宋儒所谓'敬'者相似，故习斋于宋儒论敬，亦谓是好字面。若真如习斋所教习恭、习端坐功夫，便已是朱子'主敬'三法。"⑤ 朱熹的"主敬"工夫主要是指主一无适和整齐严肃两个方面。主一无适是指将全部注意力集中在克制内心种种欲念上，整齐严肃是指注意约束自己的外在举止和形象。如朱熹说的"正其衣冠，尊其瞻视。潜心以居，对越上帝。足容必重，手容必恭。择地而蹈，折旋蚁封"⑥，指的就是整齐严肃的方面。而且朱熹对《礼记》中的"九容"也同样非常重视，认为其是"涵养本原"的工夫。⑦ 那么，朱熹的"主敬"实质上也涉及身与心两个层面，整齐严肃是对身体的调节，主一无适是对内心的调节，"身心肃然"，

---

① （清）李塨、王源：《颜习斋先生年谱》，见《颜元集》，第769页。
② 《颜习斋先生言行录》卷上《学人第五》："凡冠不正，衣不舒，室不洁，物器不精肃，皆不恭也。有一于此，不得言习恭。由此推之，杏坛之上，剑、佩、琴、书，一物狼藉，孔子不得谓之恭矣。"（《颜元集》，第639页。）
③ （清）李塨、王源：《颜习斋先生年谱》，见《颜元集》，第786页。
④ （清）钟錂：《颜习斋先生言行录》卷下《王次亭第十二》，见《颜元集》，第665页。
⑤ 钱穆：《中国近三百年学术史》，第216页。
⑥ （宋）朱熹：《晦庵先生朱文公文集》卷八十五《敬斋箴》，见《朱子全书》第24册，第3996页。
⑦ 《朱子语类》卷八十七《小戴礼·玉藻》："问：'《礼记》九容，与《论语》九思，一同本原之地，固欲存养；于容貌之间，又欲随事省察。'曰：'即此便是涵养本原。这里不是存养，更于甚处存养？'"（《朱子全书》第17册，第2965页。）

从而达到"表里如一"。① 由此看来,颜元的"习恭"的确是承袭于朱熹的"主敬"。颜元谓之"习恭"而不曰"习敬"或"主敬",一是因为程朱理学中"敬"字的内涵就是"静",而"恭"与"敬"的字义相近,以"恭"代"敬"即表示反对"静坐"之法;二是颜元"习恭"注重以身带动心的修为,"习"字暗示着身体的行动,而朱熹"主敬"则更多的还是内心的活动。"习恭"与"主敬"虽大体相似,但二者的细微差异,也透露出颜元与朱熹在工夫论重心上的异趋。

作为儒家文化的表征之一,礼一直受到古代哲人的重视。礼既是治理社会的重要方式,也是调理身心性情的有效手段。颜元说"圣人之道,莫大于礼"②,"道莫切于礼"③,"治平之道,莫先于礼"④,"孔子一生学教,惟曰执礼,习礼,约之以礼"⑤,表明了其以礼作为倡复儒家实学的重要突破口。礼作为一种形式,只有在对其习行实践中才能获得实质的内容。颜元将礼的实践落实到身心内外、日用常行的方方面面。他说:

> 时时敬其心,即孔子所谓"齐",习礼于心也;时时提撕警觉,莫令昏蔽,即孔子所谓"明",亦习礼于心也。每日正其衣冠,洁净整齐,非法服不服,即孔子所谓"盛服",习礼于身也;至"目容端",习礼于视也;"口容止","声容静",习礼于言也,至于"手容恭","立容德",习礼于持行也。凡"九容"、"曲礼",无非习礼于身也。礼真斯须不可去者!⑥

无论是观念之域还是现实世界,人的一思一念、一言一语、一举一动都要在礼的规范之内。这就需要人始终保持一种警觉的状态,使身心绷紧,时刻检视自己的念虑、言行、举止是否合乎礼。翻阅《颜习斋先生年谱》《颜习

---

① 《晦庵先生朱文公集》卷四十五《答杨子直》:"'持敬'之说,不必多言,但熟味'整齐严肃'、'严威严恪'、'动容貌'、'整思虑'、'正衣冠'、'尊瞻视'此等数语而实加功焉,则所谓直内、所谓主一,自然不费安排而身心肃然,表里如一矣。"(《朱子全书》第22册,第2072页。)
② (清)颜元:《习斋记余》卷一《代族人贺心洙叔仲子吉人入泮序》,见《颜元集》,第410页。
③ (清)钟錂:《颜习斋先生言行录》卷下《杜生第十五》,见《颜元集》,第675页。
④ (清)钟錂:《颜习斋先生言行录》卷下《学须第十三》,见《颜元集》,第669页。
⑤ (清)颜元:《四书正误》卷二《中庸原文》,见《颜元集》,第171页。
⑥ (清)钟錂:《颜习斋先生言行录》卷下《教及门第十四》,见《颜元集》,第673页。

第四章 实 行

斋先生言行录》,可以发现,颜元的一生都执着于对礼的体悟和践履。① 他从三十一岁开始,便在每年第一天制定常仪常功并将其书写于日记首页。所谓常仪常功,其实就是颜元为自己选定的日常礼仪及注意事项。订立的目的是遵照执行。之后的一年内,他每天都重复着同样的仪节,未有丝毫松懈。新的一年之始,根据其体悟与需求,颜元还可能补充或删减常仪常功的内容。在《颜习斋先生言行录》中,颜元的门人钟錂抄录了其常仪常功:

> 每日清晨,必躬扫祠堂、宅院。神、亲前各一揖,出告、反面同。经宿再拜,旬日以后四拜,朔望、节令四拜。昏定、晨省,为亲取送溺器,捧盥、授巾、进膳必亲必敬,应对、承使必柔声下气。此在蠡事恩祖父母仪也。归博无亲,去此仪矣。写字、看书,随时闲忙,不使一刻暇逸,以负光阴。操存、省察、涵养、克治,务相济如环。改过、迁善,欲刚而速,不片刻踌躇。处处箴铭,见之即拱手起敬,如承师训。非衣冠端坐不看书,非农事不去礼衣。出外过墓则式,骑则两手据鞍而拱,乘则凭箱而立。恶墓不式;过祠则下,淫祠不下,不知者式之;见所恻、所敬皆式。所恻如见瞽者、残疾、丧家齐衰之类,所敬如见耄耋及老而劳力、城仓圮、河决、忠臣、孝子、节妇遗迹,圣贤人庐里类。非正勿言,非正勿行,非正勿思;有过,即于圣位前自罚跪伏罪。②

对于这些常仪常功的习行践履,颜元并非坚持七八月、两三年而已,而是"勉行古礼四十年"③,至老不懈。即使卧病在床期间,他还要保持"卧则脱,起则冠"④的仪节,未有丝毫松懈。除了以礼持身外,颜元还通过立族约、订教条的方式教导和带领族人、弟子习行冠、婚、丧、祭诸礼,使礼的影响范围逐步扩大。

关于礼对锤炼身心的作用,颜元也有清醒的认识。他说:

---

① 林存阳较为全面地整理了颜元对礼的体悟和践履,本书不再赘述。(林存阳:《清初三礼学》,社会科学文献出版社2002年版,第112—117页。)
② (清)钟錂:《颜习斋先生言行录》卷上《常仪功第一》,见《颜元集》,第621页。
③ (清)颜元:《朱子语类评》,见《颜元集》,第310页。
④ (清)李塨、王源:《颜习斋先生年谱》,见《颜元集》,第793页。

常动则筋骨竦，气脉舒；故曰"立于礼"，故曰"制舞而民不肿"。①

礼、乐、射、御、书、数似苦人事，而却物格知至，心存身修而日壮。②

孔门习行礼、乐、射、御之学，健人筋骨，和人血气，调人情性，长人仁义。一时学行，受一时之福；一日习行，受一日之福；一人体之，锡福一人；一家体之，锡福一家；一国、天下皆然。小之却一身之疾，大之措民物之安，为其动生阳和，不积痰郁气，安内捍外也。③

礼不只是一种仪式的复现，更是"具体的人对自己进行叙述的一个过程——是优雅气质的修养与表达"④。这种合礼的气质与修养并非一朝一夕可成就，而是在长期的习礼规训中一点一滴内化而成。礼所要求的姿态与动作逐渐成为身体记忆，礼所要求的心境与态度逐渐成为心理定式。虽然未经过礼的规训的人也可以做出礼仪动作，但是并不能呈现出应有的气质和态度。此外，礼"所要求的是时时刻刻对人所做事情的每一个细节的最大倾注与毫不松懈的用心"⑤。从待人接物到个人独处，从正式活动到随意场合，合礼之人保持着对周围情境的关注，并随着情境的变化在一颦一笑、一举一动中无不做到最恰当的方式。因此，在礼的规训中，不只是身体得到了锻炼，人的意志力、承受力、应变力等都在某些方面得到了加强。

除了习恭与习礼之外，习行"事""物"的行动多多少少都起到一定规训身心的效果。由于人的身体、心理素质和各方面能力的锻炼犹如逆水行舟，不进则退，所以，颜元认为规训身心的关键在于让人保持《周易》乾卦爻辞里"终日乾乾"的状态，不息息、不闲旷，始终有事可做、有事在做。他说：

人之心不可令闲，闲则逸，逸则放。⑥

养身莫善于习动，夙兴夜寐，振起精神，寻事去作，行之有常，并

---

① （清）钟錂：《颜习斋先生言行录》卷下《世情第十七》，见《颜元集》，第686页。
② （清）钟錂：《颜习斋先生言行录》卷上《刚峰第七》，见《颜元集》，第645页。
③ （清）钟錂：《颜习斋先生言行录》卷下《刁过之第十九》，见《颜元集》，第692页。
④ ［美］安乐哲：《儒家角色伦理学：一套特色伦理学词汇》，山东人民出版社2017年版，第192页。
⑤ ［美］安乐哲：《儒家角色伦理学：一套特色伦理学词汇》，第192页。
⑥ （清）钟錂：《颜习斋先生言行录》卷下《杜生第十五》，见《颜元集》，第677页。

不困疲，日益精壮；但说静息将养，便日就惰弱。①

过度闲逸会让人失去奋进的动力，持久的身心习行是提升人的能力最有效的途径。颜元于此确有所见。但长期使人处于"忙""劳"之中，不留一丝松弛的时间，很可能导致身心疲惫甚至身心损伤。劳逸结合才是人最适合的生活状态。梁启超在《清代学术概论》中从颜元成人之道太刻苦这一方面说其类似墨家，故"传者卒稀，非久遂中绝"②。这种对身心严苛的规训，非一般人所能长久坚持。梁任公之言的确点出了颜学工夫论的症结所在。

小　结

在本章初始，笔者提到，颜元哲学的成人之道须解决三个问题：一是防止引蔽习染；二是促进身体强健；三是能够实现自己的人生价值。习行"事""物"作为颜元哲学的成人之道，是否解决了上述三个问题，并实现了人之大用呢？

日新时惕的改过迁善之功作用于身心内外。从内心隐微的意念思虑，到外在表现的仪容举止，再到每日行止坐卧、大事小事，纤毫无遗地纳入改过的范围之内。改过迁善的方式不仅有自我的反省自讼，还有朋友的警醒提撕，以及对他人的规过劝善。改过不可能一劳永逸。任何人都可能因怠惰而犯错，致使天性有所遮蔽而误用其情，但只要有过即改，则如云开雾散，复现善性光莹之体。所以，人只要时时刻刻保持着知善知恶的警觉和有过即改的意志，那么就能有效地防止引蔽习染。此其第一问题的解决。

习行乃是以己身不断地去做实际的事。人一习行，身体自然要活动起来。颜元说："吾辈若复孔门之学，习礼则周旋跪拜，习乐则文舞、武舞，习御则挽强、把辔，活血脉，壮筋骨，'利用'也，'正德'也，而实所以'厚生'矣。岂至举天下事胥为弱女，胥为病夫哉！"③ 习行"六艺"，便要周旋跪拜、手舞足蹈、拉弓射箭、牵缰御马，等等，一番活动下来，疏通气血，活络经

---

① （清）钟錂：《颜习斋先生言行录》卷上《学人第五》，见《颜元集》，第635页。
② 梁启超：《清代学术概论》，朱维铮导读，上海古籍出版社1998年版，第23页。
③ （清）钟錂：《颜习斋先生言行录》卷上《吾辈第八》，见《颜元集》，第648页。

虚实之辨

脉,强壮筋骨,增强气力,乃是对身体的护养、保健和锻炼。因此,颜元主张人要多多运动,以强健体魄,"常动则筋骨竦,气脉舒"①,"一身动则一身强"②。而且,身体的运动不仅对形躯有益,还可增益精神。颜元曰:"养身莫善于习动,夙兴夜寐,振起精神,寻事去作,行之有常,并不困疲,日益精壮;但说静息将养,便日就惰弱。"③ 还言:"人心动物也,习于事则有所寄而不妄动,故吾儒时习力行,皆所以治心。"④ 人心易被外物引诱,故人习行于事物则心有所寄托而不会胡思乱想、妄动邪念。习行有常,则精神日渐振作。若放任身体暇逸,则日渐怠惰疲弱,精神困乏,心也容易被外物引诱而有所过恶。由此可知,习行是对身心俱益的工夫。此其第二问题的解决。

颜元哲学中的理想人格是极其多样化的。人只要能依其质性,就其身份地位,素位而行,尽职尽责,实现自己在社会上的价值,便可以成就理想人格。习行"三物"是成人之道的统称,"三物"中的"六艺"除了礼、乐、射、御、书、数之外,还包括兵、农、水、火、钱、谷、工、虞、威仪、辞说等一切促进个人和社会发展的有益因素。人习行"三物",若掌握了所有的德、行、艺固然最佳,样样精通,成一全才,颜元称之为"通儒"。但此类人毕竟只是极少数,并不是人人都有成就"通儒"的天赋质性。颜元看到了这一点,并注意到了社会分工。小自家庭团体,大至国家世界,社会群体中的成员必然各有所长并各举其职。例如上古尧、舜的治世成果,不是尧或舜一个人完成的,而是有九官、十二牧予以辅助;大禹治水,并非大禹一人亲自治理天下所有水系,而是各个长于水学者在大禹指挥下分而治之。⑤ 社会群体中的每个人各专一事、各司一职,分工合作,社会才能和谐发展。所以,颜元认为,根据质性、心愿、才力,专心于一件事,精通于一门技能,成一专才也是成就了理想人格。在习行之中,"如六艺不能兼,终身止精一艺可

---

① (清)钟錂:《颜习斋先生言行录》卷下《世情第十七》,见《颜元集》,第686页。
② (清)钟錂:《颜习斋先生言行录》卷下《学须第十三》,见《颜元集》,第669页。
③ (清)钟錂:《颜习斋先生言行录》卷上《学人第五》,见《颜元集》,第635页。
④ (清)钟錂:《颜习斋先生言行录》卷上《刚峰第七》,见《颜元集》,第646页。
⑤ 《存学编》卷一《明亲》:"尧、舜之治,即其学也,教也,其精一执中,一二人秘受而已。百官所奉行,天下所被泽者,如其命九官、十二牧所为耳。禹之治水,非禹一身尽治天下之水,必天下士长于水学者分治之而禹总其成;伯夷之司礼,非伯夷一身尽治天下之礼,必天下士长于礼学者分司之而伯夷掌其成。"(《颜元集》,第43页。)

也"①。"艺"囊括万千,精通厨艺可成为一名优秀厨师,精通耕种可成为一名优秀农民,如此种种,各类理想人格都可通过习行"三物"而达成。此其第三问题的解决。

世上本就有各种技能、各种工夫,颜元用习行"三物"将它们统括起来,其意义何在呢?从"物"上看,由于社会分工的存在,各种职业都具有不可替代性,各种技能都必须有人去掌握。文人、书生并不是全知全能之人,他们只是古代社会分工下的产物。若人人都以读书作文为工夫、为生计而成就一文人、一书生,那么整个社会便会崩坏。颜元强调"物""艺""文"的多样性,便是考虑到了人的多元发展和分工合作。从"习行"上看,颜元希望人们的身体行动起来为社会的稳定和发展做实事,而不是读讲著述玩弄心头光景。"习行"是不断地、反复地实行,那就要摒弃理学与佛老的不切实际、虚而不实、静且无用的工夫。

颜元并不是空口哓哓,而是言行一致,他一生都在毫不倦怠地践履着习行的工夫。他每年年初订立常仪常功,将各种礼仪和工夫事无巨细地罗列出来并制定实施计划,逐一习行,朝乾夕惕,至老不懈,终身砣砣于身心一致之功中。他习礼、习射、习乐、习御、习数、习书,六艺兼全;改过迁善,无一言一事自欺自恕;考究兵略、农务、水利、天文、地理等各种学问,精通中医、占卜和技击之术。不仅行己如此,教人也是如此。颜元真可谓以身范世!

---

① (清)颜元:《存学编》卷一《学辨二》,见《颜元集》,第54页。

第五章 余 论

一 全体大用的虚实之辨

"全体大用"是颜元哲学的基本逻辑架构。颜元的弟子也称其师的学问为全体大用之学。李塨说:"先生崛起而寻坠绪,全体大用,焕然重明,天心世道,所关非尠,有志者详谛之,可以兴矣!"[1] 王源在《颜习斋先生年谱》三十四岁条目中加入按语:"先生自此,毅然以明行周、孔之道为己任,尽脱宋、明诸儒习袭,而从事于全体大用之学,非二千年学术气运一大关乎!"[2] 不过,"全体大用"一词在颜元之前已经使用了四百余年,最初是由朱熹提出的。朱熹在为《大学》补写的《格物致知补传》中曰:"众物之表里精粗无不到,而吾心之全体大用无不明矣。"[3] 朱熹所谓的"全体大用"意指什么?其与颜元哲学的"全体大用"涵义是否一致?笔者在此做一辨析。

(一)朱子哲学中的全体大用

朱子哲学中"全体大用"的意谓要从朱熹对《大学》诠释的思想脉络中去寻找。因思想阐释的需要,朱熹对《大学》古本进行了颇费心思的改写。他将《大学》分为"经"和"传"两部分,十章"传"是对前面一章"经"的解释。在"经"一章中,"明明德""新民""止于至善"三者被称为"大学之纲领","格物""致知""诚意""正心""修身""齐家""治国""平天下"八者被称为"大学之条目",它们是古人为学次第的工夫。在"传"十章里,朱熹将三"纲领"、八"条目"的传文依次铺陈,认为缺失了对

---

[1] (清)李塨:《颜习斋先生年谱·凡例》,见《颜元集》,第699页。
[2] (清)李塨、王源:《颜习斋先生年谱》,见《颜元集》,第726页。
[3] (宋)朱熹:《大学章句》,见《朱子全书》第6册,第20页。

第五章 余 论

"格物""致知"的解释，于是撰写了一段《格物致知补传》，并在其中提到了"全体大用"：

> 所谓致知在格物者，言欲致吾之知，在即物而穷其理也。盖人心之灵莫不有知，而天下之物莫不有理，惟于理有未穷，故其知有不尽也。是以大学始教，必使学者即凡天下之物，莫不因其已知之理而益穷之，以求至乎其极。至于用力之久，而一旦豁然贯通焉，则众物之表里精粗无不到，而吾心之全体大用无不明矣。此谓物格，此谓知之至也。①

此段"补传"之大要，一是说明达至"物格""知至"的境界后，最明显的特征是"众物之表里精粗无不到"和"吾心之全体大用无不明"两点；二是"欲致吾之知"必须经由"格物"，"格物"是"知至"的前提。而且，朱熹还说过：

格物所以明此心。②
格物，只是就事上理会；知至，便是此心透彻。③

那么，要理解何为心的"全体大用"，就要明晰"心"的确切内涵和功能以及为何要"明此心"。

"心"是朱子哲学中非常重要的一个概念。历来学者对其讨论较多，但并未形成一致的意见。④ 朱熹从多个角度和层面言"心"，致使后世学者对其"心"的理解有不同方面的侧重。吴震先生认为朱熹对"心"的表述大致有知觉义、主宰义、本然义、体用义、虚灵义、管摄义、贯通义、功能义、活

---

① （宋）朱熹：《大学章句》，见《朱子全书》第6册，第20页。
② （宋）黎靖德编：《朱子语类》卷一百一十八《训门人六》，见《朱子全书》第18册，第3737页。
③ （宋）黎靖德编：《朱子语类》卷十五《经下》，见《朱子全书》第14册，第478页。
④ 吴震先生将近代学者对朱熹之"心"的见解大致分为三类：（1）朱熹之言"心"是认知心，是气的一种功能，故可说"心属气"或"心即气"，持这类意见者为数众多，如钱穆、牟宗三、刘述先等；（2）朱熹之"心"主要是知觉范畴，但心不就是气，而是意识活动的"功能总体"，如陈来；（3）朱熹之"心"与心学意义上的"本心"概念有相通之处，其"心体"概念尤其如此，如蒙培元、金春峰。（吴震：《"心是做工夫处"——关于朱子"心论"的几个问题》，见吴震主编《宋代新儒学的精神世界：以朱子学为中心》，华东师范大学出版社2009年版，第112页。）

动义、动静义、无穷义、生道义、善恶义,等等。① 虽然朱熹论"心"具有多义性,但其在思想成熟后将"心统性情"作为"颠扑不破"②的重要命题。关于心、性、情三者的关系,朱熹说:

> 盖心便是包得那性情,性是体,情是用。"心"字只一个字母,故"性"、"情"字皆从"心"。③
>
> 然"心统性情",只就浑沦一物之中,指其已发、未发而为言尔;非是性是一个地头,心是一个地头,情又是一个地头,如此悬隔也。④
>
> 性、情一物,其所以分,只为未发、已发之不同耳。⑤
>
> 仁义礼智,性也;恻隐、羞恶、辞让、是非,情也;以仁爱,以义恶,以礼让,以智知者,心也。性者,心之理也;情者,心之用也;心者,性情之主也。⑥

性即是理,毋庸赘言。性和情是体与用、未发与已发的关系。性是情存在的前提,情是性的发用表现,二者无法割裂开来,并不是分别独立存在的具有联系的两物,而是"一物"之两面。至于心,也不是性、情之外的另一个"地头",即不是在性、情之外有一个统括性、情的独立存在的心。心只是表示性体情用或性发为情这一人的功能总体的范畴,是性、情的统一体。⑦ 所

---

① 吴震:《"心是做工夫处"——关于朱子"心论"的几个问题》,见吴震主编《宋代新儒学的精神世界:以朱子学为中心》,第113页。
② "伊川'性即理也',横渠'心统性情'二句,颠扑不破!"[(宋)黎靖德编:《朱子语类》卷五《性情心意等名义》,见《朱子全书》第14册,第229页。]
③ (宋)黎靖德编:《朱子语类》卷五《性情心意等名义》,见《朱子全书》第14册,第226页。
④ (宋)黎靖德编:《朱子语类》卷五《性情心意等名义》,见《朱子全书》第14册,第230页。
⑤ (宋)朱熹:《晦庵先生朱文公文集》卷四十《答何叔京》,见《朱子全书》第22册,第1830页。
⑥ (宋)朱熹:《晦庵先生朱文公文集》卷六十七《元亨利贞说》,见《朱子全书》第23册,第3254页。
⑦ 陈来先生认为心并非实有一物,而是赅括性情的总体性范畴。(陈来:《朱子哲学研究》,第293页;陈来:《朱子哲学中"心"的概念》,见陈来《中国近世思想史研究》,生活·读书·新知三联书店2010年版,第128页。)吴震先生认为"心"绝非一超越于性情之外或之上的实体概念,不具有独立的价值和意义。(吴震:《"心是做工夫处"——关于朱子"心论"的几个问题》,见吴震主编《宋代新儒学的精神世界:以朱子学为中心》,第115—116页。)藤井伦明认为在"未发之性"开展为"已发之情"的时候,才会出现"心"这一概念。([日]藤井伦明:《朱熹思想结构探索——以"理"为考察中心》,第163—165页。)笔者赞同以上三位学者对朱熹之"心"的理解。

以，朱熹说"'心'字只一个字母"，表示心并非独立实在。离开了性、情，心就没有任何意义。总之，在现实层面上，心、性、情三者不分彼此；在理论层面上，三者是同一事物不同面向的定义。

作为"体"的性必然通过作为"用"的情显现于外。但情的展现一定需要气作为媒介。朱熹说：

> 性只是理。然无那天气地质，则此理没安顿处。但得气之清明则不蔽固，此理顺发出来。蔽固少者，发出来天理胜；蔽固多者，则私欲胜；便见得本原之性无有不善。孟子所谓性善，周子所谓纯粹至善，程子所谓性之本，与夫反本穷源之性，是也。只被气质有昏浊，则隔了，故气质之性，君子有弗性者焉。学以反之，则天地之性存矣。故说性，须兼气质说方备。①

由于人所禀受的气有清、浊的差异，所以性发用为情时，在气的影响下，情并不一定能够反映出纯粹的性的作用。若人所禀受的气清明，则性的发用不被遮蔽，情是性的完全展现；若人所禀受的气昏浊，则性的发用有所遮蔽，情就不能将性的作用完全展现出来，而表现出过或不及的现象。虽然性总是善的，但情受气质影响并不一定是善的，所以，作为统括性、情的总体性范畴的心，会随着情的不同状态呈现出不同的样貌。这就是朱熹在《中庸章句序》中所说的道心人心之异：

> 心之虚灵知觉，一而已矣。而以为有人心、道心之异者，则以其或生于形气之私，或原于性命之正，而所以为知觉者不同，是以或危殆而不安，或微妙而难见耳。然人莫不有是形，故虽上智不能无人心，亦莫不有是性，故虽下愚不能无道心。二者杂于方寸之间，而不知所以治之，则危者愈危，微者愈微，而天理之公卒无以胜夫人欲之私矣。精则察夫二者之间而不杂也，一则守其本心之正而不离也。从事于斯，无少间断，必使道心常为一身之主，而人心每听命焉，则危者安、微者著，而动静

---

① （宋）黎靖德编：《朱子语类》卷四《人物之性气质之性》，见《朱子全书》第14册，第195页。

云为自无过不及之差矣。①

道心人心之异并非指人有两个心②，而只是一个心的不同样貌。道心是性的发用不被遮蔽的情况下呈现出来的心的样子。因其未受到气质的影响，故而说"原于性命之正"，也就是原于本然之性，所以也被称为"本心"，即心的本来样子、本然状态。人心是性的发用被气质遮蔽的情况下呈现出来的心的样子。因其受到气质的影响，故而说"生于形气之私"，也就是原于气质之性，所以不再是心的本然状态。在朱子哲学里，理想人格的达成就是要"使道心常为一身之主"。在心为道心的状态下，性发用为情不会被气质遮蔽，故可称"此心透彻"。那么，"明此心"是不是就是使人心复原为道心呢？

提及"明此心"，自然联想到作为《大学》"三纲领"之首的"明明德"。朱熹对其极为重视，讨论颇丰。"明明德"中，前一个"明"字，作为动词使用，后一个"明"字，作为形容词使用。郑玄的注为"显明其至德"③，孔颖达的疏乃"章明己之光明之德"④，二者的注疏可谓字面的简单解释。朱熹则对"明德"予以了理学化的创造性阐释："明德者，人之所得乎天，而虚灵不昧，以具众理而应万事者也。"⑤ 朱熹还注"德"为："德者，得也，得其道于心而不失之谓也。"⑥ 朱熹对"明德"和"德"的注释，看似明晰，实则暧昧。乍看之下，从"人之所得乎天"和"得其道"的话语来看，"明德"似乎为天命之性。但细品之后，朱熹是以不失"得其道于心"的状态为"德"的注脚。而且，在"明德"的注释中使用了"虚灵不昧"这一形容"心"的词汇，那"明德"与"心"又是什么关系？朱熹的弟子也曾不解"明德"为何。在《朱子语类》中，朱熹对学生所问的"明德便是仁义礼智之性否"⑦ 这一问题给予了肯定的回答，还曾直接说"明德"便是"天之所

---

① （宋）朱熹：《中庸章句序》，见《朱子全书》第6册，第29页。
② 朱熹坚持"心一也"的立场，反对"两般心"，曾严厉批评湖湘学派的"以心观心"说。
③ （汉）郑玄注，（唐）孔颖达疏：《礼记正义》卷六十《大学第四十二》，见《十三经注疏》整理委员会《十三经注疏·礼记正义》，第1592页。
④ （汉）郑玄注、（唐）孔颖达疏：《礼记正义》卷六十《大学第四十二》，见《十三经注疏》整理委员会《十三经注疏·礼记正义》，第1594页。
⑤ （宋）朱熹：《大学章句》，见《朱子全书》第6册，第16页。
⑥ （宋）朱熹：《论语集注》卷四《述而第七》，见《朱子全书》第6册，第121，137页。
⑦ （宋）黎靖德编：《朱子语类》卷十四《大学一·经上》，见《朱子全书》第14册，第433页。

第五章 余 论

命谓性者"①。然而，在其他一些语录中，朱熹的回答又具有模糊性：

> 或问："所谓仁义礼智是性，明德是主于心而言？"曰："这个道理在心里光明照彻，无一毫不明。"②

> 问："《大学注》言：'其体虚灵而不昧，其用鉴照而不遗。'此二句是说心，说德？"曰："心、德皆在其中，更子细看。"又问："德是心中之理否？"曰："便是心中许多道理，光明鉴照，毫发不差。"③

> 问："天之付与人物者为命，人物之受于天者为性，主于身者为心，有得于天而光明正大者为明德否？"曰："心与性如何分别？明如何安顿？受与得又何以异？人与物与身又何间别？明德合是心，合是性？"曰："性却实。以感应虚明言之，则心之意亦多。"曰："此两个说着一个，则一个随到，元不可相离，亦自难与分别。舍心则无以见性，舍性又无以见心，故孟子言心性，每每相随说。仁义礼智是性，又言'恻隐之心、羞恶之心、辞逊、是非之心'，更细思量。"④

当学生分别问朱熹"明德是不是从心上说"和"德是不是心中之理"两个问题时，朱熹都没有正面回答，反而给了这两个表面看似不兼容的问题相同的答案，即对"明德"的描绘。还有学生问朱熹"明德"是不是"得于天而光明正大者"，朱熹也没有正面回答，还反问学生"明德"是心还是性；学生觉得"明德"大概是心；朱熹既没有肯定，也没有否定，只是强调了一番心性不离，令学生"更细思量"。那么，在朱子哲学里，"明德"到底是性呢，还是心呢，或者是其他与心、性有关的范畴？

我们再回到《大学章句》里朱熹对"明德"的经典表述来展开分析：

---

① （宋）黎靖德编：《朱子语类》卷十六《大学三·传一章释明明德》，见《朱子全书》第14册，第501页。
② （宋）黎靖德编：《朱子语类》卷十四《大学一·经上》，见《朱子全书》第14册，第433页。
③ （宋）黎靖德编：《朱子语类》卷十四《大学一·经上》，见《朱子全书》第14册，第438－439页。吴震和王硕都认为此条语录表明了"明德"就是"心中之理"的说法。笔者认为朱熹并未对此给予肯定的回答。（参见吴震："心是做工夫处"——关于朱子"心论"的几个问题，见吴震主编《宋代新儒学的精神世界：以朱子学为中心》，第121页；王硕：《"明德"与"明明德"辨义——以〈朱子语类〉为中心》，《中国哲学史》2012年第1期。）
④ （宋）黎靖德编：《朱子语类》卷五《性情心意等名义》，见《朱子全书》第14册，第222页。

虚实之辨

> 明德者，人之所得乎天，而虚灵不昧，以具众理而应万事者也。①

朱熹一般用"虚灵"来形容"心"。如"心之虚灵知觉"②，"人心虚灵"③，"虚灵自是心之本体，……若心之虚灵，何尝有物！"④"虚"则表示心并非实有一物，乃总括性、情功能的总体性范畴。"灵"则意指心的功能神妙不测而言。若心只是"虚灵"，那意味着与佛家所讲的"性空"相同。故而，朱熹强调，心虽"虚灵"，但并非彻底的空无，其是"具万理而应万事者也"⑤。众所周知，朱子哲学中，天命之性"含具万理"⑥；情是性应接事物后展现出的作用。作为"统性情"的心，自然具有"具万理而应万事"的灵妙功能。那么，"明德"可谓"不昧"之心。朱熹曾说："能存得自家个虚灵不昧之心，足以具众理，可以应万事，便是明得自家明德了。"⑦"不昧"是指心的"具万理而应万事"的功能能够正常发挥，也就是性发用为情的过程不会受到任何的遮蔽，好似光明之德照彻万事万物。综上可知，并不能笼统地说"明德"是心，只可说"明德"是作为心之本体的"道心"⑧。"道心"湛然虚明，不被气禀所拘、人欲所蔽，性体情用的功能正常发挥，应事接物之发见无过和不及、纯善而无恶。以其未发而言，为性；以其已发而言，为情。"道心"贯通已发未发之间，时时兼括性情。从心性情结构的这一功能总体之正常运行来看，便是处于"心与理一"⑨的境界。故而，"心与性，似一而二，似二而一"⑩。那么，在"道心"为主的状态下，"明德"既可指心中性理，也可指心之本体。《朱子语类》中有一段话对"明德"的意思阐述得最

---

① （宋）朱熹：《大学章句》，见《朱子全书》第6册，第16页。
② （宋）朱熹：《中庸章句序》，见《朱子全书》第6册，第29页。
③ （宋）黎靖德编：《朱子语类》卷五十七《孟子七·离娄下·人之所以异于禽兽章》，见《朱子全书》第15册，第1838页。
④ （宋）黎靖德编：《朱子语类》卷五《性情心意等名义》，见《朱子全书》第14册，第221页。
⑤ （宋）朱熹：《孟子集注》卷十三《尽心章句上》，见《朱子全书》第6册，第425页。
⑥ （宋）朱熹：《晦庵先生朱文公文集》卷五十八《答陈器之》，见《朱子全书》第23册，第2778页。
⑦ （宋）黎靖德编：《朱子语类》卷十四《大学一·经上》，见《朱子全书》第14册，第438页。
⑧ 杨儒宾先生说："如果我们比较朱子对'明德'与'道心'的理解，不难发现两者实乃同一指谓。"[杨儒宾：《〈大学〉与"全体大用"之学》，《杭州师范大学学报》（社会科学版）2012年第5期。]
⑨ （宋）黎靖德编：《朱子语类》卷五《性情心意等名义》，见《朱子全书》第14册，第219页。
⑩ （宋）黎靖德编：《朱子语类》卷五《性情心意等名义》，见《朱子全书》第14册，第224页。

第五章 余 论

为完整。朱熹说:"明德,是我得之于天,而方寸中光明底物事。统而言之,仁义礼智。以其发见而言之,如恻隐、羞恶之类;以其见于实用言之,如事亲、从兄是也。"① 从得之于天的角度讲,人人生而具有,本自光明澄澈,涵摄在心之方寸内,"明德"即天命之性;从性的发见而言,则为四端之情;从作用而言,则为应万事者;从总体的角度来讲,"明德"即"道心",是具足万理而应接事物的心之本体。正因为"明德"可以从多个角度来说,所以朱熹在回答学生"明德"是心还是性的问题时,多数时候不给予直接答案,而是强调"明德"的功能以及心性一体,令学生自己去体会。

虽然"明德"光明澄澈,但如果被气禀所限制,为人欲所障蔽,那么其明便不能照彻事物,性体情用的功能不能正常发挥作用,人在应事接物时则会有过或不及的现象发生。因此,"明明德"之工夫便是拔除障蔽,复现"明德",即朱熹所谓的"复其初"。"复其初"也就是回归到心之本体的状态。那么,"明明德"的工夫更须落实在心上作。② 这一点由朱熹所言"心是做功夫处"③ 直接点明。当学生问怎么"明明德",朱熹回答:"人皆有个明处,但为物欲所蔽,剔拨去了。只就明处渐明将去。然须致知、格物,方有进步处,识得本来是甚么物。"④ 一般说来,对"格物致知"的诠释体现了朱子哲学工夫论的主要思想。前章"格物新释"一节已对朱熹的格致工夫有所讨论,此处再赘言几句。人的心都有"知"的灵妙机能,即"具众理而应万事"。但在气禀的影响和人欲的遮蔽下,"知"受到限制,心无法完全发挥这一机能。为了将"知"推极致尽(知至),便须"即物而穷其理",也就是"格物"。因为"天下之物莫不有理",所以人在"穷至事物之理"的同时心也在恢复"具众理而应万事"的能力(致知)。格致工夫用力日久,终将"物之理"与"心之知"彻底贯通,人也达到了"物格而后知至"的效果与境界。以朱熹《格物致知补传》的话说,"物格"就是"众物之表里精粗无不到","知至"就是"吾心之全体大用无不明"。通过格物致知的工夫,拨除了气

---

① (宋)黎靖德编:《朱子语类》卷十四《大学一·经上》,见《朱子全书》第14册,第445页。
② 藤井伦明认为,朱熹所谓的工夫是在"未发之性"转换到"已发之情"这一过渡阶段、层次的行为,所以,工夫的领域确确实实是心。(参见[日]藤井伦明:《朱熹思想结构探索——以"理"为考察中心》,第167—175页。)
③ (宋)黎靖德编:《朱子语类》卷五《性情心意等名义》,见《朱子全书》第14册,第230页。
④ (宋)黎靖德编:《朱子语类》卷十四《大学一·经上》,见《朱子全书》第14册,第434页。

禀、人欲的拘蔽，复现了心的本来状态，实现了"明明德"。"吾心之全体大用无不明"便是"明德之全体大用无不明"。"全体大用"是从"明德""道心"的体用上来讲的。那"全体大用"具体何所指呢？朱熹说：

> 心之全体湛然虚明，万理具足，无一毫私欲之间；其流行该遍，贯乎动静，而妙用又无不在焉。故以其未发而全体者言之，则性也；以其已发而妙用者言之，则情也。①
> 天命之性，人受其全，则其心具乎仁义礼智之全体。②
> 此心具十分道理在，若只见得九分，亦不是全了。③

朱熹以心之体为性，心之用为情。"道心"中的性理乃是禀受于天理，仁义礼智俱全，万理具足，十分道理不差一毫，故而谓"道心"之体为"全体"；"道心"应接万事万物，妙用无穷，天命之性发而为情，已发之情无有不当，故而谓"道心"之用为"大用"。"全体大用"指心之本体的性体情用，这是朱子哲学中"全体大用"的基本意义。在此基础上，不分性情，从"道心"统体的功能上言，"全体"即"具众理"，"大用"即"应万事"。④此乃以朱熹对"明德"的解释来阐发。⑤在朱熹看来，"道心"虽然为一浑然的"虚体"，但其中道德准则俱全，并能发用为具体的道德实践。"明明德"的工夫，即是使心之体成为"全体"，使心之用成为"大用"。格、致、诚、正、修都是"明明德"的工夫，齐、治、平乃"新民"的工夫。

---

① （宋）黎靖德编：《朱子语类》卷五《性情心意等名义》，见《朱子全书》第 14 册，第 230 页。
② （宋）黎靖德编：《朱子语类》卷六十二《中庸一·第一章》，见《朱子全书》第 16 册，第 2020 页。
③ （宋）黎靖德编：《朱子语类》卷二十八《论语十·孟武伯问子路仁乎章》，见《朱子全书》第 15 册，第 1028 页。
④ 楠本正继在《全体大用的思想》一文中曾针对朱子学的"全体大用"指出："全体即指心之体虚而具众理，大用即指灵而应万事。"（转引自吴震《"心是做工夫处"——关于朱子"心论"的几个问题》，见吴震《宋代新儒学的精神世界：以朱子学为中心》，第 131 页。）楠本正继的弟子冈田武彦也曾："朱子不说'体'而说'全体'，认为心本来就是虚而具万理；不言'用'而言'大用'，认为心本来就是灵而应万事。"（［日］冈田武彦：《王阳明与明末儒学》，吴光、钱明、屠承先译，上海古籍出版社 2000 年版，第 18 页。）
⑤ 朱人求指出："在一般的意义上，'全体大用'指'明德'，指'心具众理而应万事'。"（朱人求：《朱子"全体大用"观及其发展演变》，《哲学研究》2015 年第 11 期。）中笔者认为，"全体大用"指"明德"的功能，而不是指"明德"，此处须分明。

当"吾心之全体大用无不明"后,自身之心回到了原初光明澄澈的本心,达至"内圣"之境。继而,此"明德"向外推衍,推己及人,助他人拔除气禀物欲的障蔽,以新其家、其国、其天下之民,成就"外王"之境。这便是朱熹的《大学》之道。

然而,此一理论存在着虚实接洽的难题。从"明德"的"全体大用"来看,无论"全体"还是"大用",都离不开心。"明明德"的工夫又是"明此心",须在心上做。而朱熹以"虚灵"形容心,心为一"虚体"。"虚体"之心又如何应接实事实物呢?当人的意识通过感官觉察到事物之后,会产生意念思虑或本能反应。如果只在心的层面应接事物,那便不能对事物有所行动,更不可能推己及人,甚至家、国、天下。意识若想落实在事物之上,必须通过身体的实践,即以身作为心与物的中介。而朱熹意图以"理"作为心与物的中介。"理遍在天地万物之间,而心则管之"①,万物皆有"理",心管摄"理"就能应接实事实物么?"理"虽在理学中被认定为一实体,但也只是虚构的形上本体,并非一实物。心之本体虽具性理和众理,但其用并不能落实到具体事物中。朱熹应该也意识到了这一问题,他说:"心既管之(笔者按:之指理),则其用实不外乎此心矣。然则理之体在物,而其用在心也。"②"全体大用"之"用"如果只能用在心之"虚体"上,那便是虚中玩弄光景,不存在变革世界的实用价值。

(二)颜元哲学中的全体大用

颜元虽然批判程朱理学,但其采纳了朱子哲学中"全体大用"的理念,并改造了其内容。颜元所关注的是如何改变世界、如何完善世界,而不是如何解释世界。颜元哲学中的"体"是实体,"用"是实用。"全实体""大实用"体现了颜元完善世界的哲学思路。总体来说,从天道到人道,人以肖天地,赋予了人成就理想人格的可能性,可谓"全其体";从人道到天道,人以孝天地,实现了人完善世界的人生价值,可谓"大其用"。

颜元取消了程朱理学中"理"的实体规定,将"理"从高高在上的形上

---

① (宋)黎靖德编:《朱子语类》卷十八《大学五·然则吾子之意亦可得而悉闻一段》,见《朱子全书》第14册,第628页。
② (宋)黎靖德编:《朱子语类》卷十八《大学五·然则吾子之意亦可得而悉闻一段》,见《朱子全书》第14册,第628页。

虚实之辨

世界拉回到现实世界，作为气的属性、条理、规律。他以气为唯一的实体，取实体的本原义，将气作为万物的本原。作为宇宙总体的"天道"分化为阴阳二气，阴阳流行而为四德，四德分合交感而生万物。颜元用二气四德的运动变化来说明气化生万物。不管阴阳还是四德，都是气的一种。气落实到具体的人与物上，凝结成形体，气之理随之赋予人与物以性。人与物的气质和性都是天道所赋予的，无论气质偏驳还是四德偏胜，气质与性都无有不善。这便为人人能够成就理想人格、实现"大用"提供了可能性。颜元认为，人与物的根本差异在于所禀四德之气的全或不全。正因为人禀受天道四德之气俱全，乃为万物之秀、万物之灵，所以这副灵秀的身体能够发挥出相比人之外他物更大的价值。如此规定人具有"全体大用"，便是强调人区别于他物的独特价值。其中"全"和"大"为形容词，意在强调体之全和用之大。具体来说，"全体"是指相对于他物，人禀得天地之全，在样貌和机体构成、行为与功能作用、道德和社会属性上与天地相肖，成就了一副灵粹秀全的身体；"大用"是指这副身体作用的开显至极，在社会实践中为天地创造价值。

在颜元哲学里，"全"和"大"还具有动词词性，"全体大用"即使体全和使用大，乃是实现人生价值、成就理想人格的工夫。颜元认为，理想人格的塑造表现为对天赋潜能的展开和对先天质性的顺导，即内在的质性之善外化为对社会和世界在价值意义上的广义之善。也就是说，人只要能依其天赋质性的情况，就其身份地位，尽职尽责，保全其善质善性，为完善世界贡献全部力量，实现自己在社会上的价值，便可成就理想人格。颜元希冀的理想人格更多的是要人在社会实践中发挥自己的作用，也就是创造社会价值。这便体现了其经世实学的内在要求。从具体工夫论上讲，保全天赋的人之气质与性，即保全身体及其功用，"全其体"也；自觉主动地将人的质性潜能全部挖掘出来，即发挥身体作用至极，"大其用"也。如果单单从人性的角度讲，"全体"的工夫可谓"复性"，也就是祛除恶染与遮蔽，使性体的作用正常发挥；"大用"的工夫可谓"尽性"，也就是尽力将天赋之性的潜能全部发用出来。由于颜元解释《大学》的"明德"为"仁、义、礼、智之德"[①]，也就是指性，那么，"复性"或"全体"的工夫则等同于《大学》的"明明德"之

---

① （清）颜元：《朱子语类评》，见《颜元集》，第276页。

第五章 余 论

功。颜元曾对"明明德"和"亲民"有所阐发：

> 只此仁义礼智之德，子臣弟友之行，《诗》《书》《礼》《乐》之文，以之修身则为明德，以之齐治则为亲民。①
>
> 修六德，行六行，习六艺，所以明也；布六德、六行、六艺于天下，所以亲也。②

颜元将《尚书》中的"三事""六府"、《周礼》中的"三物"和《论语》中的"四教"按照己意贯通为一，并扩展了其外延。他以"三物"囊括了一切对实现个人人生价值和促进社会和谐发展有益的事务，并强调要习行"三物"，身心内外要一致加功。习行"三物"的过程便是《大学》格、致、诚、正、修、齐、治、平"八条目"的渐次展开，也是经世宗旨的落实。以习行"三物"去修身就是"明明德"，以习行"三物"去齐家、治国、平天下就是"亲民"。颜元从成己和成物两方面分别解释《大学》的明、亲之功，"明明德"指向自身，"亲民"指向他人和他物。而上述"尽性"或"大用"工夫的目的是让人通过实践创造社会价值，这便等同于"亲民"之功。那么，颜元将"全体大用"的工夫与《大学》的"明明德""亲民"贯通一致，与修己治人联系了起来，也将内圣和外王统一了起来。

综观朱子哲学和颜元哲学中的"全体大用"，二者呈现出明显的虚实差异。朱子哲学中，"全体大用"的主语是心。"道心"中万理具足，"道心"之体为"全体"；"道心"应接万事万物，性发为情无有不当，"道心"之用为"大用"。由于心的"虚灵"性质、"心是做工夫处"等理论安排，"道心"之用确实不能直接与事物贯通，就存在着虚实接洽的难题。朱子哲学的"全体大用"整体上呈现出"虚"的偏向。颜元哲学中，"全体大用"的主语是人。"全体"主要指人的身体（身心一体），乃"实体"；"大用"是通过身体习行"三物"将实践效果落实到实事实物上，达到改变或完善世界的目的，乃"实用"。颜元哲学的"全体大用"整体上呈现出"实"的偏向。

---

① （清）颜元：《存学编》卷一《明亲》，见《颜元集》，第42页。
② （清）李塨、王源：《颜习斋先生年谱》，见《颜元集》，第772页。

二 儒家道统的虚实之辨

（一）道统、道统说与道统观

"道统"问题是宋明以来儒学研究的重要议题。何谓"道统"？今人关于"道统"的定义并不一致。① 若将"道"与"统"两字分别解释，"道统"之"道"，鲜有歧义，乃是区别于其他学派并凸显儒家宗旨性的思想、文化或学说；"道统"之"统"，通常被解为儒家之"道"的传承统绪、脉络、系统或谱系②，表现为一系列相关历史人物（传道圣贤）的历时性排列。"道"与"统"合而言之，应为一联合式（并列）复合词，"道统"即儒家宗旨性思想、文化或学说及其历时性人物传承谱系。若以偏正式复合词来理解"道统"一词，即"道"之"统"，那么，侧重言"统"，则强调了绵延的"统绪"这一面，忽视了相对来说更为关键的另一面——儒家之"道"，略有偏失。

学界曾普遍认为，"道统"一词首创于朱熹。据德国学者苏费翔（Christian Soffel）的相关研究，刻于唐代初期的一篇墓志铭中有"以文史自娱，著《道统》十卷，诚千古之名作"一句。此《道统》一书的具体内容已无法考订，但必属儒家之类。他还列举了朱熹之前宋代学者使用"道统"一词的情况，并推测朱熹使用"道统"一词，可能受到好友张栻的影响。③ 虽然朱熹并不是"道统"一词的首创者，也不是将"道统"一词应用于儒家传道思想上的第一人，但是这并不影响其对儒家道统说的贡献。朱熹不仅有《中庸章句序》这样集中体现其道统思想的文章，还有《伊洛渊源录》这样的传道系谱专著。历史地看，朱熹集前人道统观之大成，显明了"道统"一词背后的道统观念，使道统说成为儒家思想体系的重要部分，并对后世产生了深远的

---

① 潘志锋对"道统"的涵义进行了较为全面的梳理。参见潘志锋《近年来关于"道统"问题的研究综述》，《广西社会科学》2008年第11期。

② 赖区平总结了"道统"之"统"字的五种意思：（1）统、绪义同，本义为丝之端、首；（2）引申为凡物事之开端、首、端绪（统绪）；（3）又为事、业（事业、功业）；（4）又为条理、系统；（5）从历时性系统来看，又有谱系之意。其将朱熹所言的"道统"解为道之"统绪—事业"。（赖区平：《朱子的"道学—道统"论重探》，《中国哲学史》2016年第1期。）

③ ［德］苏费翔：《朱熹之前"道统"一词的用法》，见陈来、朱杰人主编《人文与价值：朱子学国际学术研讨会暨朱子诞辰880周年纪念会论文集》，第82—88页；［德］苏费翔：《宋人道统论——以朱熹为中心》，《厦门大学学报》（哲学社会科学版）2015年第1期。

第五章 余 论

影响。

在朱熹将道统观念显性化和普及化之前,以孔、孟为首的历代大儒已经具备了道统观念,但并未形成明确的道统说。通过分析《论语》《孟子》的文本,可从孔子、孟子的言行或文字中梳理出他们的道统观。孔子以仁与礼为儒家之道的核心内容,见夏、殷、周礼之相因和尧、舜、禹递相授受而确信道之统绪,并周游列国推行儒道,教导弟子传承儒道。孟子推崇仁道,坚信"五百年必有王者兴,其间必有名世者"(《孟子·公孙丑下》),历数上古三代"闻而知之"与"见而知之"的传道圣人,并力距杨、墨,以承继孔道自任。孔、孟虽有道统观念,但并未形成有关道统的理论学说(道统说)。道统观通过儒者零散的文字和日常的言行表现出来,又进一步显性化、学说化,以集中的、系统的文本来呈现。前者是以隐性知识形式存在的道统观,后者是作为显性知识的道统说。儒者普遍具有道统观,但并不一定转化成道统说。一般认为,唐代韩愈是道统说的正式创立者。韩愈忧心佛老思想对儒学的冲击,在《原道》一文中系统表述道统思想,回答了儒家之"道"为何以及谁能传道("统")这两个道统说的基本问题。他指出,儒家之道是与佛老之道相异的"仁义"之道,并且道统传承久远,明确提出了尧、舜、禹、汤、文、武、周公、孔子、孟轲的儒家传道谱系,并自比于孟子,表明自己是这一道统的继承人。但韩愈并未说明"道"是如何在儒家圣贤之间断代传续的。韩愈之后,诸儒虽有相关论说或道统观念,但影响力均不及昌黎之论,也未有框架性的突破。直至朱熹建构"十六字心传"的道统说,在解决何为"道"和谁传道("统")的基础上,阐明了"道"与"统"之间的联结方式,即如何传道,才使道统说进一步完善。而且只有在朱熹使用"道统"一词概括儒家传道思想之后,"道统"概念才广为人知,道统思想才蔚为大观。后儒基于朱熹道统说又多有补充和阐发,涌现了各种道统著述,如元代吴澄的《道统图》,明代黎温的《历代道学统宗渊源问对》、谢铎的《伊洛渊源续录》、王圻的《续文献通考·道统考》、周汝登的《圣学宗传》、魏显国的《儒林全传》,清代孙奇逢的《理学宗传》、熊赐履的《学统》、张伯行的《道统录》、万斯同的《儒林宗派》、费纬祹的《圣宗集要》等。

统观历代儒者的道统说,虽不尽相同、各有千秋,但均未能超出朱熹道统说的框架,即从"道"为何、"统"有谁、如何传道三个方面来理解道统。道统说的精神来源为道统观。对道统观进行结构和内容分析,可以把儒者的道统观归结为五个方面：所传之道、传承谱系、传道方式（即道统说的三个方面），以及卫道意识和弘道意识。

所传之道即儒者所理解和体悟的儒家宗旨性的思想理念，也是该儒者自身学说的核心观点。它既来源于孔、孟等古圣先贤的思想和儒家经典，又有儒者本人的发挥与创造。儒者坚信儒家道统源远流长，所传之道恒久不变，但究竟"道"为何，答案并不一致。所以不同儒者的道统观，其所传之道是可能存在差异的。

传承谱系乃是以所传之道为标准选取的一系列相关历史人物的历时性排列。这些人物有的与所传之道的具体内容没有直接联系。只是为了增加道统的历史性和可信力，如将上古三代的圣王贤臣等人人景仰的文化英雄作为道统的始端，包括伏羲、神农、黄帝、尧、舜、禹、汤、文、武、周公等。孔子作为儒家的至圣先师，孟子作为亚圣，一般是传承谱系中不可或缺的角色。还有一部分人物则与所传之道有直接的承继关系，乃是历史上践行所传之道的佼佼者；这些佼佼者与道统的建构者也许没有师承关系，但道统的建构者或从他们那里获得思想的洗礼，或认为他们的学说与行为极其符合所传之道的标准，因此，也将其列入传承谱系，以"名人效应"进一步增强道统的效力。

传道方式是用以解释"道"如何在传承谱系中的历史人物之间传续的。从观念上来说，"道统"是一个绵延不绝的连续体；从传承谱系上来看，它又可能是断裂的、不连续的，即前后历史人物并不在同一个时代，甚至相隔几百年。"道统"中存在连续性与断裂性的张力，正是由传道方式统一起来的。

卫道意识，即是维护正统的意识。道统的建构者往往将自己这一道统视为儒家正统，而把道、释、墨等家视为"异端"，把儒家内部与自己学说相左者视为非正统。对于"异端"，孔子"攻乎异端"，孟子"距杨、墨"，荀子"非十二子"，韩愈辟佛老，均反映了排斥儒家之外其他学说的强烈卫道情怀。孔子之后，原始儒学渐趋分化，韩非曾有"儒分为八"之说，再后孟、荀双峰并立，宋明则有理学、心学之争，儒家内部不同学者或学派都表现出对自身正统地位的卫护。

道统的建构者认为自己是当时儒家正统的继承人，传承和弘扬道统是自己义不容辞的历史使命。孔子被拘禁于匡地时说："天之未丧斯文也，匡人其如予何？"（《论语·子罕》）面对匡人的威胁，孔子坚信自己是天命的传道者。孟子隐然表示自己是五百年一遇的"名世者",若想平治天下,"当今之世,舍我其谁也?"(《孟子·公孙丑下》)当仁不让地担当儒家仁政的弘扬与推行责任。韩愈曾说:"韩愈之贤不及孟子,孟子不能救之于未亡之前,而韩愈乃欲全之于已坏之后。呜呼!其亦不量其力且见其身之危,莫之救以死也!虽然,使其道由愈而粗传,虽灭死万万无恨!"① 韩愈抱着以身殉道的决心,万死不辞地弘扬儒家圣人之道,努力使其传承下去。这些都是弘道意识的反映。

以上就是道统观五个面向的基本内涵。五个方面中,所传之道是核心部分,传承谱系和传道方式是关键结构,卫道与弘道意识是必备内容。对于每个具体儒者,其道统观都可用这五个方面加以具体分析。

(二) 所传之道的虚实之辨

颜元虽无道统说,但有强烈的道统意识,分析文本可梳理出其道统观。因颜元学术思想的表达多针对程朱理学而发,故而其道统观与理学大家朱熹的道统观差异明显。二人道统观的对比能反映出他们哲学上的心身与虚实之辨。下面分别从上述道统观的几个方面进行比较。

首先,依所传之道而言。朱熹在《中庸章句序》中明确指出"道统"中的所传之道为《论语·尧曰》中尧授舜的"允执厥中",更为完整的论述是《尚书·大禹谟》中舜授禹的"十六字心传":"人心惟危,道心惟微,惟精惟一,允执厥中。"朱熹重视"十六字心传",早在1162年上《壬午应诏封事》时就已提到,且在1185年给陈亮的回信《答陈同甫》(八)中指明"十六字心传"是尧、舜、禹相传之密旨。对于这十六字,朱熹认为关键在于道心与人心之别,道心"发于义理之公",人心"生于形气之私",惟有精于省察二者,一以道心为主,才能执守无过不及之中道。朱熹又将道心、人心之别解释为天理、人欲之辨。他说:"圣贤千言万语,只要人不失其本心。"②"圣贤千言万语,只是教人明天理,灭人欲。"③"然此又非有两心也,只是义理与人欲之辨尔。"④ 本心即道心。因此,更精确地说,朱熹所传的"道"便

---

① (唐)韩愈:《韩昌黎文集校注》,马其昶校注,马茂元整理,上海古籍出版社1986年版,第215页。
② (宋)黎靖德编:《朱子语类》卷十二《学六》,见《朱子全书》第14册,第358页。
③ (宋)黎靖德编:《朱子语类》卷十二《学六》,见《朱子全书》第14册,第358页。
④ (宋)黎靖德编:《朱子语类》卷六十二《中庸一》,见《朱子全书》第16册,第2015页。

是道心或者天理。不过,在朱子哲学中,道心又不能简单地等同于天理。先说天理。天理在朱子哲学中指的是"所当然而不容已"和"所以然而不可易"①,即应然与必然,具体表现为社会准则和自然规律。再来说道心。"性即理"的观点是朱熹哲学最突出的标识。"心统性情"是朱熹关于心、性、情三者关系的重要主张。性与情是体与用、未发与已发的关系,心则是统括性、情的总体性范畴。按此来说,因为情的存在,所以"心即理"是不成立的。但是,道心既是心之本体(本来状态),又是心的理想状态,"具万理而应万事者也"②。若道心为主、人心听命,"不使人心得以杂乎道心","不使天理得以流于人欲"③,即道心支配个人的一切思想和行为,那么,"道心"贯通已发未发、动静之间,时时兼括性情、主宰性情,这便是"心与理一"④的境界,"心与性,似一而二,似二而一"⑤。如此一来,道心既可指心中性理,也可指心之本体。故而,朱熹道统论中所传之道,从主体角度可谓"具万理而应万事"的道心,从客体角度可谓作为应然与必然的天理。当然,道心与天理的转换也是朱熹借"四书""六经"等经典阐释其理学思想的结果。

颜元道统观中的所传之道为何呢?颜元说:

> 道即尧、舜三事、周、孔三物,《大学》括为"明亲",孔子统为"博文约礼"者是也。⑥

> 三事、六府,尧、舜之道也;六德、六行、六艺,周、孔之学也。古者师以是教,弟子以是学;居以养德,出以辅政,朝廷以取士,百官以举职。六经之文,记此簿籍耳。⑦

> 唐、虞之世,学治俱在六府、三事,外六府、三事而别有学术,便是异端。周、孔之时,学治只有个三物,外三物而别有学术,便是

---

① (宋)朱熹:《大学或问下》,见《朱子全书》第6册,第528页。
② (宋)朱熹:《孟子集注》卷十三《尽心章句上》,见《朱子全书》第6册,第425页。
③ (宋)朱熹:《晦庵先生朱文公文集》卷三十六《答陈同甫》,见《朱子全书》第21册,第1586页。
④ (宋)黎靖德编:《朱子语类》卷五《性情心意等名义》,见《朱子全书》第14册,第219页。
⑤ (宋)黎靖德编:《朱子语类》卷五《性情心意等名义》,见《朱子全书》第14册,第224页。
⑥ (清)颜元:《四书正误》卷六《初寄王法乾书》,见《颜元集》,第233页。
⑦ (清)颜元:《习斋记余》卷一《删补三字书序》,见《颜元集》,第401页。

第五章 余 论

外道。①

总括来说，颜元认为所传之道就是"三事""六府"或"三物"，也可以说是《大学》中的"明明德"和"亲民"或《论语》中的"博文约礼"。前章中"三事三物"一节已述，颜元将《尚书》中的"三事""六府"、《周礼》中的"三物"、《论语》中"博文约礼"和《大学》的"明亲"按照己意贯通为一，拓展了原典中这些概念的意涵，以"三事""三物"代指认识自己与认识世界、变革自己与变革世界（即成己与成物）的一切现实活动及其结果。

由上可知，朱熹道统观中的道心或天理与颜元道统观中的"三事""三物"形成鲜明对照。朱熹用虚灵②形容道心，表明了道心的精神性、抽象性。道心并不是现实之物。天理表示普遍存在原理的范畴，具有"无形迹""无所适而不在"的超时空特征和"无情意，无计度，无造作"的超意志特征，乃虚构的形上本体。而"三事""三物"，是人的具体所作，关乎现实世界与形下之域。无论在经济、政治、教育、科技、文化、军事、外交等各个领域的活动中，还是在生活世界的日用常行里，"三事""三物"均贯穿其中，展开为不同的方面。颜元认为，儒家道统传继的并不是虚无缥缈的道心或天理，而是真真切切的成己与成物的实事。故而，从所传之道看，朱熹道统观与颜元道统观便有了形上与形下、虚与实之别。

（三）传道谱系的虚实之辨

其次，从传道谱系对比。在《中庸章句序》中，朱熹追溯"道"之源流。道统之传，始于上古圣王唐尧、虞舜、夏禹递相授受，之后由圣君商汤、周文王、周武王和贤臣皋陶、伊尹、傅说、周公、召公接继，春秋战国时期孔子、颜子、曾子、子思、孟子上承先王之道，直至宋代程颢、程颐兄弟再度续统。但朱熹在《大学章句序》中所述的传道谱系与《中庸章句序》中存在差异。其在尧、舜之前增加了伏羲、神农、黄帝三位圣皇。在《中庸章句序》，道统始自尧舜的根据来源于传统经学"断自尧典"的观念，因而，朱熹

---

① （清）钟錂：《颜习斋先生言行录》卷下《世情第十七》，见《颜元集》，第685页。
② 《朱子语类》卷五《性情心意等名义》："虚灵自是心之本体，……若心之虚灵，何尝有物！"见《朱子全书》第14册，第221页。

虚实之辨

还特别指出"其见于经"四字。至于道统肇端于伏羲、神农、黄帝，则与朱熹以易学为中心的思想结构有关。① 朱熹认识到《周易》在其理学建构中的重要性，根据《易传·系辞下》的记载，自然将伏羲等三人补充到传道谱系之中。朱熹又向下扩展传道谱系，梳理了理学道统。一是编撰了《伊洛渊源录》，将周敦颐、二程、张载及其师友、弟子等人物排成理学谱系，采编他们的行状、墓志铭、遗事等传记资料；二是与吕祖谦编纂了《近思录》，选辑了周敦颐、二程、张载的著述和语录，按照理学的思想体系编排，确立其理学道统论。综而观之，朱熹道统论中的传承谱系为：伏羲、神农、黄帝→（君）尧、舜、禹、汤、文、武/（臣）皋陶、伊尹、傅说、周公、召公→孔子、颜子、曾子、子思、孟子→周敦颐、程颢、程颐、张载。孔子之前，不管是伏羲至文、武等圣君，还是皋陶至召公等辅佐圣君的贤臣，均为有位者，同时也承担着教化万民的职责，他们集道统、治统（治理之统绪）与教统（教化之统绪）于一身。孔子之时，礼坏乐崩。朱熹之所以称孔子之功贤于尧舜，就在于孔子虽有德无位，但其继往开来，通过挺立教统来重振了道统。这一行动又引发了治统与教统的分离。之后，道统之绪不在君相，而在孔子至二程的儒门士人君子身上。

颜元在《驳朱子分年试经史子集议》一文中曾提及其所认为的道统传承谱系：

> 昔唐、虞之治天下也，三事、六府而已，……禹、启、汤、文相率而修之、和之，未之有改也。至周武王光有天下，周公相之，创制显庸，以新天下之耳目，而用其身心，于是"以三物教万民而宾兴之"，使天下皆毕力于此以成学，天下皆共力于此以成俗，曰六德，曰六行，曰六艺。……周公之修其身，齐其家者，不外乎此，治其国，平其天下，至于化行俗美，比户可封，泰和宇宙，皆不外乎此也。
>
> 至东迁而王室卑，列国分，天下乱。凌夷至于春秋，名分之荡然，乱贼之接迹，秦、楚僭而诸侯弱，可谓极矣。孔子曰：是惟德不正之故，是惟用不利、生不厚之故，于是身帅三千，惟三物是修，而速肖者七十，

---

① 参见丁四新《张力与融合——朱子道统说的形成与发展》，《中州学刊》2019年第2期；陈赟：《朱熹与中国思想的道统论问题》，《齐鲁学刊》2012第2期。

第五章 余 论

已见诸其身、其家矣。不得位,无以推之天下,是以周游也;卒不得位,是以六十余而始删述也。删述三事、三物之已然者,毋亡其谱,使后世无迷其尧、舜、禹、汤以来共由之达道而已。①

颜元认为,道统始自唐尧、虞舜,其"三事"之道相继被大禹、夏启、商汤、周文王以身作则、率先垂范,至周武为君、周公为相之时,"道"之形式为之一新而成"三物"。春秋乱世,孔子不得君相之位,无法推明大道于天下,不得已而删述"六经"以传道。此外,颜元在《寄桐乡钱生晓城》一信中也提及了传道圣贤:

如禹之终身司空,弃之终身后稷,皋之止专刑,契之止专教,而已皆成其圣矣;如仲之专优治赋,冉之专优足民,公西之专优礼乐,而亦各成其贤矣;更不必分心力读一书,著一说,斯为真儒之学,而苍生被泽矣。②

大禹任司空一职,掌管水利、营建之事;姬弃任后稷一职,掌管种植、农业之事;皋陶为理官,专心于刑法之事;子契为司徒,专心于教育之事。孔门弟子仲由擅长政事,冉求擅长理财,公西华擅长礼乐。这些古圣先贤并没有著书立说、专务文字,而是倾力于实现人生价值、创造社会价值的实事实务。故而,他们成为颜元认可的传道者。至于孔子之后的继道人物,颜元言:

道不可以言传也,言传者有先于言者也,颜、曾守此不失。子思时,异端将盛,或亦逆知天地气薄,自此将不生孔子其人,势必失性、学、治本旨,不得已而作《中庸》,直指性天,已近太泻。故孟子承之,教人必以规矩,引而不发,断不为拙工改废绳墨。《离娄》"方员"、"深造"诸章,尤于先王成法致意焉。③

----

① (清)颜元:《习斋记余》卷九《驳朱子分年试经史子集议》,见《颜元集》,第564页。
② (清)颜元:《习斋记余》卷三《寄桐乡钱生晓城》,见《颜元集》,第441页。
③ (清)颜元:《存学编》卷一《由道》,见《颜元集》,第56页。

虚实之辨

依据上文，可按照时间顺序暂列出颜元所持之从上古至先秦的儒家传道谱系：唐尧、虞舜、大禹、皋陶、姬弃、子契、夏启、商汤、周文王、周武王、周公、孔子、颜子、曾子、子思、孟子。

先秦以后，以章句训诂、集撰注疏为继道之业的汉儒、宋儒，不再持守"三事""三物"之道，重虚文轻实事，因此，颜元将其排除在传道谱系之外。至于能够接续道统的人物，颜元提到最多的是北宋胡瑗和明代韩邦奇两人，其次是北宋张载和明末清初陆世仪。他说：

"不可入尧、舜之道"乎？吾人苟欲勉于此二语，非宋之胡文昭、明之韩苑洛，其孰与归！①

惟安定胡先生，独知救弊之道在实学不在空言，其主教太学也，立经义、治事斋，可谓深契孔子之心矣。②

胡文昭颇得孔子之心，横渠次之，明儒则韩苑洛先生近之。③

宋儒中止许胡安定、张横渠为有孔门之百一；今儒止许太仓陆道威为有孔门之百一，自陆氏辞世，未闻其人也。④

胡瑗，世称安定先生，被追谥"文昭"，首创分斋教学的制度，设立"经义""治事"二斋，既重儒家经典义理的学习，又重成己与成物实践技能的培养。韩邦奇，字汝节，号苑洛，文理兼备，对于经、子、史及天文、地理、乐律、术数、兵法之书，无不通究。至于张载，并不是因其对理学的贡献而被颜元所尊崇，乃是因为他主张"学贵有用""经世致用""笃行践履"，反对空知不行、学而不用，志行三代之治道。陆世仪，字道威，号刚斋，晚号桴亭，志存经世，学问广博，学教以六艺为本，天文地理、礼乐农桑、河渠贡赋、战阵刑法无所不通。胡瑗、张载、韩邦奇、陆世仪四位先儒的共同点在于注重经世致用之学。这与颜元推崇的周、孔"三事""三物"之道是一致的。统而言之，颜元道统观中的传承谱系大致为：唐尧、虞舜、大禹、皋陶、姬弃、子契、夏启、商汤、周文王、周武王、周公→孔子、颜子、曾子、

---

① （清）颜元：《习斋记余》卷九《夫子志乱而治之滞而起之》，见《颜元集》，第557页。
② （清）颜元：《存学编》卷三《性理评》，见《颜元集》，第75页。
③ （清）颜元：《习斋记余》卷六《阅张氏王学质疑评》，见《颜元集》，第489页。
④ （清）颜元：《习斋记余》卷三《寄关中李复元处士》，见《颜元集》，第435页。

子思、孟子→胡瑗、张载、韩邦奇、陆世仪。

对比朱熹与颜元二人道统观的传道谱系，主要区别在于头尾两部分。一是朱熹基于对《周易》的重视，融合了《易传·系辞》中的说法，在尧之前上加了伏羲、神农、黄帝三皇。而颜元还是依据《尚书》，以唐尧开道统之始。二是对于道统至孔子而发生裂变，颜元与朱熹有同样的看法："万世道统至孔子而局变，以其未得邦家而为君相。"[1] 他们对于先秦之时"孔、颜、曾、思、孟"的传承顺序也无异议。不过对于秦火之后的传道者，二人依据所认定的"道"、学术立场与个人喜好，挑选了不同的儒者。朱熹按照其建构理学所需的理论来源，以周、二程、张四位理学家接续道统；颜元则推出了胡、张、韩、陆四位经世致用、以"事"为学的儒者。虽然两条谱系中均有张载，但选取标准截然不同。一者看重其思辨之学，另一者看重其致用之学。两条谱系之间也蕴含着重"文"与重"事"、重"思"与重"行"的差异。

（四）传道方式的虚实之辨

再次，从传道方式看。儒家道统的传续方式可分为四种：以文传道、以事传道、以心传道和以身传道。[2] 简单地说，以文传道就是以著述文章、编撰典籍、注释经典的方式传道；以事传道就是以成己成物之事业、事功传道；以心传道就是以觉悟之心、本体之心、道德之心传道；以身传道就是用身体、行为、生命传道。一位儒者并不是只用一种方式传道，而是多种方式并用，但有主次轻重之别。下面分述朱熹与颜元道统观中传道方式的异同。

从以文传道看。朱熹直言"吾道之所寄不越乎言语文字之间"[3]，一生著述其多，注"四书"、释"五经"以明道传道，堪称以文传道的典范。而且，朱熹哲学中格物穷理（即求道）的主要途径之一是"求之文字之中"[4]，即研读书籍。可见，在朱熹这里，文字是道的载体，对文字的读注撰疏等是传道的方式之一。

颜元固然承认文以载道，认为经典所记载的是"穷理之文"和"处事之

---

[1] （清）颜元：《习斋记余》卷六《阅张氏王学质疑评》，见《颜元集》，第489页。
[2] 李承贵：《儒学传道的四种方式及其当代启示》，《福建论坛》（人文社会科学版）2011年第3期。
[3] （宋）朱熹：《中庸章句序》，见《朱子全书》第6册，第30页。
[4] （宋）朱熹：《大学或问》，见《朱子全书》第6册，第527页。

道"①，但是文字只是载体，而不是道。著述文章、编撰典籍、注释经典只是将载道的文字予以变化，而其中蕴含的道却不变，徒增种种新的书册而已。并且，颜元以为，求道的方式是习行成己与成物之事，而书只是"三事""三物"之谱②，那么，读书只能获得对于"三事""三物"及相关内容的认知，"徒读"并不能导致习行"三事""三物"，达不到求道或得道的目的。道不可得又何以传道。因此，在颜元这里，文字可以作为道的载体，但对以文传道的方式并不支持。

从以事传道看。朱熹在书院教育的推广、《朱子家礼》的实践以及政治实践中，可以说意图将理学之道从自身扩充到家、国、天下。不过统观朱熹思想，以事业、事功、功业传道，并不是其首选的方式，甚至有时成为他批驳的对象。这从朱熹将"正其谊不谋其利，明其道不计其功"列入《白鹿洞书院揭示》之中作为处事之要可见一斑。而颜元极其重视以事传道。上文已述，颜元道统观中所传之道是"三事""三物"，即成己与成物的一切活动。那么，传道方式就只能是习行"三事""三物"，行实行、干实事、作实务，成就功业以经世济民。

从以心传道看。朱熹以天理或道心为所传之道，道不可泯灭，必然得以后传。但传承谱系中的历史人物之间"相望有或数百年者，非得口传耳授，密相付属也"③。由于传承谱系的断裂性，传道圣人之间传道的方式并不是当面托付、口耳相传，而是"神会而心得"④，即理学家所谓的"心传"。可见，以心传道是朱熹所认可的首要传道方式。而颜元并没有论及以心传道。

从以身传道看。孔子为实现理想明知不可而为之，周游列国，颠沛流离；孟子为推行仁政，舌辩群贤，游说诸国。孔、孟都是"以身传道"的实践者。颜元在《季秋祭孔子文》中，认为学习孔子之道，就是学习孔子一生的实践实行："以身范万世，则学夫子之身者即学尧、舜、文、武者也。"⑤他进而批评汉宋诸儒，虚文为学或静敬顿悟，心上工夫多，而身上工

---

① （清）颜元：《存学编》卷三《性理评》，见《颜元集》，第75页。
② 《四书正误》卷四："诗、书亦只是三物之谱。"见《颜元集》，第213页。
③ （宋）朱熹：《晦庵先生朱文公文集》卷七十三《读余隐之尊孟辩·李公常语上》，见《朱子全书》第24册，第3525页。
④ （宋）朱熹：《孟子集注》卷十四《尽心章句下》，见《朱子全书》第6册，第459页。
⑤ （清）颜元：《习斋记余》卷七《季秋祭孔子文》，见《颜元集》，第522页。

夫少，舍弃了孔子以身实行的经世之学和以身传道的方式。况且，实践成己与成物之活动，都需要身体的作为和行动。因而，以身传道成为颜元首肯的传道方式。

综而言之，朱熹重视以心传道和以文传道的方式，而颜元却着意以身传道和以事传道的方式。传道方式中朱熹与颜元的心、身差异和文、事差异，正是源于二人道统观中所传之道的根本区别。

在卫道与弘道意识方面，朱熹与颜元在卫护和弘扬儒道的根本目的上是一致的，至于二人的卫道与弘道意识所表现出来的具体态度和行为则有些许不同，并不是他们道统观的主要区别。在此不宜赘述。

道统作为儒者主观建构的观念性存在，并不是一个亘古长存的客观事物。其构建的目的，主要是儒者确立自身的正统地位。因此，儒家内部不同派别、不同学者之间，其道统观可能存在着多多少少的差异。道统观的内容可分为所传之道、传承谱系、传道方式、卫道意识和弘道意识五个方面。不同道统观之间的区别可从这五个方面加以辨析。作为理学与反理学两大阵营的代表，朱熹与颜元的哲学思想可谓针锋相对。二人的道统观中，所传之道有虚理与实事之别，传承谱系的历史人物选取标准上有思辨与致用之分，传道方式上有以心传道、以文传道与以身传道、以事传道之异。这些道统观上的差异正反映出朱熹与颜元在哲学思想上的虚实之辨。

三 虚实之辨的立场溯源

哲学来源于生活。哲学发展史表明，历史上任何哲学理论和观念的创新，都是对人类在生存和生活中所面临的现实问题的反思与回应。不同的哲学理论和观念，实质上是不同哲学家所把握问题、所处立场等的真实反映。朱子哲学与颜元哲学虽都归于儒学，但它们之间之所以存在虚实之辨，就在于朱熹和颜元所把握的主要问题、所处的立场存在着较大的差异。

朱熹生于南宋建炎四年（1130年），正逢金兵南下、中原沦陷的危急时刻。他的童年是在国难家艰、困顿流离中度过的。[①] 这段苦难经历，对朱熹至

[①] 关于朱熹的童年经历，详见束景南《朱子大传："性"的救赎之路》，复旦大学出版社2016年版，第20—28页。

死不渝的济世救民情怀有着重要影响。在其独特的生命境遇和思考方式下，朱熹认为实现济世救民政治理想的关键在于"格君心之非"。

绍兴三十二年（1162年），被新君赵昚大力更张和主战派得势激起一腔抗金热血的朱熹应诏上了长篇封事①，提出了三条刻不容缓的治国之策。其中第一条便是"帝王之学不可以不熟讲"。他说：

> 是以古者圣帝明王之学，必将格物致知以极夫事物之变，使事物之过乎前者，义理所存，纤微毕照，瞭然乎心目之间，不容毫发之隐，则自然意诚心正，而所以应天下之务者，若数一二、辨黑白矣。苟惟不学，与学焉而不主乎此，则内外本末颠倒缪戾，虽有聪明睿智之资、孝友恭俭之德，而智不足以明善，识不足以穷理，终亦无补乎天下之治乱矣。然则人君之学与不学、所学之正与不正，在乎方寸之间，而天下国家之治不治，见乎彼者如此其大，所系岂浅浅哉！《易》所谓"差之毫厘，缪以千里"，此类之谓也。②

朱熹认为，国家之治乱全系于皇帝一心之间，所以皇帝"是否学""学什么"至关重要。

朱熹告诫赵昚，"圣帝明王之学"不是佛老之学，而是秉承自尧、舜、禹"十六字心传"的儒学，也就是朱熹所主张的"致知格物""正心诚意"的道学。

乾道六年（1170年），朱熹在给张栻的信中直白地表述了其"正君心"的政治思考：

> 熹常谓天下万事有大根本，而每事之中又各有要切处。所谓大根本者，固无出于人主之心术，而所谓要切处者，则必大本既立，然后可推而见也。如论任贤相、杜私门，则立政之要也；择良吏、轻赋役，则养民之要也。公选将帅，不由近习，则治军之要也。乐闻警戒，不喜导谀，

---

① 封事即密封的奏章。
② （宋）朱熹：《晦庵先生朱文公文集》卷十一《壬午应诏封事》，见《朱子全书》第20册，第572页。

第五章 余 论

则听言用人之要也。推此数端，余皆可见。然未有大本不立而可以与此者，此古之欲平天下者所以汲汲于正心诚意以立其本也。①

立政、养民、治军、听言用人等紧要急切的政治问题的解决，关键在于"人主之心术"这一"大根本"。故而，朱熹将正心诚意的最关键对象指向皇帝。只有"人主之心术"归于正，具体的政治问题才能得到有效处理。

其后，朱熹在淳熙七年（1180年）的《庚子应诏封事》中再次重申正人主之心术以立纲纪、"治天下当以正心诚意为本"②。在淳熙十五年（1188年）的《戊申封事》中，朱熹进一步指出：

> 臣之辄以陛下之心为天下之大本者，何也？天下之事千变万化，其端无穷而无一不本于人主之心者，此自然之理也。故人主之心正，则天下之事无一不出于正；人主之心不正，则天下之事无一得由于正。③

正如余英时先生所言："皇帝所拥有的是最后的权源。任何带有根本性质的变法或改制都必须从这个权力的源头处发动。所以皇帝个人的意志是一个决定性的力量。"④ 就宋代的历史情境而言，中央集权制度下的皇帝具有至高无上的权威，对国家治理中的各项事务具有根源性的影响。皇帝自身的道德品质、情感欲望、心智素养等"人主之心"构成了影响天下事务最根本又最不稳定的因素。因此，朱熹认为，若想实现儒家"外王"的政治理想，就要采取"借君行道"的迂回方式，必须用道学来培养皇帝的大公至正之心和日理万机之能。至于负责教导皇帝的"帝王师"，肯定是在思想学术上传承道统的儒家学者。儒家学者同时也是治国平天下的担当者，也就是国家的从政者及备选人。他们直接参与国家治理，并在潜移默化中对皇帝的决策施加影响。

---

① （宋）朱熹：《晦庵先生朱文公文集》卷二十五《答张敬夫》，见《朱子全书》第21册，第1112页。
② （宋）朱熹：《晦庵先生朱文公文集》卷十一《庚子应诏封事》，见《朱子全书》第20册，第588页。
③ （宋）朱熹：《晦庵先生朱文公文集》卷十一《戊申封事》，见《朱子全书》第20册，第590—591页。
④ 余英时：《朱熹的历史世界：宋代士大夫政治文化的研究》，生活·读书·新知三联书店2011年版，第231页。

事由人做，人由心定。如果这些对天下事务具有决定性影响的主政者和从政者（特别是作为主政者的皇帝）都是道德修养和思想识见皆优之人，甚至成就"内圣"，那么他们在治国理政中所行之原则和政策自然合宜，从而达到治国平天下的"外王"理想。站在这一立场上，将"格君心之非"作为重点思考问题的朱熹，自然将"心"的工夫和修养作为其哲学理论的重心。

与朱熹有相似的心路历程，童年时期由明清鼎革的动乱引发的种种苦难经历，使颜元产生了强烈的救世热忱与经世情怀。但与朱熹不同的是，颜元既非出身于书香门第、官宦之家或名门望族，也没有在耆宿大贤、硕学鸿儒门下聆听教诲。他未入仕途，依靠教书育人、耕田种地、行医治病等来维持生计。他一生中大多在保定府周边活动，仅有关外寻父和南游中州两次时间不长的远游，接触的人大多是基层官兵、民间学者、宗族弟子和普通百姓。"权力的源头"距离他的生活还很遥远，他看到的是普罗大众的生活里"人人禅子，家家虚文"①的情景。因此，即使同是为了国治和天下平，但是他不可能和朱熹从同一角度去思考，而是站在基层知识分子的立场去审视这一社会和历史问题。杨国荣先生说过："历史的画卷，总是通过历史人物的引领和不同层面人们的参与共同完成。在这里，个体（历史人物）所作之'事'与人们共同参与之'事'彼此合流，融入同一历史过程。"②虽然中央朝廷在国家治理中占据关键的决策地位，但是皇帝或朝政大员所主持的各种事务，离不开更广意义上人们的共同参与。特别是决策的落实，必须由更多的人在广泛的实践中将观念转化为实际的治理效果。不具备实践能力和不展开实际行动，任何决策都是一纸空谈。颜元注意到了在天下各种事务中，不同层次的人担负不同的责任和发挥不同的作用。因此，颜元以指代成己与成物过程中各项实践活动的习行"事""物"作为其哲学理论的重心。

以上只是就朱熹与颜元由于问题、立场的差异导致二人哲学观点产生虚实对比的原因作一简要分析。诚然，原因不止于此。如二人所处时代的学术背景也与虚实之辨有密切关系。朱熹哲学是在儒家与佛道二家争夺文化主导权的进程中建构当时儒家"心性之学"的集大成者。而颜元哲学是在明末清初的实学思潮中诞生的。

---

① （清）李塨、王源：《颜习斋先生年谱》，见《颜元集》，第774页。
② 杨国荣：《人与世界：以"事"观之》，生活·读书·新知三联书店2021年版，第207页。

不过，笔者指出朱熹哲学与颜元哲学之间的虚实之辨，并非表示二者之中有高低对错之分，只是就颜元的致思取向和哲学史的发展脉络梳理出这一史实而已。

四　颜元哲学的总体评价

（一）实践的回归

相对于佛老之学，儒学的特质在于实践性。儒学的开创者孔子一生致力于社会秩序的重建，极少谈及性、天道与鬼神，只注重现世和人事。孟子虽谈及性、天，但其全部学说都是为了解决安民治国的现实问题。而且孔、孟二人积极入世，游历各国，以求施政，他们以自身所行开显儒学的实践精神。唐宋时期，为应对佛道二教的挑战，儒学借鉴、吸收佛老思想，建构了一套思辨的理论。宋明理学并非将体认"天理"作为为学的终极目的，也不只开展单纯的思辨活动，而是意图在自我道德完善的基础上开展社会政治实践。但由于理学的工夫更多地被安置在心之上，而不是落实在实事实物上，致使理学的实践性被削弱。深陷理学思想的儒者在内心上所作的工夫，并不能恰如地转化成解决实际事务的能力。改变世界对他们来说更多地停留在理论构想和书册文章之中。于是，在现实生活中，这些儒者只能被动地接受外界环境的变动，等待命运的安排。当国破家亡时，自赎式的自戕成了他们精神修养的最好体现。相对而言，上古三代的儒家圣人都是现世的实践者。圣人的价值在于对他人、环境、社会和世界的实际贡献。因此，如何经世济民、改变世界成为颜元关注的主要问题。他在二十四岁时所作的《王道论》（后更名为《存治编》）便是以治国理政的具体内容对这一问题的回应。不过，当他经过十年的理学沉浸并反身而出之后，他的问题意识迫使他去考察并修正理学实践价值弱化的哲学基础。针对程朱理学以"理"为形上本体，在逻辑上二分形上与形下世界的致思取向，颜元取消了"理"的实体规定，将"理"从高高在上的形上世界拉回到现实世界，作为气的属性、条理、规律。颜元哲学突出了气的价值，以气为唯一的实体，并作为宇宙的本原。他通过二气四德化生万物的生成论来给予万物先天的规定。气落实到具体的人与物上，凝结成形体，气之理随之赋予人与物以性。气质与性皆是天之所命，无有不善。

相对于物而言，人禀受天道四德之气俱全，乃为万物之秀、万物之灵，所以这副灵秀的身体能够发挥出相比人之外的他物更大的价值。从天道到人道，人被塑造了一副灵秀的身体，这就是全体。从人道到天道，这副身体必须将作用开显至极，在社会实践中为世界创造价值，这便是大用。按照全体大用的思路，人生价值的实现或者说理想人格的塑造表现为对天赋潜能的展开和对先天质性的顺导，即内在的质性之善外化为对社会对世界的价值意义上的广义之善。也就是说，人要产生推动世界完善的力量才有价值。只有实体性的气质之身体与现实事物相互作用以后，实际价值才能被创造出来，世界才能有所改变。没有身体作为中介，人的精神力量在现世掀不起丝毫波澜。故而，实践性理想人格的成就在于对人之"全体"潜能的开掘和作用的发挥，而不只是精神境界的提升。那么，颜元关注的主要问题进一步细化为：如何将个人修行的工夫转化为改变世界的力量。世界包罗万千，人的实践也各式各样。颜元将修行工夫的对象概括为"事"或"物"，以此囊括一切完善世界的有益因素。成就理想人格的过程，便是实践这些"事""物"。而且，颜元对实践的复杂性也有清晰的认识。完美的实践过程并不是一蹴而就的，而是经过反复的练习甚至是多年的锻炼后，才能够精通某一种实践技能。这便是他将修行工夫概括为"习行"的原因。人经由"习行事物"而成为变革世界的一分子。杜维明先生在讨论颜元时曾说："做某些事意味着对事物的既存秩序产生一种影响。不论这个影响有多小，它却产生一有用的差异。每个人可经由'做某些事'，经由积极涉入世界的事务之中，而对此世界施展一些影响。当这类行动累积充分，世界的方向就注定要改变。人的真正价值在于他有能力改造世界，使之趋于完善。"[1]"习行事物"的实践，既可以实现人的生存价值，又可以达到完善世界的目的。颜元尊先圣而抑后儒，走出理学藩篱，再次凸显了儒学的实践特质。

（二）价值与局限

宋明理学作为宋元明时代占主导地位的儒学形态，既有其存在价值，也有其历史局限。颜元哲学亦然。

从理气论和心性论来看，理学家关于理气和心性的阐释虽然基于对自然

---

[1] 杜维明：《颜元：从内在体验到实践的具体性》，见杜维明《仁与修身：儒家思想论集》，第247页。

第五章 余 论

的观察和自身的感受，但仍免不了只是理论的构造和思辨的产物。必须说明的是，对理气和心性的讨论并非为思辨而思辨，其更深层的目的是为人道寻找天道的根据，为成人理论确立心性的根基。但是，随着社会历史的发展和人类思想的演进，在理学的论域中，理与气、心与性、性与情等的讨论很难再开出新的思维方向。最明显的例证就是，"蕺山之后，在心性论造诣上无有过蕺山者，其所首创的微密幽深刚刻严毅的证人之学也随着蕺山之道德涅槃而成为空谷绝响。其弟子中在学术史上名望最著者如黄梨洲、陈乾初（确），对其师心性之学再无发展之热情，成绩远不如蕺山"[1]。颜元虽然对理气心性的理论思辨兴趣不大甚至持反对的态度，但是其在与程朱理学的对话中，又不得不采用理学的话语方式，仍就天道与人道、心性与工夫着墨颇多。另外，颜元注意到后天之"习"对于人为善为恶的关键性作用，不过，他却未能进一步形成"习性"的概念，更遑论如王夫之"性日生日成说"[2]一样的睿见。

从成人目标来看，宋明理学将"立德"[3]作为理想人格成就的充分必要条件和最高层次。道德教化几乎成为教育的全部内容。"成德固然重要，但不是人生价值的全部内涵。现实社会中的人是一切社会关系的总和。在主客体关系中，人是实践主体和认识主体；在政治经济关系中，人是权利和义务主体；在人伦关系中，人才是道德主体。"[4]若将道德价值放在高于一切的地位，把人塑造成为单向度的道德主体，那就限制了人的全面发展，也压抑了人的个性。颜元注意到了个体的独特性、人的社会分工以及个体在复杂的社会关系中承担着多重角色，因此，他贯彻孔子"因材施教"的理念，不再将理想人格的标准囿于道德之域。颜元不是放弃对人的道德要求，只是将道德标准作为评判是否成人的一个指标，而不是全部。人只要能依其天赋质性、志愿、才力和生命境遇，在某一领域或某一方面充分实现自身价值，就是理想人格

---

[1] 李振纲：《证人之境：刘宗周哲学的宗旨》，第168页。
[2] 王夫之在《尚书引义》卷三《太甲二》中说："习与性成者，习成而性与成也。……夫性者生理也，日生则日成也。"[（明）王夫之：《船山全书》第二册，岳麓书社1988年版，第299页。]
[3] 《左传·襄公二十四年》："太上有立德，其次有立功，其次有立言。"孔颖达正义："立德，谓创制垂法，博施济众，圣德立于上代，惠泽被于无穷，故服以伏羲、神农，杜以黄帝、尧、舜当之，言如此之类，乃是立德也。"[（周）左丘明传，（晋）杜预注，（唐）孔颖达正义：《春秋左传正义》卷第三十五，见《十三经注疏》整理委员会《十三经注疏·春秋左传正义》，北京大学出版社1999年版，第1003页。]孔颖达所言"立德"乃是作为上古三代圣王才达到的成就。笔者仅以"立德"指代仁人君子达到道德无瑕之境。
[4] 李振纲：《证人之境：刘宗周哲学的宗旨》，第165页。

的达成。故而，成人目标有通儒，也有专才。不过，可能是颜元对实效性的过分注重和对扭转学术局面的急迫心情，导致他反对艺术教育、鄙弃艺术人才，将"诗、文、字、画"作为"乾坤四蠹"①，表现了其极端性的一面。

从工夫理论来看，宋明理学一般以"复性"为宗旨，通过内心的修养工夫完成道德的净化和精神境界的提升。践习理学工夫的儒者，一方面逐渐具备了敏锐的道德意识和洒落的心境情怀，另一方面养成了喜静厌动的习惯，缺乏各种实践技能，长于德而弱于事。诚如胡适所言："虽然也有自命兼济天下的道德，然而终苦于无法下手，无力实行，只好仍旧回到个人的身心上用工夫，做那向内的修养。越向内做工夫，越看不见外面的现实世界；越在那不可捉摸的心性上玩把戏，越没有能力应付外面的实际问题。即如中国八百年的理学工夫居然看不见二万万妇女缠足的惨无人道！明心见性，何补于人道的苦痛困穷！坐禅主敬，不过造成许多'四体不勤，五谷不分'的废物！"② 早在胡适发表此言论的二百多年前，颜元不仅指明了问题，还用习行"事""物"来替代理学内向的工夫。习行"事""物"即全力以赴地开展一切有益于"成己"与"成物"的实践活动。人在处理实际"事""物"的过程中，各方面能力得到提升，在实现人生价值的同时，将世界向美好愿景推进。不过，现实中的实践活动形式多样、种类繁多，何为有益、何为无益，先做哪个、后做哪个，大多数时候需要在行动之前对于行动的步骤、规范和效果有较为明确的认知，并不是什么事情都要茫然地上手操弄一番以试错。朱熹以格物致知来达成对工夫进路的引导和实践盲目性的克服。③ 颜元虽然认识到了"学"在这方面所起到的作用④，但是他过于强调"习行"，而对作为"习行"前提的"学"未能给予足够关注，以至于被后人误解，甚至被扣上"反智识"⑤、"反知识"⑥ 的帽子。

---

① （清）李塨、王源：《颜习斋先生年谱》，见《颜元集》，第766页。
② 胡适：《我们对于西洋近代文明的态度》，见《胡适全集》第3卷，安徽教育出版社2003年版，第9页。
③ 江求流从工夫进路的指引与实践盲目性的克服两个方面展开了对格物致知问题的分析，详见江求流《朱子哲学的结构与义理》，第176—204页。
④ 颜元以看"路程本"比喻读书，以实际走路到目的地比喻习行。看"路程本"对于如何到达目的地起到导航的作用，读书（学）对于习行起到指引的作用。
⑤ 余英时：《清代思想史的一个新解释》，见余英时《中国思想传统的现代诠释》，第167—168页。
⑥ 韦政通：《中国思想史》，第1005—1006页。

第五章 余 论

回望历史，颜元哲学的诞生，实与颜元所处的时代环境、面临的社会问题息息相关，也与颜元的个人特质不可分离。随着清朝政局的稳定及文化高压政策的实施，以经世致用、变革世界为本质特征的颜元哲学失去了生存发展空间，一度销声匿迹。但到了晚清、民国之时，社会动荡，内外交困，时代背景似与明清鼎革之际相仿，因缘际会之下，颜元哲学又重新彰明，引起了广泛深远的影响。时移境迁，乱世不存，在如今的太平盛世，颜元哲学是否能够"精神转生"、实现当代价值呢？所谓颜元哲学的当代价值，指的是它在解决时代问题、化解人类当前所面临的冲突和危机、构建未来文明基础的现实实践中所能发挥的作用。以此而观，笔者认为颜元哲学中有两点值得我们借鉴和讨论。

第一，"人肖天地"和"人孝天地"的人与自然和谐共生的思想。生态危机是由于人类盲目和过度地改造、利用自然而造成的生态环境严重破坏，使人类的生存和发展受到威胁的现象。生态危机是当今中国面临的重大问题。举国上下正在加大力度推进生态文明建设、解决生态环境问题。从宏观上说，问题的关键在于如何处理好人与自然的关系。颜元以自然为父母，以人为自然之子。人生成于天地自然之间，也始终无法逃离于天地自然之外。自然既是生命的最初起源，也是生命的最终归宿，还是生命在生存展开过程中与之时时相伴、息息相关的环境。生命只有在自然的滋养下才能存在。故而，人的生存本质不是凌驾于自然之上，不是肆意地改造自然，而是在天地大化流行之中保持人与自然的和谐共生。颜元认为，人作为"天地之肖子"，乃是得之于天地，获得了自然父母的滋养；人作为"天地之孝子"，乃是馈之于天地，还必须透过后天实践，维护自然父母的大生命。人与自然相谐相融、和谐共生，这才是天地的长久之道，也是人的生命的意义。

第二，人人通过社会实践以"尽性"的成人命题。当今中国正面对着波谲云诡的国际形势和艰巨繁重的国内改革发展稳定任务，如何实现中华民族伟大复兴中国梦是时代给予我们的课题。正如习近平总书记所强调的，只有汇聚起亿万人民的智慧和力量，通过艰辛的奋斗，将既定的行动纲领、战略决策、工作部署变为现实，才能进行伟大斗争、建设伟大工程、推进伟大事业、实现伟大梦想。颜元认为，人应该通过习行"事""物"的实践尽力将天赋潜能转化为现实价值。具体来说，人只要依其自身情况，就其身份地位，素位而行，笃行日新，履行自己承担的责任和义务，发挥自己在社会中的作用，那就实现了人生价值并创造了社会价值。颜元之意，就是通过汇聚每个人的实践力量，将我们生存的世界改变得更加美好。颜元哲学甚或说儒学的终极目标，不在于理论的构建，而在于愿景世界的实现。理论或学说的提出，只是完成了人的观念世界的改造，只有落实于实践，才能推进现实世界的改变。而且，人类群体宏伟目标的实现有赖于群体中每个个体的力量。涓滴之水终汇成海。每个人为成人或"尽性"所开展的实践活动，都是为实现群体目标所作的贡献。成己（成就理想人格）与成物（成就理想世界）正是在变革世界的实践中得到统一。颜元的这一思想与中国梦的科学内涵是一致的。习近平总书记指出："中国梦就是要让每个人获得发展自我和奉献社会的机会，共同享有人生出彩的机会，共同享有梦想成真的机会，共同享有同祖国和时代一起成长与进步的机会。只要每个人都把人生理想融入国家和民族的伟大梦想之中，把小我融入大我，敢于有梦、勇于追梦、勤于圆梦，就会汇聚起实现中国梦的强大力量。"[①] 中国梦的实现，需要全体中国人的实践与奋斗，依赖于每一个中国人最大限度地将自己的潜力与价值发挥出来。在这一进程中，正如颜元强调要作"转世人"、不作"世转人"一样，必须充分调动人们的主观能动性，让每一个人积极主动地参与到社会改革、世界改进之中（转世），而非单纯被动地为社会所改造（世转）。

[①] 中共中央宣传部编：《习近平新时代中国特色社会主义学习纲要》，学习出版社、人民出版社2019年版，第54页。

参考文献

文献类

（汉）董仲舒：《春秋繁露》，中华书局 1975 年版。

（汉）刘安：《淮南子译注》，陈广忠译注，上海古籍出版社 2017 年版。

（汉）司马迁：《史记》，中华书局 1959 年版。

（汉）班固：《汉书》，中华书局 1962 年版。

（晋）郭象注、（唐）成玄英疏：《庄子注疏》，曹础基、黄兰发点校，中华书局 2011 年版。

（唐）韩愈：《韩昌黎文集校注》，马其昶校注，上海古籍出版社 1986 年版。

（唐）宗密：《华严原人论校释》，石峻、董群校释，中华书局 2019 年版。

（宋）周敦颐：《周敦颐集》，梁绍辉、徐荪铭点校，岳麓书社 2007 年版。

（宋）张载：《张载集》，章锡琛点校，中华书局 1978 年版。

（宋）程颢、（宋）程颐：《二程集》，王孝鱼点校，中华书局 1981 年版。

（宋）朱熹：《朱子全书》，朱杰人、严佐之、刘永翔主编，上海古籍出版社、安徽教育出版社 2010 年版。

（宋）陆九渊：《陆九渊集》，钟哲点校，中华书局 1980 年版。

（宋）陈亮：《陈亮集》，邓广铭点校，中华书局 1987 年版。

（宋）陈淳：《北溪字义》，熊国祯、高流水点校，中华书局 1983 年版。

（宋）陈淳：《北溪先生大全文集》，线装书局 2004 年版。

（明）薛瑄：《薛瑄全集》，孙玄常、李元庆、周庆义等点校，三晋出版社 2013 年版。

（明）罗钦顺：《困知记》，阎韬点校，中华书局 1990 年版。

（明）王守仁：《王阳明全集》，上海古籍出版社 2011 年版。

（明）王廷相：《王廷相集》，王孝鱼点校，中华书局 1989 年版。

（明）刘宗周：《刘宗周全集》，浙江古籍出版社 2007 年版。

（明）朱之瑜：《朱舜水集》，中华书局 1981 年版。

（清）黄宗羲：《黄宗羲全集》，浙江古籍出版社 2012 年版。

（清）张志聪集注：《黄帝内经集注》，方春阳点校，浙江古籍出版社 2002 年版。

（清）顾炎武：《日知录集释》，黄汝成集释，上海古籍出版社 2006 年版。

（清）王夫之：《船山全书》，岳麓书社 1988 年版。

（清）李颙：《二曲集》，陈俊民点校，中华书局 1996 年版。

（清）颜元：《颜元集》，王星贤、张芥尘、郭征点校，中华书局 1987 年版。

（清）张廷玉等：《明史》，中华书局 2000 年版。

（清）冯辰、（清）刘调赞：《李塨年谱》，陈祖武点校，中华书局 1988 年版。

（清）赵翼：《廿二史札记校正》，中华书局 1984 年版。

（清）章学诚：《文史通义》，上海书店 1988 年版。

（清）焦循：《孟子正义》，沈文倬点校，中华书局 1987 年版。

（清）戴望：《颜氏学记》，中华书局 1958 年版。

徐世昌主编：《颜李丛书》，四存学会铅印本。

北京四存学会：《四存月刊》，广陵书社 2014 年版。

程树德：《论语集释》，程俊英、蒋见元点校，中华书局 1990 年版。

《清实录》，中华书局 1985 年版。

《十三经注疏》整理委员会：《十三经注疏》，北京大学出版社 1999 年版。

陈山榜、邓子平主编：《颜李学派文库》，河北教育出版社 2009 年版。

[日] 安居香山、[日] 中村璋八辑：《纬书集成》，河北人民出版社 1994 年版。

著作类

蔡璧名：《身体与自然——以〈黄帝内经素问〉为中心论古代思想传统中的身体观》，台湾大学出版委员会 1997 年版。

蔡方鹿、张怀承、岑贤安等：《中国哲学范畴精粹丛书——气》，中国人民大学出版社 1990 年版。

蔡方鹿：《宋明理学心性论》，巴蜀书社 2009 年版。

岑贤安、徐苏铭、蔡方鹿等：《中国哲学范畴精粹丛书——性》，中国人民大学出版社 1996 年版。

陈登原：《颜习斋哲学思想述》，东方出版中心 1989 年版。

陈鼓应：《管子四篇诠释》，中华书局 2015 年版。

陈来：《朱子哲学研究》，华东师范大学出版社 2000 年版。

陈来：《诠释与重建：王船山的哲学精神》，生活·读书·新知三联书店 2010 年版。

陈来：《中国近世思想史研究》，生活·读书·新知三联书店 2010 年版。

陈来：《宋明理学》，生活·读书·新知三联书店 2011 年版。

陈来：《有无之境——王阳明哲学的精神》，北京大学出版社 2013 年版。

陈来：《仁学本体论》，生活·读书·新知三联书店 2014 年版。

陈来、朱杰人主编：《人文与价值——朱子学国际学术研讨会暨朱子诞辰 880 周年纪念会论文集》，华东师范大学出版社 2010 年版。

陈群：《明清之际〈大学〉诠释研究》，科学出版社 2017 年版。

陈山榜：《颜元评传》，人民教育出版社 2004 年版。

陈祖武：《清代学术源流》，北京师范大学出版社 2012 年版。

程潮：《儒家内圣外王之道通论》，湖南人民出版社 2005 年版。

程志华：《困境与转型——黄宗羲哲学文本的一种解读》，人民出版社 2005 年版。

存萃学社编集：《颜李学派研究丛编》，大东图书公司 1978 年版。

丁为祥：《虚气相即——张载哲学体系及其定位》，人民出版社 2000 年版。

杜维明：《仁与修身：儒家思想论集》，生活·读书·新知三联书店 2013 年版。

方东美：《中国哲学之精神及其发展》，匡钊译，中州古籍出版社 2009 年版。

方旭东：《尊德性与道问学：吴澄哲学思想研究》，广西师范大学出版社 2015 年版。

冯天瑜、黄长义：《晚清经世实学》，上海社会科学院出版社 2002 年版。

冯友兰：《中国哲学史》，华东师范大学出版社 2000 年版。

冯友兰：《三松堂全集》，河南人民出版社 2000 年版。

傅济锋：《习行经济——建基于"气质性善论"的习斋哲学研究》，华龄出版社 2007 年版。

高海波：《慎独与诚意：刘蕺山哲学思想研究》，生活·读书·新知三联书店

2016年版。

高青莲：《解释的转向与儒学重建——颜李学派对四书的解读》，广东人民出版社2011年版。

郭霭春：《颜习斋学谱》，商务印书馆1957年版。

郭晓东：《识仁与定性——工夫论视域下的程明道哲学研究》，复旦大学出版社2006年版。

侯外庐：《近代中国思想学说史》，生活书店1947年版。

侯外庐：《中国思想通史》，人民出版社1956年版。

胡建明：《宗密思想综合研究》，中国人民大学出版社2013年版。

黄勇：《道德铜律与仁的可能性》，上海交通大学出版社2018年版。

嵇文甫：《晚明思想史论》，东方出版社1996年版。

江求流：《朱子哲学的结构与义理》，中国社会科学出版社2020年版。

姜广辉：《颜李学派》，中国社会科学出版社1987年版。

姜广辉：《走出理学——清代思想发展的内在理路》，辽宁教育出版社1997年版。

姜国柱、朱葵菊：《中国人性论史》，河南人民出版社1997年版。

赖永海：《佛学与儒学》，中国人民大学出版社2017年版。

李贵荣：《颜习斋先生思想研究》，汉家出版社1991年版。

李亚彬：《道德哲学之维——孟子荀子人性论比较研究》，人民出版社2007年版。

李泽厚：《历史本体论·己卯五说》，生活·读书·新知三联书店2008年版。

李振纲：《证人之境：刘宗周哲学的宗旨》，人民出版社2000年版。

李铮、姚本先主编：《心理学新论》，高等教育出版2001年版。

梁启超：《清代学术概论》，上海古籍出版社1998年版。

梁启超：《中国近三百年学术史》，岳麓书社2009年版。

梁绍辉：《周敦颐评传》，南京大学出版社1994年版。

梁涛：《儒家道统说新探》，华东师范大学出版社2013年版。

林存阳：《清初三礼学》，社会科学文献出版社2002年版。

罗国杰主编：《伦理学》，人民出版社1989年版。

马序：《颜元哲学思想研究》，兰州大学出版社1991年版。

蒙培元：《理学范畴系统》，人民出版社1989年版。

蒙培元：《理学的演变：从朱熹到王夫之戴震》，方志出版社 2007 年版。

庞万里：《二程哲学体系》，北京航空航天大学出版社 1992 年版。

钱穆：《中国近三百年学术史》，商务印书馆 1997 年版。

束景南：《朱子大传："性"的救赎之路》，复旦大学出版社 2016 年版。

宋志明：《薪尽火传：宋志明中国古代哲学讲稿》，北京师范大学出版社 2010 年版。

宋志明：《中国古代哲学研究方法新探》，中国人民大学出版社 2015 年版。

王春阳：《颜李学的形成与传播研究》，齐鲁书社 2009 年版。

王汎森：《晚明清初思想十论》，复旦大学出版社 2004 年版。

王国良：《明清时期儒学核心价值的转换》，安徽大学出版社 2002 年版。

王海明：《伦理学原理》，北京大学出版社 2009 年版。

王坚：《无声的北方：清代夏峰北学研究》，商务印书馆 2018 年版。

王健：《在现实真实与价值真实之间——朱熹思想研究》，华东师范大学出版社 2007 年版。

王茂、蒋国保、余秉颐等：《清代哲学》，安徽人民出版社 1992 年版。

王庆节：《道德感动与儒家示范伦理学》，北京大学出版社 2016 年版。

王学斌：《颜李学的近代境遇》，商务印书馆 2017 年版。

汪学群：《明代遗民思想研究》，中国社会科学出版社 2012 年版。

魏义霞：《理学与启蒙——宋元明清道德哲学研究》，商务印书馆 2009 年版。

韦政通：《中国思想史》，吉林出版集团有限责任公司 2009 年版。

伍晓明：《"天命：之谓性！"：片读〈中庸〉》，北京大学出版社 2009 年版。

吴雅思：《颜李学派伦理思想研究》，中国人民大学出版社 2014 年版。

吴震：《朱子思想再读》，生活·读书·新知三联书店 2018 年版。

吴震主编：《宋代新儒学的精神世界：以朱子学为中心》，华东师范大学出版社 2009 年版。

熊十力：《体用论》，上海书店出版社 2009 年版。

徐波：《由湍水之喻到幽暗意识：理学视域下的人性善恶论新探》，上海三联书店 2019 年版。

徐洪兴：《思想的转型——理学发生过程研究》，上海人民出版社 2016 年版。

徐复观：《中国人性论史·先秦篇》，上海三联书店 2001 年版。

徐荪铭、蔡方鹿、张怀承等：《中国哲学范畴精粹丛书——理》，中国人民大学出版社1991年版。

杨国荣：《孟子的哲学思想》，华东师范大学出版社2009年版。

杨国荣：《善的历程：儒家价值体系研究》，华东师范大学出版社2009年版。

杨国荣：《心学之思：王阳明哲学的阐释》，中国人民大学出版社2009年版。

杨国荣：《成己与成物：意义世界的生成》，人民出版社2010年版。

杨国荣：《人类行动与实践智慧》，生活·读书·新知三联书店2013年版。

杨国荣：《王学通论：从王阳明到熊十力》，华东师范大学出版社2017年版。

杨国荣：《人与世界：以"事"观之》，生活·读书·新知三联书店2021年版。

杨立华：《气本与神化：张载哲学论述》，北京大学出版社2008年版。

杨立华：《宋明理学十五讲》，北京大学出版社2015年版。

杨培之：《颜习斋与李恕谷》，湖北人民出版社1956年版。

杨庆堃：《中国社会中的宗教：宗教的现代社会功能及其历史因素之研究》，范丽珠译，上海人民出版社2006年版。

杨儒宾：《儒家身体观》，台湾研究院中国文哲研究所筹备处1999年版。

杨儒宾：《从〈五经〉到〈新五经〉》，上海古籍出版社2019年版。

杨儒宾：《异议的意义：近世东亚的反理学思潮》，上海古籍出版社2019年版。

杨瑞松：《追寻终极的真实——颜元的生平与思想》，花木兰文化出版社2011年版。

杨泽波：《孟子评传》，南京大学出版社1998年版。

杨柱才：《道学宗主——周敦颐哲学思想研究》，人民出版社2004年版。

姚春鹏：《元气论：自然国学的哲学与方法论基石》，海天出版社2016年版。

余英时：《论戴震与章学诚：清代中期学术思想史研究》，生活·读书·新知三联书店2000年版。

余英时：《中国思想传统的现代诠释》，江苏人民出版社2003年版。

余英时：《朱熹的历史世界：宋代士大夫政治文化的研究》，生活·读书·新知三联书店2011年版。

曾振宇：《中国气论哲学研究》，山东大学出版社2001年版。

张传开、汪传发：《义利之间——中国传统文化中的义利观之演变》，南京大学出版社1997年版。

张岱年：《中国哲学大纲》，中国社会科学出版社1994年版。

张怀承、岑贤安、徐荪铭等：《中国哲学范畴精粹丛书——心》，中国人民大学出版社1993年版。

张立文：《中国哲学逻辑结构论——中国文化哲学发微》，中国社会科学出版社1989年版。

张立文：《朱熹评传》，南京大学出版社1998年版。

张立文、岑贤安、徐荪铭等：《中国哲学范畴精粹丛书——道》，中国人民大学出版社1989年版。

张奇伟：《亚圣精蕴：孟子哲学真谛》，人民出版社1997年版。

章太炎、刘师培：《中国近三百年学术史论》，上海古籍出版社2019年版。

张西堂：《颜习斋学谱》，张铭洽整理，明文书局1994年版。

张学智：《明代哲学史》，中国人民大学出版社2012年版。

张再林：《作为身体哲学的中国古代哲学》，中国社会科学出版社2008年版。

张志伟：《西方哲学十五讲》，北京大学出版社2004年版。

赵园：《明清之际士大夫研究》，北京大学出版社2014年版。

郑臣：《内圣外王之道：实践哲学视域内的二程》，上海人民出版社2014年版。

郑世兴：《颜习斋和杜威哲学及教育思想的研究比较》，中央文物供应社1984年版。

周与沉：《身体：思想与修行——以中国经典为中心的跨文化观照》，中国社会科学出版社2005年版。

朱义禄：《颜元　李塨评传》，南京大学出版社2006年版。

［美］安德鲁·斯特拉桑：《身体思想》，王业伟、赵国新译，春风文艺出版社1999年版。

［美］安靖如：《圣境——宋明理学的当代意义》，吴万伟译，中国社会科学出版社2017年版。

［美］安乐哲：《儒家角色伦理学：一套特色伦理学词汇》，孟巍隆译，山东人民出版社2017年版。

［美］保罗·布卢姆：《善恶之源》，青涂译，浙江人民出版社2015年版。

［法］笛卡尔：《哲学原理》，关文运译，商务印书馆1958年版。

［日］冈田武彦：《王阳明与明末儒学》，吴光、钱明、屠承先译，上海古籍

出版社 2000 年版。

［美］葛艾儒：《张载的思想（1020—1077）》，罗立刚译，上海古籍出版社 2010 年版。

［日］沟口雄三：《中国前近代思想的屈折与展开》，龚颖译，生活·读书·新知三联书店 2011 年版。

［日］沟口雄三：《中国的思维世界》，刁榴、牟坚译，生活·读书·新知三联书店 2014 年版。

［英］柯林武德：《历史的观念》，何兆武、张文杰译，商务印书馆 1997 年版。

［日］藤井伦明：《朱熹思想结构探索——以"理"为考察中心》，台湾大学出版中心 2011 年版。

［英］托马斯·里德：《论人的行动能力》，丁三东译，浙江大学出版社 2011 年版。

［美］西恩·贝洛克：《具身认知：身体如何影响思维和行为》，李盼译，机械工业出版社 2016 年版。

［英］西蒙·巴伦-科恩：《恶的科学：论共情与残酷行为的起源》，高天羽译，广西师范大学出版社 2018 年版。

［日］小野泽精一、［日］福永光司、［日］山井涌：《气的思想：中国自然观与人的观念的发展》，李庆译，上海人民出版社 2014 年版。

Thomas Tabery, *Selbstkultivierung und Weltgestaltung: Die praxiologische Philosophie des Yan Yuan*, Wiesbaden: Harrassowitz Verlag, 2009.

论文类

陈居渊：《略论晚清学术界的尊颜与反颜之争》，《河北学刊》1997 年第 1 期。

陈来：《元明理学的"去实体化"转向及其理论后果——重回"哲学史"诠释的一个例子》，《中国文化研究》2003 年第 2 期。

陈来：《朱子思想中的四德论》，《哲学研究》2011 年第 1 期。

陈来：《朱子四德说续论》，《中华文史论丛》2011 年第 4 期。

陈来：《中国哲学中的"实体"与"道体"》，《北京大学学报》（哲学社会科学版）2015 年第 3 期。

陈卫平：《儒学传统的当代价值如何可能》，《上海师范大学学报》（哲学社会科学版）2006 年第 6 期。

陈赟：《朱熹与中国思想的道统论问题》，《齐鲁学刊》2012 年第 2 期。
戴琪、朱明：《从朱丹溪君火与相火的关系论中医心理调节机制》，《北京中医药大学学报》2002 年第 2 期。
邓广铭：《朱陈论辨中陈亮王霸义利观的确解》，《北京大学学报》（哲学社会科学版）1990 年第 2 期。
丁纪：《〈大学〉在〈四书〉序列中的位置》，《四川大学学报》（哲学社会科学版）2014 年第 1 期。
丁四新：《张力与融合——朱子道统说的形成与发展》，《中州学刊》2019 年第 2 期。
方朝晖：《论"本体"的三种含义及其现代混淆》，《哲学研究》2020 年第 9 期。
冯彪：《颜元气论思想研究》，博士学位论文，复旦大学，2013 年。
冯耀明：《张载是气一元论者还是理气二元论者》，《思想与文化》2016 年第 2 期。
傅济锋：《"辩学"——颜元哲学思想体系内在理路的开端》，《河海大学学报》（哲学社会科学版）2007 年第 2 期。
高海波：《宋明理学从二元论到一元论的转变——以理气论、人性论为例》，《哲学动态》2015 年第 12 期。
何植靖：《试评颜元对程朱人性论的批判》，《南昌大学学报》（人文社会科学版）1986 年第 1 期。
姜广辉：《颜李学派的功利论及其历史地位》，《中国社会科学》1984 年第 5 期。
赖区平：《朱子的"道学—道统"论重探》，《中国哲学史》2016 年第 1 期。
赖玉芹：《晚明清初豪杰人格的渐次形成》，《中华文化论坛》2016 年第 2 期。
李承贵：《儒学传道的四种方式及其当代启示》，《福建论坛》（人文社会科学版）2011 年第 3 期。
李道湘：《论颜元宇宙论的实质——兼论其宇宙论与人性论、认识论的关系》，《兰州大学学报》1987 年第 3 期。
李伟波：《经世向度下的原典回归——以颜元的四书解释为中心》，《中州学刊》2011 年第 6 期。
李伟波：《清初实学家颜元的义利新解》，《中共宁波市委党校学报》2007 年第 4 期。

李伟波：《颜元的豪杰人格及其现代意义》，《河北大学学报》（哲学社会科学版）2004 年第 5 期。

李宪堂：《也论儒学的现代价值》，《天府新论》2017 年第 1 期。

李瑄：《豪杰：明遗民群体的人格理想》，《浙江学刊》2007 年第 5 期。

李滢婷：《颜元学术思想研究》，硕士学位论文，台湾大学，2001 年。

林乐昌：《张载理观探微——兼论朱熹理气观与张载虚气观的关系问题》，《哲学研究》2005 年第 8 期。

刘元青：《颜元论"恶"的来源及其意义》，《中国哲学史》2015 年第 2 期。

卢育三：《从"体用兼全"看颜元的哲学体系》，《天津师大学报》（社会科学版）1988 年第 2 期。

卢子震：《颜元思想辨析》，《河北学刊》1987 年第 1 期。

钮福铭：《颜元性论中的辩证法思维》，《社会科学》1986 年第 2 期。

潘志锋：《近年来关于"道统"问题的研究综述》，《广西社会科学》2008 年第 11 期。

盛邦和：《论颜元的新价值观》，《河北学刊》1997 年第 2 期。

田勤耘：《试论颜元的圣人观及其历史意义》，《江西社会科学》2014 年第 12 期。

王东杰：《血脉与学脉：从颜元的人伦困境看他的学术思想——一个心理史学的尝试》，《华东师范大学学报（哲学社会科学版）》2018 年第 5 期。

王棋：《反理学视野下颜元的道艺思想》，《西南大学学报》（社会科学版）2008 年第 2 期。

王硕：《"明德"与"明明德"辨义——以〈朱子语类〉为中心》，《中国哲学史》2012 年第 1 期。

王向清、谢红：《"习行"与"践履"——颜元对宋明理学空谈之风的反思》，《湖南第一师范学院学报》2013 年第 1 期。

王向清、谢红：《颜元对朱子"明天理，灭人欲"命题的反思》，《湖南社会科学》2013 年第 4 期。

王兴国：《〈孟子·"知言养气"〉章义解——兼论孟子与告子的不动心之道》，《深圳大学学报》（人文社会科学版）2012 年第 5 期。

魏义霞：《习行之实与讲读之虚——颜元读书观透视》，《文化学刊》2013 年第 1 期。

魏义霞：《"以实药其空"：颜元哲学的创建机制及其对理学的批判》，《中国哲学史》2007 年第 2 期。

吴冬梅、庆跃先：《从孟子到朱子"以水喻性"的嬗变》，《社会科学战线》2015 年第 6 期。

吴雅思：《颜元人性论的理论渊源、内涵及贡献》，《兰州学刊》2014 年第 9 期。

向世陵：《中国哲学的"本体"概念与"本体论"》，《哲学研究》2010 年第 9 期。

解成：《试论颜元思想的理学性质》，《晋阳学刊》1986 年第 6 期。

邢靖懿：《中国传统义利观与颜元的功利之学》，《河北学刊》2007 年第 3 期。

徐波：《以"水喻"之解读看儒家性善论的多种面向》，《学术月刊》2017 年第 10 期。

颜炳罡：《返本开新与儒学再造——论颜元的习行哲学及其历史命运》，《山东大学学报》（哲学社会科学版）2012 年第 3 期。

杨国荣：《从孔子看儒家的人格学说》，《天津社会科学》1992 年第 1 期。

杨国荣：《理学与儒家人格学说的衍化》，《中国哲学史》1992 年第 1 期。

杨国荣：《人格之境与成人之道——从孟子看儒家人格学说》，《南京社会科学》1994 年第 6 期。

杨国荣：《儒家的人格学说》，《华东师范大学学报》（哲学社会科学版）1998 年第 1 期。

杨国荣：《儒家视阈中的人格理想》，《道德与文明》2012 年第 5 期。

杨海文：《"仁且智"与孟子的理想人格论》，《孔子研究》2000 年第 4 期。

杨华：《"弃虚蹈实"：试论颜元的孟学研究》，《历史教学问题》2010 年第 3 期。

杨儒宾：《〈大学〉与"全体大用"之学》，《杭州师范大学学报》（社会科学版）2012 年第 5 期。

叶缅华：《颜元"四存论"的思想探究》，硕士学位论文，辅仁大学，2014 年。

曾振宇：《同中有异：陈淳对朱熹思想的继承与发明》，《哲学研究》2018 年第 6 期。

张浩：《王阳明、颜元思想之异同——以"格物"说为考察中心》，《南方论丛》2014年第5期。

张江：《前见是不是立场》，《学术月刊》2016年第11期。

张武：《论颜李学派的思想特征及其形成》，《哲学研究》1987年第4期。

张循：《"颜元"的诞生——清初学者颜元思想激变过程的重建与诠释》，《中山大学学报》（社会科学版）2019年第5期。

张艳婉：《儒家身心观研究》，博士学位论文，湖南师范大学，2012年。

章秋官：《颜习斋的唯心哲学及其实干主义》，《行健》1940年第9期。

赵宗正：《论颜元的认识论》，《哲学研究》1979年第8期。

郑开：《中国哲学语境中的本体论与形而上学》，《哲学研究》2018年第1期。

郑台燮、黄景旭：《颜元的礼论》，《中华文化论坛》1999年第4期。

郑泽绵：《从朱熹的"诚意"难题到王阳明的"知行合一"——重构从理学到心学的哲学史叙事》，《哲学动态》2021年第2期。

朱人求：《朱子"全体大用"观及其发展演变》，《哲学研究》2015年第11期。

朱永新：《颜元心理学思想初探》，《锦州师院学报》（哲学社会科学版）1984年第4期。

［美］曼斯菲尔德·弗里曼：《颜习斋：17世纪的哲学家》，霍红伟、胡祥雨译，《河北师范大学学报》（教育科学版）2009年第7期。

［德］苏费翔：《宋人道统论——以朱熹为中心》，《厦门大学学报》（哲学社会科学版）2015年第1期。

后 记

  遥想十几年前，初习"中国哲学史"时，我对颜元的印象并不深刻，更意想不到会在以后对其哲学展开深入研究并出版一本专著。回顾这一从懵懵懂懂到初窥堂奥的哲学研习历程，就是对本书缘起的一个交代。

  2010 年前后，我在跟随时任河北大学哲学学科带头人的李振纲教授推进哲学学科建设时，有幸接触了陈鼓应教授、陈来教授、宋志明教授、陈卫平教授等中国哲学研究的大家并聆听了他们的教诲。在李振纲老师和诸位先生哲学智慧的影响与人格魅力的感召下，使我这个曾经的"工科男"萌生了"究天人之际"的强烈冲动。在情感驱动和兴趣使然下，2013 年，我报考了河北大学中国哲学专业博士研究生。承蒙李振纲老师不弃，将我列入门墙。入学一段时间后，我便主动找李师请教有关博士学位论文选题的事宜。记得有一次在李师的办公室里，他指着书架上的一套《颜李学派文库》，问我要不要试着研究一下"颜李学派"的哲学思想。他回忆道，曾经有个机会接受关于颜元和李塨研究的委托项目，但因为当时的学术兴趣还在中国近现代哲学方面，故而婉拒了。李师还说，河北大学作为河北省内唯一设有哲学一级学科博士学位授权点的单位，应主动承担起研究燕赵哲学家的任务，而且颜、李与我同为保定籍，也是一种学术缘分。李师让我回去查阅资料，多看多想，再决定是否定下这个选题。在阅读了一些相关文献并深思熟虑后，我接受了李师的选题建议，且将研究方向精准到颜元哲学。关于颜元哲学的研究，虽然可以在前人的基础上继续深入开掘，但是如何使最终呈现出来的论文具备哲学性、系统性和创新性仍是当时困扰我的一个问题。后来在向李师汇报读书心得和研究思路的时候，李师针对我的困扰提出了一些他的建议，并且鼓励和支持我多参加学术会议、开展学术交流、拓展学术视野。

  2014 年 8 月，我有幸参加了华东师范大学举办的"儒学与中国传统社会"首届思勉人文跨学科暑期学校。十天里，暑期学校丰富的日程安排和浓厚的学习氛围使我受益匪浅。清华大学陈来教授，武汉大学郭齐勇教授，中山大学陈少明教授，复旦大学郭晓东教授，同济大学张文江教授、柯小刚教授，台湾"中央大学"杨祖汉教授，台湾清华大学杨儒宾教授以及华东师范大学杨国荣教授、陈赟教授、贡华南教授、方旭东教授等等老师授课的情景我记忆犹新。同期一些学员的风采和他们近年来取得的学术成就成为我在中国哲学研究的道路上矻矻前行的动力之一。

2015年10月，"颜元思想学术研讨会"在颜元故里博野县举行。我受学校委派，跟随两位其他专业的老师驱车参会。会议尚未过半，他二人因事需回返保定市区，我也只能一同离会。事后回想起来，终觉有些遗憾，来去匆匆，与我之前拜读过的颜李学派研究论著的作者失之交臂。2016年11月，第三届河北儒学论坛——"北学实学与儒学的经世致用学术研讨会"在保定召开，在李师的牵线下，我在会上结识了之前只闻其名未曾谋面的颜李学派研究专家、河北师范大学的陈山榜老师。之后，陈老师给我寄送了一套其主编的《颜李学派文库》，对我开展颜元哲学研究以兹勉励。

读博期间，我还参加了几次以"宋明理学"相关内容为主题的学术会议。这些会议研讨使我更明确地意识到，不了解"理学"，就不可能深刻理解被学界贴上"反理学"标签的颜元。在《存性编》《存学编》《朱子语类评》等著述中，颜元直接针对程朱理学特别是朱子学文本中的一些语言文字发表意见，批驳较多，偶有赞同。分析学术之争，并不是简单地分个对错，也不能仅就双方观点而言，必须理清观点提出的背景、所要解决的问题以及这些观点在各自思想体系中的作用，更须明晰双方产生分歧的原因。因此，对宋明理学主要是朱子学，我又颇尽心力去钻研。随着学识的增进，我的博士学位论文写作思路越来越清晰，即抓住颜元以实反虚这条线索渐次展开论述，注重颜学与程朱理学在哲学观点上的虚实对比。这也是本书标题"虚实之辨"的由来。

由于我先在河北大学就职再考取本校博士研究生，所以在学校政策允许下一边工作一边学习。在职读博不会让我因大量购书而手头拮据，但也使我无法全身心投入论文写作之中。我二者兼顾，必然要付出更多的时间和精力，在李师的关心与督促下，用了五年时间终于完成博士学业。因那时我的学术水平有限，有的观点思考得还不成熟，有的想法还不能落实成文字。博士学位论文虽然通过了答辩，但尚有许多可补充、完善之处。毕业后的三年里，我将论文搁置一旁，广泛阅读，沉淀自我，但从未停止对颜元哲学的思考。

后 记

2021年，我重新拾笔，从头到尾一字一句地将论文修改成现在这部书稿。与博士学位论文相较而言，本书整体结构未变，细节性修订暂且不表，除第三章外都有较多的变动，特别是第四章和第五章，补充了一些新的内容。

回首一望，从我决定报考哲学博士到写下这篇后记，本书的成书历程跨越了十年光阴。在这十年里，若无师友亲朋的帮助和扶持，就不会有今日之我，更不会有眼前之书。

感谢我的导师李振纲教授。正是受了李师的影响，我才转修中国哲学专业。除了学业上的指导外，李师在生活、工作上也关心与照顾我。他既是我之良师，亦是我之贵人。此份恩情，学生终生难忘。

感谢读博期间河北大学哲学系的诸位老师。在教学及日常交往的过程中，这些老师们展现了高尚的师德师风、深厚的学术造诣和渊博的哲学知见，使我在个人修养和学识增长方面都有所获。宫敬才老师的直爽风趣、卢子震老师的淡泊温和、程志华老师的严谨儒雅、张燕京老师的精细明智、黄云明老师的温润如玉、宋薇老师的淑雅美丽、刘桂荣老师的善良大方，都给我留下了深刻的印象。

感恩我的父母。他们给了我最无私的奉献和最有力的支持，是他们的疼爱、照顾和鼓励，使我能够安心工作和学习。我已过了不惑之年，二位老人更是年近七旬。虽然我业有所立，但却家还未成。每念及此，心中难免产生愧疚之情。唯有孝敬父母，使其身安体康、心悦神怡，我才有所宽慰。

南京大学的李承贵教授、燕山大学的惠吉兴教授及五位博士学位论文匿名评审在答辩、外审等环节，提出了许多建设性的修改意见，使我受益良多。王帅锋师弟、郭天恩同学、李阳同学在资料搜集、文稿校对等方面给予了大力帮助，同时，他们与我共同在哲学之路上求索，互相切磋，互相勉励。中国社会科学出版社的韩国茹女士为本书的编校出版付出了大量的辛劳。在此一并表示感谢！

最后需说明的是，本书是河北省社会科学基金项目（项目编号：HB18ZX006）的研究成果，其出版得到了河北大学燕赵文化高等研究院学科建设经费的资助。

刘丽斌　于河北大学
2022年8月2日